基层干部培训系列教材

# 苏州城乡一体化的
# 实践与探索

主　编　张　伟
副主编　薛　臻　何兵

苏州大学出版社
Soochow University Press

# 基层干部培训系列教材
## 编写委员会

**主　任**　张　伟
**副主任**　孙坚烽　费春元　薛　臻
**委　员**　汤艳红　金伟栋　蔡俊伦
　　　　　叶　剑　何　兵

**本书编写人员**（按姓氏笔画排序）
　　　　王江君　王军英　陈　述
　　　　何　兵　何蓓蓓　周　萍
　　　　孟凡辉　徐汝华

# 序

苏州市农村干部学院将《苏州城乡一体化的实践与探索》列为干部培训系列教材编写的第一本教材，是一件非常有意义的事情。但凡著书立说、形成文字、付梓印刷不外乎两种情况，一是兹事体大，影响深远，需要总结；一是提出主张或观点，立足学说创新。作为教材，尤其是干部培训的教材还需加上一条，即书中所言能够帮助干部成长成才，给人以启迪，授人以经验。

作为江苏省城乡一体化发展综合配套改革试点市和全国农村改革试验区，苏州的改革实践和新鲜经验备受关注。根据国家和省委、省政府的决策部署，苏州市牢牢把握科学发展主题和加快转变经济发展方式主线，在工业化、城镇化深入发展中同步推进农业农村现代化，积极探索苏州特色城乡一体化改革发展新路子。在目标定位上，坚持把城乡一体化改革发展摆上全局位置，作为增创科学发展新优势的重大机遇，作为推进经济社会转型升级的关键抓手，作为加快"两个率先"进程、推动苏州新一轮跨越的战略选择，以农村改革发展的新突破，推动全局改革，促进全面发展。在发展导向上，坚持把富民优先作为根本出发点和落脚点，通过深入推进"三个集中"、发展"三大合作"、实行"三大并轨"等政策措施，推动农民市民化、农民股民化、农民职业化，从"顶层"和源头上破除城乡二元结构。在思路理念上，坚持"三农"与"三化"互动并进，以科学规划为引领，大力推动小城镇"退二进三"、转型升级，现代农业"接二连三"、融合发展，破除人口、资源、环境等瓶颈制约，促进城乡生产要素优化组合，拓展城乡发展空间，优化城乡空间布局，走生产发展、生活富裕、生态良好的文明发展道路。在工作路径上，坚持着力构建政策制度框架，市委、市政府相继制定了推进农村土地使用制度创新、深化农村投融资制度改革、强化公共财政支农、建立农业保险和担保、统筹城乡就业社保、建立生态补偿机制、创新社会管理体制机制等18项政策意见,相关部门出台了几十个配套文件,有力地增强了改革发展的内生动力。在改革实践上,坚持突出重点与统筹兼顾有机结合,加强城乡一体化改革发展的整体设计和系统安排,制订改革发展方案和三年行动计划,确立23个改革先导区,建立强有力的领导决策体制、工作推进机制和挂钩联系制度,切实保障城乡一体化改革发展有力有序推进。经过几年的努力,苏州逐步成为全国城乡居民收入差距最小、村级集体经济实力最强、农村社会保障水平最高、农村基础设施建设最好的地区之一。

经验源于基层,办法出于实践,活力在于创新。苏州在推进城乡一体化综合配套改革过程中,各地因地制宜,探索创新,创造了很多鲜活的经验。《苏州城乡一体化的实践与探索》干部培训教材将这些经验纳入其中,加以总结提炼,给人以启示,助人以进步。综观全书,不难发现,这是一本很好的干部培训教材。一是题材形式新颖,每章分概述和案例两部分,以案例为主,其中概述占25%篇幅,案例占75%篇幅。概述侧重理论,案例侧重实践,理论与实践有机结合。每一个案例都深入解剖各发展先进典型,有背景、有做法、有启示,可学性好。二是内容规范统一,文字行文流畅,表述简洁干练,可读性高。

本书还很好地体现了苏州市农村干部学院的培训特色。一是面向基层干部,做专业的培训;二是立足苏州发展,做特色的培训;三是坚持与时俱进,做创新的培训。衷心希望苏州市农村干部学院今后不断加强培训研究、创新培训理念,编写出更多更好的干部培训教材,为干部成长成才和干部教育培训事业做出更大的贡献。

周玉龙

2012年4月16日

(周玉龙,苏州市人民政府副市长)

# 目 录

绪　论 ············································································· 1

第一章　苏州城乡一体化的实践 ································· 22

第二章　苏州城乡规划一体化 ········································ 43
　　概　述 ······································································· 43
　　案例一　昆山市：规划引领，率先基本实现现代化的实践 ······ 50
　　案例二　阳澄湖镇：全盘规划城乡一体化灿烂明天蓝图 ······ 58
　　案例三　大新镇：集中居住规划，造就农民幸福家园 ············ 65

第三章　苏州城乡产业布局一体化 ································ 72
　　概　述 ······································································· 72
　　案例一　千灯镇：统筹布局，推进富民强村 ·················· 80
　　案例二　永联村：三产共同发展，打造都市村庄 ············ 85
　　案例三　相城区：立足优势资源，打造现代农业 ············ 91

第四章　苏州城乡资源配置一体化 ································ 96
　　概　述 ······································································· 96
　　案例一　木渎镇："退二进三"助产业转型升级 ············ 105
　　案例二　枫桥街道："股东分红"成为一景 ···················· 110
　　案例三　尧南社区："尧南"葡萄的"三次跨越" ············ 115

第五章　苏州城乡基础设施一体化 ································ 119
　　概　述 ······································································· 119
　　案例一　吴中区：加强村庄生活污水治理，推进农村生态
　　　　　　环境建设 ······················································ 125

案例二　湖桥村：农村垃圾治理为秀美村庄添容增色 ……… 131
　　案例三　相城区：村村通公交改变农民出行方式 ………… 136

**第六章　苏州城乡公共服务一体化** ……………………………… 141
　概　述 ………………………………………………………………… 141
　　案例一　苏州工业园区：城乡教育同质的样板区 ………… 150
　　案例二　高新区：文化强区，文化惠民，推动城乡公共
　　　　　　文化一体化 …………………………………………… 158
　　案例三　昆山市："大"社区、大服务的先行区 …………… 165

**第七章　苏州城乡就业社保一体化** ……………………………… 172
　概　述 ………………………………………………………………… 172
　　案例一　苏州工业园区：被征地农民失地不失业 ………… 179
　　案例二　东林村：劳务合作社成为失地农民就业新途径
　　　　　　……………………………………………………………… 185
　　案例三　昆山市：农村养老保险制度的建立、完善与城乡并轨
　　　　　　……………………………………………………………… 190

**第八章　苏州城乡社会管理一体化** ……………………………… 196
　概　述 ………………………………………………………………… 196
　　案例一　太仓市：勤廉指数测出经济社会发展与党风廉政
　　　　　　建设互动双赢新局面 ………………………………… 204
　　案例二　炎武社区："着眼服务、有效管理"的和谐社区建设经
　　　　　　……………………………………………………………… 210
　　案例三　汾湖开发区：推行"区镇合一"的实践与探索 …… 217

**附录一**　中共苏州市委、苏州市人民政府关于城乡一体化发展
　　　　综合配套改革的若干意见 ……………………………… 223
**附录二**　苏州城乡一体化发展综合配套改革三年实施计划 …… 232
**后　记** ………………………………………………………………… 248

# 绪 论

城乡关系随着人类社会的发展而发展,是所有国家经济社会发展历程中不可回避的命题之一。正确处理好发展进程中的城乡关系是发展中国家面临的共同问题,而这一问题在中国的经济转型阶段中尤显突出。因此,统筹城乡发展,走城乡一体化发展之路,是一项重大而深刻的社会变革,对推动经济社会全面发展具有重大的战略意义。

## 一、新中国成立以来我国城乡关系发展回顾

从发达国家的经济发展历程来看,城乡二元结构是从传统的农业社会向工业化和现代化转变过渡过程中必经的阶段,随着经济社会的发展,这种城乡二元结构将会逐步瓦解,最终形成一体化社会。作为世界上主要的发展中国家之一,中国的城乡关系发展也表现出明显的二元结构特点及其演化过程。

【1949—1952年】 新中国成立初期,为尽快恢复国民经济,中央政府一方面采取了允许多种经济成分并存的政策,在农村实行土地私有制,允许富农经济存在,大多数农民从土地改革中获得了较大的利益,70%以上农户的生产条件和生活水平都有了明显的改善和提高(何友良,1997);另一方面,土地可以自由买卖,人口可以自由流动,资本可以自由借贷,城乡私营工商业可以自由发展等政策,使新中国成立初的三年中,就有300多万农民进入城市就业(辜胜阻,1994)。这一阶段城乡关系的发展没有政府的人为干预,是城乡经济关系自然演变的结果,城乡关系是开放的、平等的,城乡之间的差异并不大。

【1953—1977年】 1953年,中国政府开始实施社会主义"三大改

造",政府以低成本获取农产品与劳动力,解决工业化最困难的资本匮乏问题,建立了国家工业化基础体系。1953年底,政务院实施了粮食统购统销政策,即国家对粮食实行计划收购政策和计划供应政策。1958年实施的户口登记制度把国民分成了"农业户口"和"非农业户口",严格限制农村人口向城市流动和迁移。1958年中央政治局扩大会议通过了《关于建立农村人民公社问题的决议》,人民公社以公有制为基础,农民成为公社社员,共同参加劳动,不得随意离开。优先发展重工业战略造成了农业经济的衰落,农村经济停滞不前,农民收入得不到提高;统购统销政策源源不断地把农业剩余转化为工业投资;统购统销政策与户籍制度共同阻碍了人口在城乡之间和区域之间的流动;人民公社对农村生产和劳动实行统一的计划管理,农民的自由流动进一步受到限制。中国经济社会形成了城乡割裂、各自封闭的局面,城乡经济社会发展严重失衡,形成了典型的城乡二元结构。

【1978—1984年】 1978年底,党的十一届三中全会召开,中国迎来了改革开放大潮,改革首先从农村开始。伴随着改革的不断深入,城乡关系得到了很大的改善。改革的第一步即是农村土地家庭联产承包责任制逐步确立,长期被人民公社体制压抑的农业生产潜力得到充分发挥。与此同时,国家还启动了农产品价格改革,开始大幅度提高粮食、棉花等十多种农副产品的收购价格。在农村改革的推动下,城市也逐渐开始了以放权让利、扩大企业自主权、改革劳动就业制度以及推行城市综合配套改革等为主要内容的改革,同时还小幅提高城市农副产品和工矿产品售价,并补贴城市居民。这就促使城乡二元结构在制度层面上出现松动。

【1985—1991年】 从1985年开始,我国的改革重心又开始向城市经济体制和社会管理方向战略转移,以城市为中心的利益格局得以恢复。在收入分配方面,进行了企业、机关、事业单位工资制度改革,职工收入明显增加,各种补贴占收入的比重越来越高。在社会保障方面,职工的基本养老保险、医疗保险、失业保险等社会保障制度逐步健全,城市居民继续享受住房补贴、教育补贴、医疗保障和养老保障等福利,而来自农村的流动人口则被排斥在这种福利体制之外。在国家税收制

度方面,1985年进行的财税改革对农村产生了不利影响,国家取消了对农村的教育补贴,改为农民在"三提五统"中支出,农村学校只能依靠农民自己出钱集资建设和改造。

【1992—1996年】 党的十四大之后,我国经济社会发展进入全面转型时期。在城市,进一步深化收入分配制度、社会保障制度、劳动就业制度改革,进一步提高企业职工工资,增加机关、事业单位人员工资,减轻市民所得税负担,探索建立与市场经济相适应的新型养老、医疗和失业等社会保障制度。在农村,大幅度提高粮棉等农产品收购价格,探索建立粮食保护价格,出台减轻农民负担政策,等等。这些政策的实施,一度使得城乡居民收入和消费差距缩小。

【1997—2001年】 1997年后,国民经济进入通货紧缩期,国有经济实行战略性调整,下岗职工大幅增加,就业形势严峻。国家的改革和调整政策再度向城市倾斜,城乡差距再度拉大。同时,由于农产品过剩、价格下跌,各种税费负担过重,农民到城市就业难等原因,城乡居民收入和消费差距日益扩大,城乡二元结构更加失衡。

【2002年至今】 党的十六大指出,统筹城乡经济社会发展,建设现代农业、发展农村经济,增加农民收入,是全面建设小康社会的重大任务。2005年中共中央在"十一五"规划中提出"建设社会主义新农村",强调"建立以工促农、以城带乡的长效机制";同年12月,十届全国人大常委会做出了废止农业税条例的决定。2008年中共十七届三中全会指出,要遵循统筹城乡经济社会发展的重大原则,始终把着力构建新型工农、城乡关系作为加快推进现代化建设的重大战略,尽快建立促进城乡经济社会发展一体化制度。通过一系列政策的实施,城乡二元结构开始出现分化,城乡差距开始出现缩小的迹象。

## 二、统筹城乡发展面临的深层矛盾和突出问题

经过60多年的发展,虽然我国的城乡发展差距在近期开始呈现出缩小迹象,但是我们应该认识到,这种改变得益于市场经济的建立,而计划经济下形成的城乡二元结构仍未从根本上发生改变。

### 1. 城乡劳动者就业制度缺乏平等

城乡就业制度的不平等一方面体现在城市中城市户口就业市场与农民工就业市场的完全分割，由于城市正规就业部门的高门槛，农民工只能进入非正式部门工作，造成非正式部门的劳动力市场供大于求，农民工的工作环境差、工资长期偏低等问题；另一方面表现为城市管理者歧视没有城市户口的农民工，进城农民工权益无法得到保障，农民工不能平等地享受城市的各项公共服务。

### 2. 土地制度不完善

农村的土地制度不完善，农民权益得不到有效保障。一方面，我国农村地区实行土地集体所有制，农民只有承包经营权。过短的土地承包期和频繁的土地调整，使农民缺乏充分行使自己权利的能力和长期稳定的收益预期，很大程度上抑制了农民的投资积极性。另一方面，当农村土地转变为城市建设用地时，农民的权益得不到有效保障。在农村土地向城市建设用地转变过程中，农民与政府处于极其不对等的谈判地位，征地程序忽视农民意愿，征地补偿办法不合理，征地范围过宽。土地收益分配明显倾向城市，农民得到的太少。

### 3. 公共财政覆盖农村有限

农村税费改革至今，由于资金投入上的"城市偏向"和缺乏统一规划，农村基础设施和公共服务主要由县乡政府承担，使得公共财政覆盖农村范围有限，农村地区的基础设施和公共服务长期供给不足。基础设施方面，农村道路、交通、通讯、水利设施建设相对落后于城市，突出表现为农民出行难、饮水不安全、环境污染严重等。公共服务方面，表现为城乡教育、医疗等资源配置不合理，优质教育资源向城区集中，农村执业医生相对较少，医疗卫生条件不如城市。社会保障方面，农村居民的保障范围和保障水平远低于城市居民。

### 4. 农业支持和保护水平低

我国现行的农业支持和保护水平还很低，存在支持总量偏小、支撑体系不健全、支持结构不合理等问题，还没有形成一套完善的农业支持和保护政策体系。根据国务院发展研究中心的测算，2007—2009年我国农业支持总量（TSE）平均为6204亿元，其绝对水平仅次于欧盟

(1478亿美元)、美国(1092亿美元),但其人均水平仍很低,甚至仍低于一些发展中国家。农业支持和保护政策运作方式不规范,财政支农资金被层层分割,导致资金分散使用,投入效率大大降低。

## 三、顺势而为,全面推进城乡一体化发展改革

城乡关系变迁是一个国家现代化的一条主线。在农业社会向工业社会过渡的过程中,城乡发展存在差距是一个自然的、历史的过程;同样,随着工业化进程的推进,城乡二元结构消除也具有一定的历史必然性。但是,历史的自然消除过程十分漫长,迫切需要一些政府干预措施以加快其进程。

从经济社会发展的历史角度来看,我国总体上已进入以工促农、以城带乡的发展阶段,进入加快改造传统农业、走中国特色农业现代化道路的关键时刻,进入着力破除城乡二元结构、形成城乡经济社会发展一体化新格局的重要时期。为此,中央政府顺势而为,稳步推进城乡统筹发展。

2002年,中国共产党第十六次全国代表大会指出:"统筹城乡经济社会发展,建设现代农业,发展农村经济,增加农民收入,是全面建设小康社会的重大任务。"

2007年6月,国务院正式批准重庆市和成都市设立全国统筹城乡综合配套改革试验区,要求两市全面推进各个领域的体制改革,并在重点领域和关键环节率先突破、大胆创新,尽快形成统筹城乡发展的体制机制,促进城乡经济社会协调发展,也为推动全国深化改革、实现科学发展与和谐发展发挥示范和带动作用。

2007年10月,中国共产党第十七次全国代表大会指出:"要建立以工促农、以城带乡长效机制,形成城乡经济社会发展一体化新格局。"

2008年,中国共产党十七届三中全会上,胡锦涛总书记在《中共中央关于推进农村改革发展若干重大问题的决定》中提出"建立促进城乡经济社会发展一体化制度"。

2009年8月,国家发改委和中澳管理项目办公室确定重庆、成都、苏州、嘉兴为中澳管理项目(CAGP)"消除城乡一体化的体制障碍,促进农民富裕与城乡统筹发展"主题试点城市。

## (一)城乡一体化的内涵

最早提出城乡一体化思想的是英国城市学家 Ebenezer Howard,他指出"城市和乡村都各有其优点和相应的缺点,而城市—乡村则避免了二者的缺点,城市和乡村必须成婚,这种愉快的结合将迸发出新的希望,新的生活,新的文明",并倡导"用城乡一体的新社会结构形态来取代城乡对立的旧社会结构形态"。(殷际文,2010)

在中国,城乡一体化思想从上个世纪 80 年代末以来逐渐得到重视,但对城乡一体化的理解各有不同,从界定的角度大体可以划分为两类:一类是过程观,一类是结果观。持过程观的学者们认为城乡一体化就是通过资源和各生产要素的自由流动,相互协调,合理分工,优势互补,实现城乡社会经济、生态、文化的可持续发展。(许大明等,2004)持结果观的学者们认为城乡一体化就是通过体制、机制和政策的调整创新,促进城乡在规划建设、产业发展、市场信息、政策措施、生态环境保护、社会事业发展等方面的一体化,实现城市与乡村在政策上的一致、在产业发展上的互补、在国民待遇上的平等,让农民享受到与城镇居民同样的文明和实惠,改变长期形成的城乡二元经济社会结构,建立融合、协调的现代城乡经济社会结构。(曾万明,2005)

结合已有的研究和中共十七届三中全会报告精神,我们比较认同黄坤明关于城乡一体化的阐述:在一定区域内,以广泛尊重城乡居民的发展权为前提,在城乡制度创新和制度运行协调的基础上,通过劳动力、技术、资金等生产要素的自由流动和配置,充分发挥城市和乡村各自的优势和作用,使城市和乡村在社会经济、生活方式、思想意识、生活水平及生态环境等方面广泛融合,形成"相互依托、优势互补、以城带乡、以乡促城,互为市场、资源共享、相互服务、共同发展"的城乡关系,实现城乡经济、社会、环境持续协调发展的过程。(黄坤明,2009)

需要注意的是,城乡一体化并不等于城乡一样化,城乡一体化旨在消除城乡之间发展机制、体制、法制等制度和本质上的差别,但保留其在形态、职能定位等方面的差别。一是形态上城乡有别,城市主要保持高度发达的现代文明,农村主要保持优美的田园风光;二是功能定位上城乡有别,城市的职能定位是先进社会生产力和现代市场的载体,农村则定位于为城市居民提供食物,为工业提供原料,为生态环境提供绿色的开敞空间。

## (二) 推进城乡一体化发展改革的主要任务和要求

胡锦涛总书记在《中共中央关于推进农村改革发展若干重大问题的决定》中明确提出,"建立促进城乡经济社会发展一体化制度",即"尽快在城乡规划、产业布局、基础设施建设、公共服务一体化等方面取得突破,促进公共资源在城乡之间均衡配置、生产要素在城乡之间自由流动,推动城乡经济社会发展融合"。

### 1. 城乡规划一体化

城乡规划决定着城乡建设的形象和水平,城乡规划衔接是统筹城乡发展的前提。受城乡二元社会结构的制约,过去城乡条块分割,传统的规划存在城乡"两张皮"的现象。城乡规划一体化,即构建城乡一体的规划管理体制,将城乡分立、多头分设的各级各类规划部门统一于一个统筹城乡规划的部门中,进而编制统筹城乡的总体规划,全面统筹土地利用和城乡规划,合理安排市县域城镇建设、农田保护、产业聚集、村落分布、生态涵养等空间布局。

### 2. 产业布局一体化

传统的产业布局存在城乡分割的状况,城市以发展第二、三产业为主,农村则以发展第一产业为主体,导致农村经济发展的滞后。在国民经济系统中,承担不同功能的城市和农村的地位是平等的,产业布局一体化,即根据城乡不同特质及优势,按照集约发展、效益优先原则,不分城乡,全盘谋划,统筹城乡产业发展,优化农村产业结构,发展农村服务业和乡镇企业,引导城市资金、技术、人才、管理等生产要素向农村流动。

### 3. 基础设施与公共服务一体化

基础设施是改善农民生产生活条件的重要物质基础,基础设施和公共服务一体化既是城乡一体化的标志,又是城乡一体化的主要途径和手段。基础设施与公共服务一体化,即不分城乡,只看居民分布需求,全盘统筹城乡基础设施建设和公共服务,全面提高财政保障农村公共事业水平,从制度上促使基础设施和公共资源的均衡配置,逐步建立城乡统一的公共服务制度,使农村居民与城市居民能够平等地分享经济社会发展的成果。

#### 4. 就业与社会保障一体化

就业与社会保障一体化,即按照城乡产业协调的要求,统筹城乡的生产要素配置,加快建立城乡统一的人力资源市场,引导农民有序外出就业,鼓励农民就近转移就业,扶持农民工返乡创业;加强农民工权益保护,逐步实现农民工在劳动报酬、子女就学、公共卫生、住房租购等方面与城镇居民享有同等待遇,改善农民工劳动条件,保障生产安全,扩大农民工工伤、医疗、养老保险覆盖面,尽快制订和实施农民工养老保险关系转移接续办法。

#### 5. 社会管理一体化

当前中国社会管理的问题,突出地表现在农村社会管理滞后、城乡管理分割和不平衡问题突出等方面。城乡社会管理一体化,即打破城乡分割,全面统筹城乡社会管理,逐步推进城乡户籍制度改革,放宽中小城市落户条件,使在城镇稳定就业和居住的农民有序转变为城镇居民,同时还要深化推动流动人口服务和管理体制创新。

### (三)国内城乡一体化发展改革推进情况简介

为了更加具体地了解我国城乡一体化发展改革推进情况,这里选取中澳管理项目(CAGP)四个试点城市中除苏州以外的其他三个城市(重庆、成都、嘉兴)为样本具体阐述。

#### 1. 重庆

重庆地处较为发达的东部地区和资源丰富的西部地区的结合部,是长江上游最大的经济中心、西南工商业重镇和水陆交通枢纽。全市面积8.24万平方千米,共辖38个区县(包括自治县)。2013年,全市生产总值达到12656.69亿元,三次产业结构由2005年的

13.4∶45.1∶41.5 调整为 7.9∶50.5∶41.6；地方财政预算收入达到 1692.92 亿元，增长 4 倍。

自 2007 年成为全国统筹城乡综合配套改革试验区以来，重庆摸着石头过河，展开了一系列卓有成效的探索。[1]

推进城乡经济社会协调发展。一是建立产业合理布局与有序发展的导向机制，落实主体功能定位，促进人口资源环境协调发展；二是建立政府财力向公共服务特别是农村基本公共服务倾斜的投入机制，构建合理的公共财政体制框架；三是构建区域对口帮扶、互动发展机制，建立和完善"一圈"在产业布局和社会事业发展、扶贫开发等方面帮扶"两翼"的合作方式；四是建立适应社会主义市场经济健康运行要求的政府服务机制，不断深化行政管理体制改革。

推进城乡劳务经济健康发展。一是建立提升劳动力素质和引导劳动力就业创业的新机制，进一步加强城乡教育事业和劳动力的培训；二是建立覆盖城乡、有序转接的社会保障新机制，健全城乡社会保障体系；三是建立引导城乡人口合理分布的新机制，不断完善城乡户籍管理制度；四是建立促进和谐的现代社会管理新机制，保障和维护农民工合法权益。

推进土地流转和集约利用。一是探索农村土地流转和征地补偿新机制，促进农村人口有序向城镇转移，提高土地利用效率；二是探索农业现代化的新模式、新机制，建立农村土地流转和现代农业服务体系；三是建立基础设施和公共服务网络加快向乡村延伸的新机制，加强农村生态环境建设；四是建立以招投标方式配置扶农资源的新机制，落实集约节约用地制度。

通过几年来的不懈努力，重庆市统筹城乡发展改革成效显著。[2]

"五个重庆"[3] 建设全面推进。主城进入"二环时代"，六大区域性中心城市提速发展，区县城和中心镇建设步伐加快，全市城镇化率达

---

[1] 主要参考《重庆市统筹城乡综合配套改革试验总体方案》。
[2] 主要参考《重庆市 2011 年政府工作报告》。
[3] "五个重庆"即"宜居重庆""畅通重庆""森林重庆""平安重庆"和"健康重庆"。

到53%。三年拆迁主城危旧房1200万平方米,改造棚户区176万平方米。建成了"二环八射"高速公路网和"一枢纽五干线"铁路网,在西部率先取消二级公路收费,基本实现"四小时重庆""八小时周边"。

以农民工为主体的户籍制度改革稳妥推进,转户居民同等享有城镇就业、养老、医疗、住房、教育等待遇,建立了农村土地退出机制。城乡要素市场一体化改革逐步推进,创设了农村土地交易所,组建了农畜产品交易所、股份转让中心、药品交易所、航运交易所、金融资产交易所和上市路演中心,联合产权交易所运行良好。

"三农"工作和区域统筹力度加大,财政用于"三农"的支出五年累计超过1300亿元,强农惠农政策体系基本建立,农业综合生产能力持续提高,粮食产量连续三年超过1100万吨。农业耕种收综合机械化水平达到26%,32%的农户参加了专业合作组织。完成了水利投资382亿元,建设大中型水库24座,完成2200座病险水库除险加固工作,三年内又有1100万人喝上安全水。建立起了"一圈两翼"对口帮扶机制,市属国有企业融资100亿元支持"两翼"工业园区建设,"两翼"经济增速连续四年快于全市平均水平。

初步实现了乡乡通畅、村村通达,农村客运覆盖到72%的行政村。财政教育经费支出占全市生产总值的比重达到4%,全面实现"普九",基本普及高中阶段教育,高等教育毛入学率达到30%,解决了"普九"债务、农村代课教师等遗留问题。社区卫生服务中心、乡镇卫生院标准化率超过40%,基本药物制度扩大到26个区县。广播电视村村通、乡镇综合文化站、信息资源共享和农村电影放映工程基本实现全覆盖。

人民生活水平不断提高,城镇居民人均可支配收入达到17532元,农村居民人均纯收入达到5200元,年均分别增长11.3%、13.1%。五年来城镇新增就业138万人,覆盖城乡的社会保障体系基本形成,征地农转非人员等社保遗留问题得到妥善解决,城乡医疗保险制度全面实施。建立起城乡困难群体救助制度和节假日送温暖长效机制,城乡低保基本实现应保尽保。率先实行相对扶贫标准,农村贫困人口减少104万人。

### 2. 成都

成都市位于中国西南部，是四川省行政中心，西南地区科技、商贸和金融中心，西部综合交通枢纽，辖区总面积1.24万平方千米，下辖10区4市6县，常住人口1404.7万。2013年，成都市实现地区生产总值9108.9亿元，比上年增长10.2%；地方公共财政收入898.5亿元，增长16.6%；固定资产投资6501.1亿元，增长10.4%；社会消费品零售总额3752.9亿元，增长13.1%；城镇居民人均可支配收入29968元，农民人均纯收入12985元，分别增长10.2%、12.9%。

从2003年开始，成都立足于大城市带大农村的区域实际，启动了全面深入的统筹城乡"自费改革"，致力于破解长期以来形成的城乡二元体制矛盾和"三农"问题顽症，推进城乡全面现代化。2007年，成都市成为全国统筹城乡综合配套改革试验区，改革进一步向"深水区"挺进，从改变城乡外在形态的"三个集中"，到创新城乡关系内在机制的"六个一体化"，最后深入到以农村产权制度为核心的"四大基础工程"，取得了许多引起广泛关注的经验和创新。

"三个集中"即工业向集中发展区集中、农民向城镇和新型社区集中、土地向适度规模经营集中。

工业向集中发展区集中，即以21个工业集中发展区为主要载体，按照"一区一主业"的要求，培育企业集团，延长产业链条，促进工业集约集群发展，带动城镇和二、三产业发展，为农村富余劳动力转移创造条件。拓展成都国家级高新技术产业开发区、国家级经济技术开发区发展空间，建设成都统筹城乡产业发展内陆开放型经济示范区。农民向城镇和新型社区集中，即通过在城镇或农村地区建设新居置换农民原有的宅基地及房屋权属，通过对放弃承包地经营权的农民给予经济补偿，并扶持建立社会保障等措施，吸引农民向城镇或新型社区集中居住，促进农村富余劳动力向二、三产业转移，为土地规模经营创造条件。土地向适度规模经营集中，即采取培育农业龙头企业、积极发展农村新型集体经济和专业合作经济组织，以及鼓励、支持种植大户等多种方式，推进土地向信誉度高、实力雄厚、资源整合能力强的规模企业流转，转变农业生产方式,推动现代农业发展。

"六个一体化"是指城乡规划一体化、城乡产业发展一体化、城乡市场体制一体化、城乡基础设施一体化、城乡公共服务一体化、城乡管理体制一体化。

"规划一体化"是指着眼于成都经济区、成渝经济区的发展,改革城乡规划分离的管理制度,科学编制和完善城乡一体的规划体系,实现市域范围内的各类规划全覆盖。"产业发展一体化"是指中心城区和近郊区(县)"一区"范围内集中打造产业密集区,"两带"区域大力发展旅游业、服务业和现代农业,"六走廊"区域接受中心城区产业和城市功能辐射,建设产业和城镇集聚发展的"走廊"。"市场体制一体化"是指建立各类生产要素在城乡间自由流动的市场体制,按照"归属清晰、权责明确、保护严格、流转顺畅"的现代农村产权制度要求,制定《成都市集体土地所有权和集体建设用地使用权确权登记实施意见》,建立耕地保护基金制度,开展农村集体土地和房屋确权、登记和颁证工作,并在市、县、镇都建立农村产权交易中心,建立了各类生产要素在城乡间自由流动的市场体制。"基础设施一体化"是指以县城和区域中心镇为重点,建设、完善各类基础设施,增强其承载能力,逐步将其建设成为带动周边农村发展的区域中心;在城镇市政公用设施向农村延伸服务和覆盖的基础上,以2000个农村新型社区为重点,完善农村生活服务设施、农田水利基本建设和农村市政公用设施建设,促进城乡公共服务硬件设施均衡配置。"公共服务一体化"是指通过构建城乡公共事业发展的财政投入保障机制,逐步改善农村地区教育、医疗、文化的硬件设施,大力推进优质教师、医务人员等优质资源向下流动,全面提升农村地区的教育、医疗服务、文化事业的发展水平;探索建立农民工综合社会保险、农民养老保险、城镇居民社会保险、城镇职工社会保险的衔接机制,推进城乡社会保险制度全面接轨。"管理体制一体化"主要是指深化市、县两级政府机构改革,继续完善大部门体制,将执行、服务、监管等职责的重心下移到县;明确各级政府事权和财权的责任,健全与之匹配的财权;探索建立保障农村基础设施建设和公共服务开支稳定来源的机制和办法,加大上级财政的转移支付力度。

## 绪论

"四大工程"是指农村产权制度改革、新型基层治理机制建设、村级公共服务和社会管理改革、农村土地综合整治。

农村产权制度改革，是指建立成都土地承包经营权流转信息平台，支持采取各类合法流转方式流转土地承包经营权。在保持集体林地所有权不变的前提下，实行集体林地承包经营制度，确立农民作为集体林地使用权和林木所有权的主体地位。在明确农村集体土地使用权和集体建设用地使用权、宅基地使用权的基础上，探索建立城乡统一的土地市场。新型基层治理机制建设，是指在有条件的地区，分离村级事务管理服务职能与集体资产经营管理职能。在城市近郊和有条件的场镇区域，推动村级事务管理向城镇社区管理转变。探索乡级领导干部公推直选制度，建立、完善约束和激励制度。积极推行县级部门、乡、村决策听证制度。全面推行评人与评事相结合的社会评价办法，健全民主监督制度。村级公共服务和社会管理改革，是指将村级公共服务和社会管理资金纳入财政预算，内容涉及文体、教育、医疗卫生、就业和社会保障等七个方面，资金使用由村民民主评议项目，实行"财政下乡，民主决策"。农村土地综合整治，即坚持"三个集中"和"发展性、多样性、相融性、共享性"四性原则，依据土地利用总体规划，结合城乡建设、产业发展等相关规划，编制农村土地整治规划，合理安排土地整治规模、布局和时序，统筹推进农用地、建设用地综合整治工作。

通过几年来的不懈努力，成都市统筹城乡发展改革成效显著。[1]

产业布局进一步优化，功能区建设扎实推进。2013年，成都市三次产业结构为3.9∶45.9∶50.2；产业集群发展不断增强，工业集中度74.7%，同比提高4.5个百分点；年末产值或销售收入过亿元的农业产业化龙头企业146家、农民专业合作组织325个，建成现代农业示范园区145个、标准化农产品生产示范基地307个，获批全国首批国家现代农业示范区；启动编制13个市级战略功能区规划，基本完成总体规划、土地利用规划和产业发展规划，并同步建设49个县级功能区，全市功能区承载能力明显提高。

---

[1] 主要参考《成都市2011年政府工作报告》。

"四大基础工程"加速,新农村建设有序推进。优先安排农村土地综合整治、一般旧场镇改造和城乡环境综合治理等项目,实施土地整理项目95个,新增耕地7.8万亩,实施城乡建设用地增减挂钩项目120个,配套实施113个现代农业产业化项目,同步推进农村新型综合社区建设,21个土地综合整治示范点建设顺利实施,1.4万农村居民居住条件得到有效改善。农村产权制度改革不断深化,农村产权确权、颁证工作基本完成,土地承包经营权"长久不变"改革试点工程深入推进;建立集体公益林生态保护资金制度,核实发放耕保基金19.6亿元。村级公共服务和社会管理改革深入开展,市级财政下拨专项资金4.3亿元,实施村级公共服务和社会管理项目34002个。农村新型基层治理机制加快完善,村民议事会制度化、规范化和程序化水平不断提升,基层干群关系更加密切。

城乡环境综合治理扎实推进,生态环境加快改善。全面实施"五十百千环境优美示范工程",城乡结合部、铁路沿线等区域环境进一步改善,数字化城管向郊区、市、县延伸拓展。中心城区18条重点河道综合治理工程加快推进,集中式饮用水源地环境保护全面加强,完成50座乡镇污水处理厂及配套管网建设,主要河道水质有所改善。

就业社保保障水平全面提升。成都城乡统一户籍改革不断推进,农村居民持有产权和股权进城居住就业基本实现市域自由迁徙。深入实施就业优先战略,大力开展和谐劳动关系四项创建活动、五大创业工程和十项特别培训就业行动计划,基本实现全域成都的充分就业。扩大失业保险基金使用范围,发放就业培训券20万张,城镇新增就业15.6万人,农村富余劳动力向非农产业新增转移就业13万人,城镇登记失业率2.5%。全面实现城乡居民一体化养老医疗保险,建立了基本医疗保险门诊统筹和大病医疗互助补充保险制度,实现了农民工综合社会保险与城镇职工社会保险转接,提高了城乡基本养老金标准、医保待遇、最低工资标准和最低生活保障。

公共服务体系不断升级完善。教育方面,积极扩大农村优质学前教育,新增77个乡镇、农村标准化中心幼儿园;投入2.1亿元对8.7万名中等学校学生实施生活补助和资助,校安工程累计完成投资55.8亿元,19.4万进城务工人员子女平等接受义务教育。卫生方面,基本完成基层公共医疗卫生机构信息化建设,在全国率先实行医疗救助社区首诊制度,完成330万人免费健康体检。人口服务方面,实施单方农业人口计划生育家庭奖励扶助,开展一系列优生健康免费检查和补助,成功创建全国人口和计划生育综合改革示范市。

### 3. 嘉兴

嘉兴地处中国东南沿海、长江三角洲的中心,东接上海,北邻苏州,西连杭州。陆地面积3915平方千米,现有人口450.17万,下辖2区3市2县。2013年,全市实现生产总值3147.66亿元,比上年增长9.3%,人均生产总值达到69164元(按户籍人口计算)。财政总收入达到517.49亿元,增长9.7%。城镇居民人均可支配收入、农村居民人均纯收入分别达到39087元和20556元,年均增长9.5%和10.3%。

早在2003年,根据党的十六大要求和浙江省委的发展意见,嘉兴市在第五次党代会上就把推进城乡一体化作为经济社会发展的五大战略之一。2004年,嘉兴市制定了《嘉兴市城乡一体化发展规划纲要》和"六个一体化"专题规划,全面实施城乡一体化发展战略。2005年,根据党的十六届五中全会精神,嘉兴市出台了《关于建设现代新农村,推进城乡一体化的意见》,提出要在新的起点上全面建设现代新农村,加快推进城乡一体化。2007年,浙江省委、省政府将嘉兴列入浙江省统筹城乡发展综合配套改革试点城市;同年底,嘉兴市委、市政府出台了《打造城乡一体化先行地的行动纲领(2008—2012年)》及七个配套支撑体系文件,标志着嘉兴城乡一体化工作进入快速推进阶段。

"两分两换",优化土地使用制度改革。所谓"两分",是从农民处置权的角度而言的,指宅基地与承包地分开,搬迁和土地流转分开,农民的宅基地和承包地可以分别处置,自主选择保留或者置换。所谓"两换",是指允许农民根据自己的意愿自行选择如何处理宅基地、承包地。如果有意进城转为城市居民、享受城镇社会保障的,可以选择放弃宅基地、承包地,用宅基地换取住房,用承包地换取社会保障;如果只想改善居住环境,那么可以放弃宅基地,继续保留承包地。其中农村住宅置换城镇房产有三种方式：一是置换城镇住房，二是置换产业用房，三是货币补偿。在推进过程中，嘉兴市坚持试点先行，不断丰富和拓展"两分两换"内涵，因地制宜探索"两分两换"推进模式，如以宅基地置换推进集中居住，可在村域、镇域内置换，也可以跨镇、进城置换，可由市镇投资开发公司统一建造公寓房，也可由农民自建联体公寓房、排屋；以承包地置换推进集约经营，可采取转包、出租、入股等多种方式。

"十改联动"，推进各项配套制度改革。嘉兴市在"两分两换"为核心的土地使用制度改革过程中，通过实施"十改联动"，推进各项配套制度改革。所谓"十改联动"是指：实施土地使用制度改革，建立城乡土地节约集约利用和优化配置；深化统筹城乡就业改革，健全城乡劳动者平等、充分就业的政策体系和服务体系；深化社会保障制度改革，在全省率先制定实施《嘉兴市城乡居民社会养老保险暂行办法》，建立覆盖城乡全体居民的政策服务体系；实施户籍制度改革，全面实行以有无承包地为划分依据、按居住地登记户口的制度，建立城乡统一的新型户籍管理制度；实施居住证制度改革，创新新居民服务管理体制；实施涉农工作管理体制改革，建立统筹城乡"三农"管理服务机制；实施村镇建设管理体制改革，推进新市镇和新农村建设；深化农村金融体制改革，率先开展小额贷款公司试点，创新土地经营权抵押贷款、农村住房置换担保贷款等新型金融产品，探索组建村镇银行，建立完善统筹城乡服务"三农"的金融体系；推进公共服务均等化体制改革，建立城乡资源共享机制和管理服务机制；实施规划管理体制改革，建立市域一体、城乡全覆盖的规划体系。

"两新工程"，加快城镇化步伐。经济转型离不开社会转型特别是城镇化的保障和支撑。嘉兴市明确提出建设"1640300"现代化网络型大城市，即在提升1个主中心城市功能，推进6个副中心功能互补、错位发展的同时，大力推进"两新"工程建设，加快打造40个左右的现代新市镇和300个左右的城乡一体新社区，切实为城镇化加速提质奠定坚实的基础。一是高标准制定"1+X"布局规划。坚持以科学规划引领城镇化，结合修编市域和城市总体规划、新一轮土地利用总体规划，完善市域现代化集疏运交通网和编制能源物资网、信息网、"绿道网"

等专项规划,创新编制实施"1+X"(即一个新市镇镇区加上不超过镇所属行政村数的城乡一体新社区)村镇布局规划,着力优化村镇空间、功能等布局。二是高要求推进新市镇建设。围绕做大做强"1",制定实施以"权力下放、超收分成、规费全留、干部配强"为主要内容的强镇扩权政策,优化基础设施、教卫文体等公共服务配套,加快把新市镇打造成为人口集中居住、资源集约利用、产业集聚发展的主阵地,促进新市镇向现代化小城市迈进。

通过几年来的不懈努力,嘉兴市统筹城乡发展改革成效显著[1]。

以"两分两换"优化土地使用制度改革为核心的"十改联动"取得初步成效,要素配置市场化改革深入推进,工业和经营性用地出让"招拍挂"工作全面推行。投入村庄整治财政专项资金5.8亿元,稳步推进15个试点镇和全市面上"两新"工程,重点实施百个示范性城乡一体新社区和农村土地综合整治示范项目建设。现代化网络型大城市框架初步形成,主副中心城市和新市镇的服务带动功能进一步增强。

城市公共基础设施加快向农村延伸,新建、改建农村联网公路1224千米,公交通村率达到100%,省级全面小康建设示范村达到131个。新增自来水日供水能力113万吨,完成管网铺设和改造931千米,基本实现城乡供水一体化。城乡生态环境日益改善,五年新增和提升绿化面积15万亩,清淤疏浚河道1.1万千米,市控断面劣五类水体比例由72.1%下降到39.1%,市区空气优良率保持在90%以上。

城乡免费义务教育全面实行,高中段教育、高等教育加快发展,十五年教育普及率达到99.5%,高等教育毛入学率达到45.3%,分别比2005年提高4.1个和15.3个百分点。城乡公共文化服务能力明显增强,建成三级以上镇(街道)综合文化站63个,公共图书馆乡镇分馆和村级文化中心实现全覆盖。公共医疗卫生服务体系日趋完善,建成省级规范化城乡社区卫生服务中心57个,基层公共卫生服务经费达到人均47元。成功创建国家卫生城市。

人民生活水平不断提高,城镇居民人均可支配收入、农村居民人均

---

[1] 参考《2011年嘉兴市政府工作报告》。

纯收入分别达到39087元和20556元,年均增长9.5%和10.3%,城乡居民收入比缩小到1.9∶1。率先实行城乡居民社会养老保险制度,41.1万名60周岁以上符合条件的城乡居民按月领取基础养老金。职工基本医疗保险市级统筹工作扎实推进,城乡居民合作医疗保险人均筹资水平超过300元。新型社会救助制度不断健全,基本形成低保和高于低保标准20%、50%的梯度救助体系。

## 四、城乡一体化的国际实践

发达国家工业化起步早,其城乡关系的变迁基本反映了整个城乡关系发展变迁的全部历程,因此十分有必要对发达国家城乡关系实践的成功经验进行考察,以总结经验,吸取教训,为我所用。此处选取美国、日本、德国作为发达国家的代表。

### 1. 美国

在工业化过程中,美国政府在城乡一体化发展方面并没有针对性政策措施,而是采取了自然演进的政策。但是这种政策并不是听之任之,而是采取了积极的维护市场竞争、保护农业发展、促进工业化的政策。主要表现在以下几个方面:

借力工业革命,加速城市化进程。1870年之前,美国是一个以农业为主的国家,75%的人口生活在农村地区。1870年,美国开始了以电力、钢铁等先导产业为主的工业革命。以工业革命为契机,美国加速了农村人口向城市的转移流动进程。一方面,工业化带动了城市经济的发展,造成了城市劳动力的稀缺,急需农村劳动力向城市的流动;另一方面,工业化还推动了农业机械化程度的迅速提高,农业的发展不仅为城镇化提供了足够的食物,而且使大批农业劳动力从土地上解放出来,使为工业发展提供大量廉价劳动力成为可能。

全面平衡产业结构升级与农业基础地位。在工业化进程中,美国仍然非常重视农业的发展。在农业技术支持方面,美国有一套完整的"教育(农业院校)—科研(农业试验站)—推广(农业技术推广站)"三级体系,推动农业生产水平和生产率持续提高。在农业收入支持方面,联邦政府成立了农产品信贷公司,实施价格支持计划,主要包括"直接收购"和"无追索权贷款"。在农业金融保险支持方面,农业服务署不仅向农场主或农民发放贷款,还为农业地区提供医疗、教育、农业基础设施等中长期公共产品贷款;同时,农业生产保险品种形式较多,政府对参保的农场提供一定的保费补贴。

多渠道发展农村基础设施和公共服务。由于美国地广人稀,乡村居民点分布比较发散,单靠政府自身很难实现基础设施和公共服务的全覆盖,因此政府在乡村基础设施和公共服务的提供上,采取"政府主导,多方参与"的模式。联邦议会每五年都要对乡村地区发展问题专门进行辩论,通过相应议案,制定促进乡村地区发展的法律,联邦和州政府都依法设立了农业管理机构,不断加大财政支持力度;对于一些"准公共产品",政府一般采取按比例资助、贷款担保补贴、贷款贴息等方式,鼓励乡村企业、社会组织和农场主参与提供。

### 2. 日本

日本在上世纪前半叶因追求发展工业,一度出现工农收入和城乡差距拉大等现象,但此后,日本通过根本性制度安排,从源头上避免"城乡二元结构"的形成,实现了较为均衡的统筹发展。与美国不同,日本在处理城乡关系的过程中明显带有政府干预特征,而不是采取自由放任的政策。在政府的政策干预下,日本仅用了几十年的时间便完成了农业国向工业国的过渡,顺利地实现了工业化,实现了城乡协调发展的目标。

全盘统筹发展规划,助推城乡发展一体化。在经济高速发展时期,日本政府的一系列根本性制度安排成为日本避免"城乡二元结构"出现的核心因素。1950年,日本内阁制定了《国土综合开发法》,并依据此法律,相继制定了5次全国综合开发规划。历次规划分别以"实现地区间的均衡发展、创造富裕的生活、建设和完善人居综合环境、构建多极分散的国土格局"等为发展目标。主要举措有"不断开发、培育新的经济增长极,实现区域间的均衡发展;建设、完善新干线和高速道路(城铁)网络通道,解决大城市以及偏远地区的交通问题;振兴地方经济,抑制人口和产业向大城市集中,谋求全国国土均衡利用,应对过密化和过疏化问题"等。

细化配套措施,攻克制度壁垒。首先,高标准建设大城市外围卫星城和小城镇是大城市减轻人口压力的前提条件。日本很多大城市的外围卫星城和小城镇的基础设施、生活服务、文化娱乐等条件与大城市中心区相差无几,吸引了很多城市居民前去居住。其次,城乡居民享受同等的政治经济待遇,在房籍、政治权利、社会保障和人员流动等政策上对城乡居民一视同仁,避免人为造成城乡差别。在日本,居民的养老、失业和医疗保险全国统一,不以地区或身份区分,居民转移户籍几乎不受限制。第三,消除阻碍人员、资金等经济要素在城乡间流动的壁垒,促进各种资源向农村和落后地区流动。日本建立了较为完善的农业耕地和农村住宅流转体制,鼓励城市人口到农村居住或投资。同时,采取各种措施维持农产品较高价格以保障农民收入。日本在对外贸易中多利用高关税、高检疫检验标准等有形或无形的"保护壁垒",在国内则通过农协等行业组织或地区组织维持农产品较高价格。

### 3. 德国

德国及其他一些欧洲工业化国家的城市化水平都高达90%左右,形成一种城乡统筹、分布合理、均衡发展的独特模式,这种模式介于美国的自由放任政策与日本的政府主导政策之间。

城乡均衡发展的法律保障机制。德国为实现"社会公正"的理念,运用立法、规划形式保障城乡协调均衡发展。首先,《联邦基本法》规定:国家必须保持联邦地区内人民生活条件一致性的目标要求。在这一基础上,又制定了《空间秩序法》《改善区域经济结构共同任务法》等一系列法律,都将区域经济的平衡发展定位为联邦政府和州政府的共同任务,这为区域经济的协调发展打下了坚实的法律基础。其次,德国政府还将"城乡等值化"作为空间发展和国土规划理念,运用规划手段引导城乡协调发展。"城乡等值化"理念是指通过土地整理、村庄革新等方式,使农村生活条件、生活质量实现"与城市生活不同但等值"的目标,使农村经济与城市经济得以平衡发展。

城乡均衡发展的财政保障机制。德国城乡均衡发展的财政保障机制主要依靠转移支付政策,该政策有横向、纵向之分。横向转移支付是指各州、各地方之间实行的财政转移支付,即财力强的州拿出部分税收收入捐给财力弱的州。其资金来源有两种,一种是扣除了划归各州销售税的25%后,把余下的75%按各州居民人数直接分配给各州;另一种是财力强的州按横向平衡机制将部分税金直接划给财力弱的州。纵向转移支付是上下级政府间的财政转移支付,联邦政府有义务对贫困州和有经济发展需要的州进行财政补助,同时各州对州以下乡镇也实行纵向转移支付,主要分为一般性分配金和特别需要分配金两类。

　　城乡均衡发展的社会保障体系。一方面,德国的社会保障制度覆盖面很广,是一个相当完善且庞大的体系网,包括生、老、病、残、死、伤、失业、就学、住房等方面。另一方面,也是重要的,德国的社会保障制度属于一元化社会保障型,国家主导农村社会保障制度的建构和运行;农民个人是承担缴纳社会保障费用义务的主体,负担的费用占总费用的1/3,之后,才享有农村社会保障的各种权利;国家给予农民必要的财政支持,注入一部分社会保障资金,以使农民都能享受到社会保障。

# 第一章　苏州城乡一体化的实践

形成城乡经济社会发展一体化新格局,是党的十七大对统筹城乡发展、构建新型城乡关系提出的新要求。苏州作为东部沿海经济比较发达地区,改革开放走在全国前列,具备了率先推进城乡一体化发展改革的良好条件和基础。近年来,苏州市按照统筹城乡发展的要求,整体推进城乡一体化建设,逐步形成了以城带乡、城乡联动的发展格局。

## 一、苏州推进城乡一体化的背景与进程

苏州市位于江苏省南部,东临上海,南接浙江,西抱太湖,北依长江,总面积8488平方千米,辖7区5市(县级市),2013年全市户籍总人口653.84万人,市区户籍人口242.48万人。

改革开放30多年来,苏州人民以解放思想为先导,先后抓住农村改革和浦东开发开放等机遇,大力发展乡镇企业和外向型经济,经济发展和人民生活取得了快速发展。2013年,全市生产总值1.3万亿元,按可比价格计算比上年增长9.8%。全市实现地方一般预算收入1331亿元,比上年增长10.5%。居民生活持续改善,城镇居民人均可支配收入达41096元,比上年增长9.5%,农村居民人均纯收入21569元,比上年增长11.2%。苏州正处在由"小康社会"向"基本实现现代化"的迈进阶段。

### (一) 应对挑战,推进城乡一体化改革具有历史必然性

在取得成绩的同时,苏州发展也面临着一些问题,主要是城乡经济社会二元结构:经济社会发展不全面,资源环境压力大,发展模式需要

调整、优化;农民不能享受平等的国民待遇,农民生活水平仍低于城市居民,农村公共服务与城市仍有差距。这种二元经济社会结构的形成有一定的历史必然性和无奈性,但是从整个经济社会发展趋势看,终究要转变为一元结构,走向城乡一体化发展格局。

### 1. 科学发展的新要求

科学发展观的基本要求是全面协调可持续发展,推进城乡一体化改革充分地体现了这一要求。

一方面,苏州经济发展还存在一些不协调之处,需要改革,具体表现为农村经济发展水平落后于城市,农村经济发展质量落后于城市。另一方面,苏州的经济发展面临的资源环境压力大,需要改革。农业方面,家庭联产承包责任制下的农业发展模式开始出现不适应:土地权属不明晰,农户缺乏长期投资积极性;土地细碎化,制约农户生产效益的提升。工业方面,发展瓶颈主要表现为耕地人口承载力、土地生态承载力和建设用地承载力已接近甚至超过极限。

### 2. 人民群众的新期盼

改革开放以来,苏州经济取得了可喜的成绩,人民生活得到了长足改善。但是,仍存在一些关键问题亟待解决。首先值得关注的问题是农民收入增长乏力,城乡居民人均收入仍有一定差距。从1985年至今,农民收入年增长率为12.7%,远低于城市居民的14.8%,城乡居民人均收入比不断扩大。其次需要注意的是,农民消费长期被抑制,城乡居民消费差距不断扩大,1985年城乡居民人均生活消费之比仅为1.2∶1,到2012年这一比值扩大为1.9∶1。

因此,顺应人民群众的新期盼,提高农民收入,改善农民生活,迫切需要推进城乡一体化改革,使城乡居民共享改革发展成果。

### 3. 社会建设的新抓手

城乡之间的差距,不仅体现在经济发展、居民收入上,更显著地体现在社会建设方面。长期以来,由于资金投入上的"城市偏向"和缺乏统一规划,城乡在基础设施、公共服务和社会保障制度等方面的建设、发展不同步,农村生活服务设施不足、优质教育资源缺乏、医疗资源缺乏、社保水平相对较低等问题还未彻底解决,并进一步引发了各种社会问题。

因此,要实现城乡基础设施接轨、公共服务均等化、社会保障并轨,迫切需要进行城乡一体化发展综合配套改革,以破解农村社会建设中的体制保障、资金来源、人才培养等难题。

### (二) 基础扎实,推进城乡一体化改革具有现实可行性

改革开放以来,苏州根植于苏南模式,工业化和城市化快速推进,经济高速发展,使苏州具备了城市支持农村、工业反哺农业的能力。在现有发展基础上,苏州推进城乡一体化改革具有非常高的现实可行性。

**1. 工业化与城市化快速推动,为破解城乡二元结构提供制度基础**

20世纪80年代,乡镇企业异军突起,推动苏州经济从农业为主向工业为主转变。农业增加值在全市GDP中的比重逐年下降,工业比重逐年上升,服务业蓬勃发展,产业结构不断优化,到2013年,三次产业之比调整为1.6∶52.7∶45.7。在加快工业化的同时,苏州也加快了城市化进程。从绝对数量来看,城镇人口占苏州市总人口的比重接近70%,已达到较高水平。从发展质量来看,苏州城市化质量也是比较高的:工业化水平高于城市化,逐渐形成了以二、三产业为主导的产业结构;城市居民生活水平较高,2013年人均可支配收入达41096元。

工业化与城市化的快速推进意味着苏州正处于由经济二元结构向经济一元结构的过渡阶段,为社会二元结构向一元结构过渡提供了良好的制度改革基础。

**2. 经济高速发展,为城市支持农村、工业反哺农业提供资金基础**

经过30多年的改革开放,苏州经济快速发展,财政实力不断增强,人民生活水平不断提高,已经初步具备了城市支持农村、工业反哺农业的经济基础。

在经济总量上,地区生产总值由1978年的31.95亿元上升到了2013年的1.3万亿元,人均总产值也由634元上升到了12万元,保持了年均16.5%的高速增长;在财力结构上,2013年全市地方一般预算收入1331亿元,镇地方一般预算收入占全市总量的45%以上,村均集体

经济收入达650万元;在居民收入上,2013年市区居民人均可支配收入41096元,农民人均纯收入达21569元。

**3. 苏南发展模式中的农村全面建设为推进城乡一体化提供物质基础**

以乡镇企业和集体经济为特征的苏南模式,推动苏州农村全面建设,基础设施与公共服务框架初步成型,为推进城乡一体化改革提供了一定的物质基础。

在苏州农村地区,一方面,工业成为乡镇主导产业,平均约占乡镇经济总量60%以上的份额;另一方面,村级集体经济蓬勃发展,2013年村级集体总资产637亿元,村均4867万元,村均收入650万元,最近五年均保持两位数的增长速度。在"城市偏向"政策下,苏州农村必需的基础设施和公共服务,如村内的社区服务中心、道路建设、文体设施等,很大程度上由村级集体经济和乡镇企业负担。

## (三) 顺势而为,苏州城乡一体化发展改革稳步推进

在经济社会持续快速发展过程中,苏州历届市委、市政府始终把城乡协调发展作为重要指导思想,先后出台了《关于推进农村十项实事的意见》《苏州市建设社会主义新农村行动计划》《关于深化农村综合改革的实施意见》和《关于深化农村改革,促进城乡一体化发展的意见》等政策文件,初步构建了统筹城乡发展的政策制度框架,为进一步推进城乡一体化综合配套改革奠定了良好基础。

2008年9月,江苏省委、省政府正式批准苏州为江苏省城乡一体化综合配套改革试点市,要求苏州率先进行城乡一体化发展改革实践探索,在推动城乡一体化发展上创造新经验。

2009年1月,苏州市出台了《关于城乡一体化发展综合配套改革的若干意见》,全面部署推进城乡一体化发展综合配套改革工作,并组织成立了苏州市城乡一体化发展综合配套改革试点工作领导小组和改革试点领导小组办公室。

2009年4月,苏州市城乡一体化发展综合配套改革试点工作领导小组颁布了《关于建立全市城乡一体化发展综合配套改革试点工作先

导区的通知》，在全市范围内选择23个镇（或产业片区）作为苏州市城乡一体化发展综合配套改革试点工作先导区，要求先导区先行先试，为全市城乡一体化改革提供经验，发挥示范引导作用。

2009年7月，苏州市出台了《苏州城乡一体化发展综合配套改革三年实施计划》，提出了2009—2011年期间"一年一个样，三年像个样"的改革目标，明确了主要工作任务，落实了具体执行责任部门。

2010年8月，国家发展改革委员会将苏州市列为城乡一体化发展综合配套改革试点联系点，旨在加强对苏州市综合配套改革试点的指导协调和总结推广等工作，推动苏州市的改革工作不断取得新突破。

2011年7月，江苏省政府出台了《关于支持苏州城乡发展一体化综合配套改革的若干政策意见》，在基础设施、公共服务等五大方面提出了具体支持政策，营造良好的政策环境，全力支持苏州先行先试。

2011年12月，农业部正式批准苏州市为"全国农村改革试验区"，具体承担"城乡发展一体化改革"实验主题。

## 二、苏州推进城乡一体化的主要做法

按照城乡一体化发展的要求，苏州市以改革试点先导区为载体，科学落实城乡发展规划，通过"三置换"探索农民变市民新途径，通过"三集中"优化城乡布局，通过"三大合作"实现富民强村，通过"三大创新"发展现代农业，通过"三大举措"推进公共服务均等化，通过打破割据推进城乡社保并轨，促进了农民全面发展、农业全面提升、农村全面进步，提升了城乡一体化发展水平。

### （一）先行先试，建立改革试点先导区

根据苏州市委提出的城乡一体化发展必须坚持典型示范的原则，苏州按照各地条件和特色，因地制宜，选择了23个镇（或产业片区）作为苏州市城乡一体化发展综合配套改革先导区，鼓励有条件的地方先行先试、大胆探索、勇于创新，发挥先导区积累经验、典型示范作用，以

点带面、逐步有序地推进苏州城乡一体化发展。

**1. 政策扶持,鼓励有条件的地方先行先试**

为保证先导区综合配套改革顺利推进,苏州市出台了一系列配套政策支持先导区推进工作。一是优先实行新农村建设专项资金的项目扶持,苏州市级新农村建设专项资金重点选择新农村建设示范村和改革先导区成效显著的项目,按照"以奖代补"形式给予支持。二是按照城镇建设用地增减挂钩政策,推行农民宅基地置换城镇商品房,节余土地实行封闭运作,允许将出让取得的土地收益市级以下留成部分全部留在先导区,用于农民安置和基础设施建设。三是减免各类建设规费。各级财税部门对先导区"三置换"实施过程中依法收取的各项税收及附加,地方留成部分原则上应用于"三置换"建设补助。行政事业部门征收的规费,市及以下的行政性规费、城建配套费等全额免收或收取后再给予返还。电力、供排水、电信、广电等经营性项目建设,按实际成本收取。四是优先解决建设用地。对先导区宅基地置换商品房等所需建设用地,由市和各市(区)政府优先安排或预支一定比例的用地指标,实行"带帽"下达,专项用于拆迁安置区建设。

**2. 鼓励创新,尊重基层的首创精神**

中国共产党始终尊重基层首创精神,适时对一个个"点"上的突破与改革经验进行总结、提炼、升华,用一系列科学决策对改革进程进行纠偏、完善、深化,将改革的潮头一次次推向新的高度。

苏州市在推进城乡一体化综合配套改革过程中始终秉持这一理念,在先导区改革推进过程中充分尊重基层和群众的首创精神,鼓励有条件的地方先行先试,充分发挥人民群众的主体作用,大胆探索、勇于创新。提出"只要有利于破除城乡二元结构、促进城乡经济社会发展一体化的改革,有利于工业化、城市化和农业现代化协调推进的创新,有利于构建和谐社会的实践,都鼓励支持、放手放开、先行先试"。在具体工作中,要求先导区率先按照"三形态"工作发展趋向,探索"三置换"工作,实现"三集中"布局,率先形成发展规划、产业布局、资源配置、基础设施、公共服务的一体化发展,促进城乡经济社会全面协调可持续发展。

### 3. 积累经验，以点带面，逐步推开

苏州设置先导区的工作安排就是要求先导区先行先试、积累经验、以点带面、逐步推开，有序推进苏州城乡一体化发展。

根据《苏州城乡一体化发展综合配套改革三年实施计划》安排，2009年为"重点突破年"，着力推进23个先导区的先行先试工作，要求先导区要在"三置换"工作，尤其在加快推进农民集中居住区建设和现代农业园区建设方面积累经验，为加快农民生产生活和居住方式的转变提供宝贵经验。2010年为"整体推进年"，整体推进"三形态""三集中""三置换"工作。2011年为"全面提升年"，建立较为完善的城乡一体化发展推进机制，全面提升"三形态""三集中""三置换"工作水平。

## （二）规划引领，科学实施城乡发展规划

近年来，苏州市坚决落实中央统筹城乡发展的方针，转变理念，创新思路，通盘考虑城乡经济社会发展，超前谋划和制定发展规划，对城乡的经济产业布局、基础设施建设、文化教育发展、社会事业进步等各个方面统一总揽、统一规划。

### 1. 重视规划的先导引领作用

坚持把规划放在龙头地位，确立开放式、全覆盖、片区发展和多规叠合的规划理念。按照城乡规划全覆盖的要求，优化城镇空间规划，完善村镇布局规划，推进重大专项规划向农村延伸。按照形成主体功能区的要求，强化片区规划理念，打破行政界限，推进"三个集中"，优化开发格局，形成全市域内统一规划布局重大基础设施、重大产业和社会发展项目的城乡建设新格局，充分发挥规划对城乡空间资源配置的引领作用。

### 2. 改革城乡分割的规划管理体制

改革城乡分割的规划管理体制，把城市和农村作为一个整体来规划，实现城乡一体的规划全覆盖。在规划工作中，摈弃传统的"城市、农村"二分法，按照形成主体功能区的要求，突破乡镇、村庄行政界限，强化片区规划理念，合理划分主体功能区，形成以中心城市、产业园区、生态保护区、特色镇、新型社区、自然村落为载体的县（市）城乡空间布

局结构,并按照"城市更像城市,农村更像农村,园区更像园区"的发展思路,科学确定分区功能定位和发展方向,优化城镇和村镇在空间、产业、人口等方面的布局,统筹各项建设,构建市、县(市)、镇、村城乡一体化发展体系。

**3. 改革部门分割的规划管理体制**

改革部门分割的规划管理体制,即破除各部门各行业分管、各自独立自成一体、相互缺乏衔接的现行规划体制,把分散的规划职能统一划给规划管理部门,整体协调规划关系,建立定位清晰、功能互补、衔接协调的规划管理新体制,建立科学的城乡一体化发展规划体系运作程序,实现产业规划、城镇规划、土地利用规划和环境保护规划"四规叠合"。

## (三)"三集中",优化城乡产业布局

近年来,苏州积极实施优化城乡产业布局战略,大力推进"工业企业向规划区集中、农业用地向规模经营集中、农民居住向新型社区集中"的"三集中"工作,有效促进了产业集群、土地集约和人口集中,加快了经济增长方式转变和农村发展形态转变。

**1. 工业企业向规划区集中**

苏州市围绕"工业向园区、开发区集中",因地制宜推进"退二进三""腾笼换鸟",或"退二还一"、异地置换工作,引导工业企业进入园区、开发区,促进产业聚集、企业集群、经营集约。一方面,通过政策引导、财政奖补等方式,积极引导符合条件的工业企业进入园区,对不符合未来发展规划的企业产业,落实淘汰机制;另一方面,按照"园区更像园区"的要求,将分散在各镇(街道)乃至村级的各级各类开发区整合起来,形成更大规模的工业园区和产业分区。

**2. 农业用地向规模经营集中**

苏州市围绕"农业用地向规模经营集中",通过促进土地流转、推进产业化经营、农业进园区等措施,促进土地的规模化经营和生产效率的提高。多方式促进土地流转,盘活土地资源,按照"依法、自愿、有偿"的原则,采取入股、入社、入会(协会)等方式,积极推进土地承包经营权流转,引导农业用地向适度规模经营集中。落实扶持农业产业化

的各项政策，积极探索农业企业化运作，改变分散耕作的传统农业模式，推进龙头企业、合作组织与农户之间的有机结合，实行规模经营。合理调整农业布局，在土地向规模经营集中过程中着力使农业向生态园区集中，突出效益化、特色化、生态化。

### 3. 农民居住向新型社区集中

"农民居住向社区集中"，即将原来分布零散的自然村逐步缩并，推行农民居住向新型社区集中，实现"工作在园区，居住在镇区，生活在社区"的现代农村新模式。苏州市在推进农民集中居住过程中，打破原有的村组限制，大力开展区划调整和城乡建设规划。按照融入城市化、就地城镇化、农村社区化三形态，科学有序地推进农民集中居住：地处工业和城镇规划区的行政村，融入城市化；工业基础较强、人口较多的行政村，就地城镇化；地处农业规划区、保护区的行政村，农村社区化。采用拆迁和搬迁相结合的办法，积极引导农民向城镇和新型社区集中。通过科学合理地制订和实施农民集中居住区建设方案，完善教育、卫生等各项配套设施，建立健全社区管理体系，逐步建成"住房美观实用、设施配套完善、环境整洁优美"的农村新型社区，吸引农村居民全部进入集中居住区。

江苏省在《关于支持苏州城乡发展一体化综合配套改革的若干政策意见》中要求，苏州对镇村布局规划确定的农民集中居住点建设，相关规费享受与农民自建房同等优惠政策；对纳入城镇规划建设用地范围的农民安置房建设，城镇基础设施配套费和人防易地建设费等行政事业性收费减半收取，供配电工程建设费按《居住区供配电设施建设标准》的65%计收，其他经营性服务收费有下限标准的按下限标准执行。

## （四）"三置换"，探索农民变市民新途径

苏州城乡一体化综合配套改革的根本制度创新在于"三置换"：农户将集体资产所有权、土地承包经营权、宅基地及住房置换成股份合作社股权、社会保障和城镇住房，保障了农民权益，解决了农民进城进镇的后顾之忧，探索出了一条农民变市民的新途径。

## 1. 集体资产所有权、分配权置换社区股份合作社股权

通过深化农村集体经济组织产权制度改革,将村级集体资产通过组建股份合作社的形式全部量化给农民,将原集体经济组织改建为产权明晰、利益共享、风险共担、民主管理的股份合作经济组织,让农民人人享有股份及资产收益权,解决农民进城进镇的后顾之忧。主要措施:股份合作社的净资产全部量化到农民,不再保留产权虚置的集体股;股份设置和股权界定坚持按农民贡献份额量化股份,体现股份分配的公平性,并为固化股权奠定基础;全面"固化股权",实行"生不增、死不减"的静态管理,股权可以继承,不得调整;在固化股权基础上,通过建立健全社会保障,引导合作社探索股权从封闭走向开放,允许股权馈赠、转让。

## 2. 土地承包权、经营权置换基本社会保障

农民承包土地置换主要有以下两种形式:一种是按照农户自愿原则将土地承包经营权置换成以村为单位组建的土地股份合作社股权,由合作社按照规模经营要求统一运作土地,每年获取收益按股份分配(实行"保底分配"和"见利分红"相结合)。苏州市规定合作社若将土地用于农业生产,开展农业适度规模经营的,政府每年应给予一定标准的补贴。另一种是按照规划已经纳入城镇或开发区建设范围的地方,根据征地办法将农民承包土地置换成社会保障,置换后的耕地统一由政府组织规模化经营,农民可选择按城镇居民缴费基数缴费,政府给予相应的补贴,凡符合法定劳动年龄、具有劳动能力和就业愿望的人员,按无地失业人员接受就业再就业援助和服务。

## 3. 宅基地使用权及住房置换城镇住房

农民宅基地及住房置换主要有以下几种形式:其一,鼓励农民置换货币。即鼓励现有宅基地和住房闲置且在城镇已经购置商品房的农户,积极实行货币置换。其二,实行以房换房。即对保留村庄内需置换城镇商品房或货币置换的农户腾退的宅基地及住房,由政府收购,实行封闭运作,通过以房换房形式解决非保留村庄农户的动迁安置。其三,其他非保留村庄农户,原则上在健全社会保障和"三置换"联动的基础上,鼓励置换成城镇标准公寓房(商品房和物业用房)。其四,如确实

不具备置换成标准公寓房(商品房和物业用房)条件的,要在加快编制城镇规划确定集中居住点的基础上,引导农户以联合建造复式公寓房(联排别墅)的置换形式向规划居住小区集中,切实解决农民建房难或居住条件差等问题。

### (五)"三大合作",实现富民强村

苏州农村"三大合作"改革起步于2001年,经过近十年的探索创新,逐步进入了全新的发展阶段。近年来,市委、市政府始终把推进"三大合作"改革作为富民强村的重要载体和主要抓手,从试点探索到全面推开,使以农村社区股份合作、土地股份合作、农民专业合作为主要内容的农村"三大合作"改革成为新世纪苏州农村改革的主旋律。

#### 1. 加大扶持力度,强化政策引导

一是建立组织机构。为了推进改革,苏州市及各市(区)都成立了农村"三大合作"改革试点工作领导小组及办公室,并制定了详细的考核制度,为推进农村"三大合作"改革提供组织保障。

二是准予工商登记。2005年,苏州市就制定了《关于规范农民专业合作社等各类农村新型合作经济组织工商登记管理的通知》,确立了"三大合作"组织的法人地位,初步解决了工商登记难的问题。

三是给予政策扶持。苏州对农村"三大合作"组织,在财政资金、土地使用、税收优惠等方面都给予了政策扶持。凡是农民持股达到80%以上的农村合作组织,减免相关规费,缴纳的地方税收、新增增值税地方留成部分,五年内由财政给予等额奖励。对农民以土地股份合作社形式直接从事农产品生产和销售的,视同农民自产自销性质,其所得暂不征收个人所得税。对富民、社区股份合作社自用房产、土地的房产税和城镇土地使用税,可按规定申请困难性减免。

四是实行财政奖励。从2004年开始,苏州市每年都安排一定的财政资金,专项支持农民专业合作社发展,各市、区也都相应安排了专项扶持资金。

#### 2. 完善治理结构,促进良性发展

在农村"三大合作"改革继续扩大覆盖面的同时,苏州把工作重点

转到规范和完善上,先后出台了《关于农村新型合作经济组织换届选举工作的指导意见》《关于规范完善农村新型合作经济组织收益分配工作的指导意见》和《关于推进农民专业合作社规范化建设的意见》,积极引导"三大合作"改革走上规范发展的良性轨道。在政策引导上,各地继续认真落实对"三大合作"经济组织扶持发展的各项政策措施,为"三大合作"经济组织发展提供宽松的政策环境。在股权设置上,尽可能公平、合理,防止少数人控股或持大股,促进共同富裕。在组织结构上,逐步健全"三会"[1]制度,推进社务公开,做到民主管理、民主决策、民主监督。在建章立制上,不断完善内部股权、财务管理、股金分配等制度,努力实现"民办、民管、民受益"。

**3. 因地因时制宜,探索创新发展**

在农村"三大合作"组织的发展过程中,苏州坚持因地制宜,走创新发展之路。改革形式上,在社区股份合作、土地股份合作、农民专业合作的基础上,各地又创新发展了富民股份合作、农民劳务合作、农业旅游合作等新型合作经济组织。内部管理上,积极探索从以集体股为主逐步向以个人股为主转变,尝试从传统农村经济管理逐步向现代企业制度转变。在发展模式上,同类合作社积极探索联合发展之路,有效解决了单个合作社规模小、品牌杂等瓶颈,提升了合作经济组织的市场竞争力。

## (六)"三个创新",发展现代农业

步入新世纪,苏州农业发展战略从过去的注重"经济"功能,转变为强调农业"生产、生活、生态"功能的综合开发,大幅度调整农业产业结构和功能结构,重点发展以优质粮油、花卉园艺、特种水产、生态林地为主导的"四个百万亩"的现代农业,通过积极创新农业发展载体、农业经营机制和农业支持保护制度,全面提升农业产业总体水平,强化和拓展农业的"基础"作用。

**1. 创新农业发展载体**

创新农业发展载体,用发展园区的理念来组织农业生产,按照"水

---

[1] "三会"指社员代表大会、董事会、监事会。

稻规模化、水产标准化、蔬菜设施化、营销现代化"的要求,建成具有示范作用的现代农业规模化示范区。在园区建设中,坚持政府主导、富民优先、节约集约、增创品牌、改革创新原则,通过科学规划,加快土地流转,强化基础建设,促进农业科技进步和成果转化,注重产业融合、完善服务体系等一系列措施,全面提升现代农业园区的可持续发展能力和水平。2010年初,江苏省出台了《省政府办公厅关于推进现代农业产业园区建设的通知》,提出对苏州发展高效设施农业、农业产业化经营、农业科技创新推广、农民教育培训、农业综合开发等项目,按照项目管理要求予以积极支持。江苏省提出对省集中苏州的新增建设用地土地有偿使用费、农业土地开发资金用于土地复垦部分,三年内(2011—2013年)予以优先安排苏州市符合条件的申报项目,主要用于支持土地整治等。

### 2. 创新农业经营机制

2007年,苏州市出台了《关于进一步加快发展现代农业的意见》,提出了加快发展现代农业的总体要求。根据该意见的指导思想,苏州市通过促进土地合理流转、推进产业化经营,创新组织形式,建立了现代农业推进机制。促进土地合理流转,即按照"依法、自愿、有偿"的原则,采取入股、入社、入会(协会)等方式,积极推进土地承包经营权流转,推进农村"三大合作"建设,引导农业用地向适度规模经营集中。推进产业化经营,即落实扶持农业产业化的各项政策,着力扶持一批产业关联度大、市场竞争力强、辐射带动面广的农业产业化龙头企业。推进龙头企业、合作组织与农户之间的有机结合,健全利益分配机制,让农民从产业化经营中得到更多实惠。

### 3. 创新农业支持保护制度

苏州市通过扩大公共财政覆盖农村的范围,建立健全农业支持保护制度。一是建立农业投入保障制度,即通过调整财政支出、固定资产投资、信贷投放结构,保证各级财政对农业投入增长幅度高于经常性收入增长幅度。二是初步建立基本农田保护和生态环境补偿制度,加快形成有利于保护基本农田、水源地、风景名胜区、公益林等自然资源和农业物种资源的激励机制。三是建立农产品价格保护制度,保持农产品价格的合理水平,对粮食规模经营户实施收购价外补贴。四是健全农业补贴制度,扩大补贴范围,提高补贴标准,完善补贴办法。五是构建"国家—省—市—县"四位一体农业保险体系,政策性农业保险领域和规模不断扩大。六是农业担保体系不断完善,创出了农贷通、农利丰、采购通等金融服务品牌,提供多种形式的担保。七是建立健全农业科技创新体系,加大农业科技投入,加强农业应用研究。

### (七)"三大举措",促进城乡公共服务均等化

公共服务均等化是维持经济社会稳定,实现人全面发展的基本要求。苏州市通过改革财政体制、搭建服务平台、实施配套制度等措施,解决了农村公共服务缺失的资金、平台、制度问题,城乡公共服务均等化水平不断提高。

**1. 改革财政体制,提高建设资金保障**

公共服务的提供离不开资金投入,苏州市通过改革财税管理体制、改革投融资体制等措施,构建公共服务均等化长效机制。推进农村财税管理体制改革,规范乡镇财税组织秩序,完善乡镇财政分税制体制;理顺乡镇事权与财权关系,建立财权与事权相匹配的县乡财政管理体制,提高乡镇发展社会事业和提供公共服务的财力支撑能力;进一步明确支出责任,应由县级承担的,不得转嫁给乡镇,也不得要求乡镇财政配套资金,建立保障有力、满足运转需要的公共财政投入保障机制。深化城乡公共事业建设投融资体制改革,积极吸引民间资本,使更多的民间资本成为经营性基础设施和社会事业领域的投资主体,逐步建立政府主导、市场运作、社会协同、农民参与的管理监督营运平台,不断提高乡镇投融资能力。

**2. 搭建服务平台,集约利用公共资源**

城乡一体化推进过程中,主要矛盾之一便是农村对公共服务的巨大需求与政府有限的提供能力之间的矛盾,苏州市通过搭建服务平台,集约利用公共资源,有效地缓解了这一矛盾。

一是通过"三集中"工作,构建服务的需求平台。长期以来,农民分散居住,这对基础设施和公共服务的提供带来巨大的资源浪费。通

过"三集中"工作,农民实现集中居住,提高了基础设施与公共服务利用率,降低了投入量。

二是推进农村社区服务中心建设,构建服务的供给平台。公共服务的提供需要一定的载体,苏州市通过建设集行政办事、商贸超市、社区卫生、警务治安、文化娱乐、体育健身、党员活动等多种功能于一体的农村社区服务中心,搭建公共服务微观载体。农村社区服务中心的建设用地,主要由地方政府划拨,或者通过复耕复垦、异地置换成农村社区服务中心建设用地。建设资金,通常由市(区)、镇(街道)、村(社区)三方按照一定比例分摊。

### 3. 实施配套制度,促进资源向下流动

苏州市根据农村"三个集中"带来的社会成员聚居结构的新变化,科学规划并合理配置城乡资源,推动优质资源要素向农村流动。基础设施方面,重点推进基础设施子系统建设,连接农村居民小区,解决农村基础设施的"最后一千米"难题。教育方面,一是各县保证教育财政拨款的增长高于财政经常性收入的增长,并向农村学校倾斜;二是加大义务教育学校校长、教师的轮岗交流力度。医疗服务方面,一是加大对农村和经济薄弱地区的支持力度,落实农村卫生服务资金;二是每年免费定向培养300名全科医生,建立城乡医院长期对口协作关系。文体方面,逐步建立健全以政府投入为主导的农村文化、体育基础设施多元投入机制,鼓励城市文化产业优势资源向农村延伸,大力发展农村文化、体育事业(产业)。

## (八)打破割据,推进城乡就业社保并轨

2009年4月,苏州市政府出台了《苏州城乡一体化发展综合配套改革就业与社会保障实施意见》,明确了以就业创业体系、社会保障体系和劳动保障公共服务体系建设为重点,积极推进就业与社保城乡并轨。

### 1. 城乡就业创业体系并轨

2006年,苏州市被列为全国统筹城乡就业的试点地区,加快了建立完善城乡一体化就业制度步伐。2009年,苏州市出台了《苏州市社

会等级失业率统计工作试行意见》,将农村劳动力纳入视野率统计范围,统一界定城乡失业人员;将城镇就业再就业援助优惠政策向农村农民延伸,基本统一了城乡居民就业困难人员认定条件和办法,建立完善城乡一体的就业普惠政策;将城镇居民创业扶持政策向农村延伸,建立城乡一体创业推动工作机制和协调机制,大力扶持农民自主创业;将公益性岗位的范围延伸至行政村,对就业困难人员实行援助安置;增加地方财政对本地农村劳动力培训的投入,对本地农村劳动力开展免费的就业、创业和技能培训。江苏省对苏州建立农民就业失业登记制度、农民求职登记制度、农村困难家庭就业援助制度和农民创业服务制度出台了扶持意见,并支持苏州将登记失业的农民与城镇失业人员同等享受就业补贴。

**2. 城乡社会保障体系并轨**

养老保险方面,2003年,苏州市颁布了《苏州农村基本养老保险管理暂行办法》,将农村企业及其从业人员纳入城镇企业职工社会保险,对以从事农业生产为主的纯农户建立农村基本养老保险制度,对劳动年龄段以外未参加农保的老年农民实施社会养老补贴制度。2011年12月,苏州市出台了《苏州市居民社会养老保险管理办法》,将原农村养老保险参保缴费及享受待遇的人员转入居民养老保险缴费或享受待遇范畴,初步实现了城乡并轨。苏州市出台了《苏州市社会基本医疗保险管理办法》,积极推进新型农村合作医疗保险制度向居民医疗保险制度过渡,农村居民医疗保险基金筹资标准为200~260元,居民个人负担60元,其余由市、区、镇财政和村级集体经济组织分担。江苏省出台政策,加大了养老保险省级调剂金对苏州的支持力度,苏州在享受省级统筹调剂补助办法各项奖励、补助政策的基础上,江苏省再按苏州市当年上调调剂金数额的10%予以三年(2011—2013年)的专项补助。社会救助体系方面,建立了城乡低保"自然调整"机制,实现"应保尽保";建立了城乡低保"救助渐退"机制,实现"应退尽退";建立了城乡低保"分类救助"机制,实现"应补尽补"。

**3. 城乡社保服务体系并轨**

为确保就业与社会保障城乡一体化建设顺利进行,苏州市已形成了"一个平台、四个体系"的工作布局。一个平台,是指建立行政村(社区)基层人保服务机构,按照机构、人员、经费、场地、制度、工作"六到位"要求完成平台建设,全面实行村级人保服务站工作人员专职化。四个体系,是指构建城乡一体的就业创业公共服务体系,建设统一开放、规范有序的人力资源市场和职业中介结构;构建社会保障公共服务体系,建立城乡一体的经办机构、经办模式和经办流程的社保管理模式;构建职业培训公共服务体系,建立"培训—考核—就业"相协调的运行机制,建立多个串行技能实训基地;构建信息网络公共服务体系,在村村通的基础上,形成覆盖市、区(县、市)、街道(镇)、社区(村)的四级社会保障信息化网络系统。

### 三、苏州推进城乡一体化的初步成效

经过几年来不断的探索与实践,苏州城乡一体化发展综合配套改革各项工作都在有序稳步推进中。

#### (一)城乡规划、布局不断优化

按照城乡一体化全覆盖要求,发改委、国土局、规划局、环保局等部门积极配合,组织城乡产业发展规划、城乡规划和土地利用总体规划的衔接、融合;城镇空间规划得到优化,镇村布局规划不断完善,全市形成了一个中心城市、五个副中心城市、若干个中心镇的城镇发展格局;工业、农业、居住、生态、水系等重大专项规划基本城乡对接,实现了全市城乡一体化发展中各类要素的全统筹、各类规划在空间上的全面协调;23个先导区邀请了专业机构,对当地进行专业化的规划,已全面完成镇村布局规划和土地利用总体规划的修编,初步形成了"四规融合"的规划体系;"三个集中、三个置换"稳步推进,全市累计30多万农户、近100万农民实现了居住地转移和身份转变,92%的工业企业进入工业园,91%的承包耕地实现规模经营,52.2%的农户实现集中居住。

## （二）富民强村成效显著

农村"三大合作"改革持续深化,规模和覆盖范围不断扩大,集体经济蓬勃发展,农民持续增收空间进一步拓展,收入结构发生根本性变化。全市农村"三大合作"经济组织累计达4168家,持股农户比例达95.5%。农村集体总资产突破1350亿元,村均收入突破650万元,比"十一五"初期增长2倍,有近288个村的村收入超过一千万元。联合发展型、资本运作型、异地发展型、股份合作型等多种形式的村级集体经济不断涌现,推进新型集体经济转型升级。农民人均纯收入21569元,连续十年实现两位数增长,比2005年增长231%;与此同时,农民收入结构已经发生了积极变化,非农业收入所占比重已超过80%,工资性收入已取代家庭经营收入占主导地位,财产性与投资性收入所占比重已由2005年的不足5%提高到2013年的37.6%。

## （三）现代农业发展强劲

苏州市按照"四个百万亩"的规划要求,现代农业"园区化、合作化、农场化"建设步伐不断加快。近两年全市各级财政投入15亿元资金,建成各级各类现代农业园区近200个,其中万亩以上26个,千亩以上80个;高效农业比例达65%（约204万亩）,农业适度规模经营占比达86.8%以上。农业扶持保护力度不断加大,在国家和省"三项补贴"的基础上,率先出台水稻补贴政策;基本形成国家—省—市—县四级政策性农业保险体系,农业保险累计承包农户300多万户次,承保风险63.5亿元,农业担保累计担保96亿元,均居全国第一。农村小额贷款公司累计达到61家,注册规模和数量均列全省第一,累计发放贷款已超过213亿元。

## （四）生态环境不断改善

"绿色苏州"建设加快推进,先后建成一大批体现生态文明特征的绿化重点工程,生态环境进一步改善。2013年苏州市农村新增林地绿地面积4407公顷,陆地森林覆盖率达28.67%,市区新增绿地面积505

万平方米,人均公园绿地面积14.96平方米,达到了苏州市率先基本实现现代化的指标要求。生态补偿机制基本建立,开展湿地地方立法工作,建成太湖湿地公园等7个国家级、省级湿地公园,列全省第一。村庄环境治理不断加强,建成省级示范村、先进村49个,市级示范村559个;近60%的村开展生活污水集中处理,90%以上的村建立垃圾无害化处理体系,基本实现生活垃圾"户集、村收、镇运、市(县)处理"的处置方式全覆盖;消减面源污染,推广测土配方施肥面积168.9万亩,建成面源氮磷流失生态拦截系统20万平方米。

### (五) 公共服务均等化水平不断提升

近几年来,全市累计投入200多亿元建设示范村和新型社区,已有95%的村建成了集党员活动、就业社保、商贸超市、卫生计生、教育文体、综治警务、民政事务等功能于一体的新型社区服务中心。城镇医疗卫生服务下乡力度加大,90%以上乡镇和村建成卫生服务中心(室)。农村公共文化服务设施实现全覆盖,镇村数字电视网络、图书室、健身房、书场、文化活动场普遍建成,硬件建设水平已普遍超过城镇社区。全市88%的农村劳动力实现稳定非农就业,基本医疗保险参保率达97%以上,新型农村合作医疗年人均筹资416元,覆盖率达98.7%。全市社会养老保险基本实现城乡并轨,农村老年居民享受基本养老待遇或养老补贴覆盖面达99.9%,昆山市、吴江市和吴中区、相城区、苏州工业园区、苏州高新区已初步实现低保城乡并轨。

## 四、苏州推进城乡一体化的困难与展望

当前,苏州在推进城乡一体化建设中取得了一定的成绩,但在具体实施中,也面临诸多瓶颈和挑战。

一是建设资金压力大。苏州城乡一体化发展综合配套改革的重要抓手之一就是推动"三集中",尤其是农民集中居住,然而基层政府在推进过程中面临巨大的资金压力。农民集中居住的工作思路是先建设农民集中居住区,再拆迁置换农民原有宅基地。这一工作思路产生了

地方政府的短期资金压力和长期资金压力。短期资金压力是指启动资金获得很难,即地方政府在实施过程中必须大量垫付资金,以用于集中居住区的建设支出;长期资金压力是指资金收支平衡不能保证,即来自对农民原有住宅实施拆迁整理后的土地收益难以弥补前期的投入资金。

二是周转用地指标瓶颈。农民集中居住推进过程中出现的另一个挑战就是建设周转用地指标。一方面原因是工作思路的不同:在推进过程中,基层政府的工作思路是先占后补,即先建设好安置房,再置换、拆迁和平整土地,而国土部门的土地政策是先补后占,坚持要求先验收新增加(整理出来)的农用地面积,然后才能相应地补充建设用地;另一方面原因是周转指标的周转速度低,变相地减少了规划期可使用周转指标。

三是产权不明确,流动不通畅。苏州农村经济的重要特征就是农村集体经济的蓬勃发展,然而由于一些根本性的问题尚未解决,农村集体经济却成为城乡一体化改革的制约因素之一。这一根本性问题就是产权问题,主要体现在农民宅基地产权、承包土地的产权、集体资产的产权等方面。农民的承包土地、宅基地及住房的产权不明晰,无法自由流转。农民集体经营性资产产权通常只享有分红权,不可转让,不可继承,不能变现,不可流动。产权不明晰、流动不通畅严重制约了农民进城或迁出的积极性。

四是基层行政管理体制不匹配。推进城乡一体化,重点在基层。城乡一体化要求基层政府提供更多的社会管理和公共服务,但是基层政府管理权限小,财政分成比例低。财权与事权严重不匹配,"小马拉大车"式的行政管理体制和庞大的公共支出负担,越来越不利于基层政府各项工作的开展,成为制约城乡一体化持续推进和后续发展的重要因素。

结合苏州实际发展情况,当前和今后一段时期,苏州城乡一体化改革发展的远景目标有以下几方面:

一是改革先导区在体制创新上取得新的突破。要建立"区镇合一"管理体制,积极推进强镇扩权改革,建立与新形势、新任务、新要求相适应的管理体制。要加快土地使用制度改革，着力构建土地增值收益合理分配机制，让农民更多地分享土地增值的收益。要按照"一区多居"管理模式，创新完善社区管理服务体系，有效整合各类社会管理资源，努力把全市城乡社区全面建设成为安居、宜居、乐居的幸福家园。

二是农民收入实现倍增。苏州市计划到2015年，农民人均纯收入达到2.5万元以上，其中财产投资性收入占比超过40%，城乡居民收入比控制在2：1以内；农村新型集体经济总资产突破1500亿元，村级集体经济收入平均超过700万元，股份化覆盖率达到100%。

三是"三个集中"深入推进。通过加快农民市民化进程，减少农民，推动土地流转，争取农用地规模经营比重达90%以上；通过将散布在工业规划区以外的村办工业企业"退二进三"或"退二还一"，实现镇村企业集中度均达90%；通过融入城市化、就地城镇化、农村社区化，实现农村居民集中居住度达60%以上。

四是农业现代化加快推进。通过进一步创新农业发展载体、农业经营机制和农业支持保护制度，着力推进园区化、农场化、合作化，实现水稻规模化、蔬菜设施化、水产标准化、营销现代化，实现高效农业面积占种养面积比重达65%，其中亩均效益达5000元的超过50%。

五是基本实现城乡公共服务均等化。一要提升社区服务中心建设管理水平；二要加快城乡社保并轨步伐，基本医疗保险和最低生活保障到2012年实现并轨；三要加大教育、医疗、文体等公共服务资源向农村延伸的力度，鼓励优秀教师、医务人员等优质资源向农村流动。

六是城乡生态环境明显改善。进一步健全城乡环境长效管理机制和生态补偿机制；全力打造"水资源、水环境、水安全、水文化"四位一体新格局，努力实现市区污水处理率达到98%，镇区及太湖一级保护区农村规划保留村庄达90%，其他地区达70%。

# 第二章　苏州城乡规划一体化

## 概　述

长期以来,我国的城乡二元结构,都是以城市为中心,忽略了对城乡发展的统筹考虑和城乡空间的协调安排。近年来,苏州市坚决落实中央统筹城乡发展的方针,转变理念,创新思路,通盘考虑城乡经济、社会、文化发展,超前谋划和制定发展规划,对城乡的经济产业布局、基础设施建设、文化教育发展、社会事业进步等各个方面进行统一规划。

### 一、苏州推进城乡规划一体化的背景

在改革发展的历程中,苏州多次制定城市建设的总体规划,对苏州的发展定位予以思考。根据《苏州城市总体规划(1996—2010)》要求,苏州市的城市性质定位为国家历史文化名城、重要的风景旅游城市、长江三角洲重要的中心城市之一,城市总体布局结构形态采用"组团式"布局,由城市组团、山脉、河湖、大块绿地组成完整的自然空间。根据《苏州市城镇体系规划(2002—2020)》要求,苏州市的规划结构为"一个中心、五个副中心、十二个片区、四个发展轴"。

2006年,苏州市进行了新一轮城市总体规划编修,论证完成了《苏州市城市总体规划(2007—2020)》,关于苏州市中心城市规划的论述为:"T型双核,多组团,山水绿楔",中心城市总建设用地为400平方千米,规划把全市分为市域、规划区、中心城区、古城四个层次,"T轴双城两片"的中心城区空间结构,进一步明确了东部是城市首要发展方向、

北部是城市重要发展方向的提法。

2009年,苏州市通过了《苏州市总体城市设计(2008—2020)》及《苏州市城市高度研究》,其中,总体设计是对《苏州市城市总体规划(2007—2020)》的落实,是一个比城市总体规划更加细化的城市规划。《苏州市总体城市设计(2008—2020)》提出,苏州城市发展总目标为:青山清水新天堂。发展的总策略是"和合强心,融通健体"。所谓"和合强心",是指协调各区发展,以多中心体系建构城市功能核;"融通健体"是指完善结构,沟通功能、交通、景观系统,打破片区分割,推动各片区加速结合成一个更加有机的整体。未来一段时间里,苏州中心城区的总体空间结构为:"十字轴带,五楔渗透,多心多点,绿廊相通"。

2010年10月,苏州市通过了《苏州市城乡规划条例》,确立了苏州市域城乡规划的总体思路,即以历史文化名城、高新产业基地、宜居城市、江南水乡为城市发展目标,遵循城乡统筹、合理布局、节约土地、集约发展和先规划后建设的原则,保持地方特色和传统风貌,改善生态环境,保护耕地等自然资源和历史文化遗产,适应特色产业要求,并符合防灾减灾和公共卫生、公共安全的需要。

党的七届三中全会通过的《中共中央关于推进农村改革发展若干重大问题的决定》报告提出,要合理安排市县域规划,统筹土地利用和城乡规划,合理安排市县域城镇建设、农田保护、产业聚集、村落分布、生态涵养等空间布局。苏州市委将苏州的城乡一体化规划发展为"城市更像城市,农村更像农村,园区更像园区",改变过去"村村点火,处处冒烟"的发展方式和"走过一村又一村,村村像城镇;走过一镇又一镇,镇镇像农村"的状况。要使"城市更像城市,农村更像农村,园区更像园区",实际上就是要转变苏州市的经济社会发展方式,实现城乡经济社会一体化发展。这里说的"城市更像城市",主要是指一些县城镇、中心镇应该向中小城市发展;"农村更像农村",主要是指前面所说的基本定义的农业村,要更像种田的农村,保持优美的田园风光和传统农耕文化;"园区更像园区",主要是指全市各级各类开发区,特别是县以下的工业开发区应当进一步提升产业档次和发展水平。

## 二、苏州推进城乡规划一体化的主要做法和经验

苏州推进城乡规划一体化的工作思路明晰。

一方面,苏州强调开放式、全覆盖、片区发展和多规叠合的全新规划理念。摈弃传统的"城市、农村"二分法,实现城乡一体的规划全覆盖;突破乡镇、村庄行政界限,合理划分主体功能区,形成中心城市、产业园区、生态保护区、特色镇、新型社区、自然村落为载体的县(市)城乡空间布局结构;打破诸多规划自成一体、相互分割的格局,整体协调规划关系,实现产业规划、城镇规划、土地利用规划和环境保护规划的"四规叠合"。

另一方面,苏州坚持把规划放在龙头地位,按照"城市更像城市,农村更像农村,园区更像园区"的发展思路,在科学修编土地利用总体规划的基础上,调整、完善全市城镇总体规划。以县域为单位搞好统筹衔接,盘活土地存量,优化资源配置。科学确定分区功能定位和发展方向,优化城镇、村镇在空间、产业、人口等方面的布局,统筹各项建设,构建市、县(市)、镇、村城乡一体化发展体系。在尊重农民意愿、尊重生态环境、尊重历史文化、尊重风土民情和地形地貌的基础上,因地制宜,突出特色,合理布局,着力提高"三个集中"的推进水平。

### (一)主要做法

#### 1. 建立科学的规划管理体制,实现城乡发展规划一体化

根据《城乡规划法》要求,苏州市加快建立"城乡一体、分工合作、职责明确"的规划管理体系,把分散的规划职能统一划给规划管理部门,建立定位清晰、功能互补、衔接协调的规划管理新体制,建立科学的城乡一体化发展规划体系运作程序,建立规划实施评估机制,强化规划实施的法律监督、舆论监督和群众监督。在市和县级市人民政府设立了城乡规划委员会,负责审议和协调城乡规划制定、修改、实施中的重大事项,为同级人民政府规划决策提供参考依据。建立城乡规划专家咨询制度,积极听取专家意见。各区的城乡规划管理由市城乡规划主

管部门的派出机构负责实施。发展改革、住房城乡建设等部门,按照市城乡一体化的总要求,各尽其职,共同做好城乡规划管理。

### 2. 完善城乡一体的规划体系,开展各项规划建设

县(市)是统筹城乡发展的主体,城镇化是构建城乡一体化新格局的重要载体和推动力量,以县(市)域为空间单元、以中心镇为支点编制城乡总体规划,在此基础上再编制片区规划、重点区域控制性详细规划、专业专项规划、乡镇总体规划、镇村布局规划等。通过片区规划,落实片区功能定位,形成城镇型、社区型、改进型、生态型、古镇型分类规划,编制好县(市)域城镇建设、村落分布、产业布局、基本农田保护、生态涵养、历史文化传承与保护等专业性规划。

### 3. 修编镇村布局规划编制,为村镇建设提供依据

在省建设厅的指导下,苏州市完成了市域镇村布局规划,将苏州大市范围内现有的21134个自然村、约276万总人口,按照规划要求调整至2582个自然村、约149万人,共转移农村人口127万人,节约村庄建设用地28万亩。根据城乡一体化试点改革的需要,又确定了以编制(编修)各镇的镇村布局规划为着力点,充分调研,深入服务,积极为23个先导区和一般乡镇的规划编制、论证、报批,推进城乡一体化工作。

"村村有规划,落实规划全覆盖"是推进城乡一体化的重要抓手,在村庄规划编制上,苏州市始终坚持"尊重普通农民的利益,尊重当地的历史沿革和地域文化,尊重自然地形地貌和生态环境"三大原则,做到村庄编制规划适当超前,合理确定建设项目和实施时序,以科学的规划指导村庄基础设施建设、公共服务设施的建设和村庄环境整治,为村镇建设提供科学、合理和可操作的依据。

### 4. 开展各专项规划,提升综合功能

苏州市有关部门针对苏州市城乡一体化发展的需要,先后开展了23个专项规划、苏州市城市总体设计研究以及乡镇总体规划、控制性详细规划编制等一系列具体工作,加大各类规划的编制力度,扩大规划的覆盖范围,深化了苏州市城市总体规划,完善了苏州市规划体系,优化了苏州市规划功能分区和用地布局,进一步提升了苏州市的综合功能。

关于现有建制镇(街道)在镇域范围内的城乡一体化发展规划,苏州市提出了多种类型的选择和组合方式。一是融入城市化,即通过征地拆迁和提升小城镇建设水平,使城镇化向城市化发展,其中又包括了县城提升型、空间对接型、中心镇发展型等具体形态;二是就地城镇化,即通过加快发展二、三产业,就地推进城镇化,其中又包括了建制镇扩张型、旧城镇改造型、中心村升级型等;三是农村现代化,即通过加快发展现代农业和生态旅游农业,走农业和农村现代化发展道路。各建制镇(街道)根据市(县)整体规划和当地实际情况,具体确定采用何种组合方式,一般采取多种组合模式。

## (二) 主要经验

### 1. 注重产业发展规划、土地规划、镇村布局规划和生态涵养规划的"四规合一"

苏州市发改委、国土局、规划局、环保局等部门积极配合,积极组织市城乡产业发展规划、城乡规划和土地利用总体规划的衔接、融合,实现了全市城乡一体化发展中各类要素的全统筹、各类规划在空间上的全面协调。诊断各试点乡镇的镇村布局修编,做到在编的产业布局规划和土地利用总体规划以及"建设用地增减挂钩"等相关规划有效融合,在"建设用地总量不增加、耕地面积不减少"的各类土地面积总量平衡的基础上,实现了节约集约利用建设用地,确保了经济发展、城乡建设、产业转型、耕地保护以及城乡一体化发展的综合需求。

### 2. 注重城乡一体化镇村布局规划修编,优化城乡规划全覆盖

苏州市出台了《苏州城乡一体化综合配套改革规划措施三年实施计划》和《加快编制(修编)城乡一体化发展综合配套改革试点工作先导区镇村布局规划工作的通知》等文件,积极指导和督促各城乡一体化先导区及一般镇,加紧完成对各地乡镇(涉农街道)城乡一体化镇村布局规划的编制(修编)工作,"以点带面",全面推进城乡一体化发展。通过强化规划指导和服务,全面推进各镇的总体规划、控制性详细规划、镇村布局规划以及村庄规划的城乡规划全覆盖的优化工作。重点关注镇区内部的基础设施和公共服务设施的建设,提高公共服务均等

化水平。

### 3. 注重保留各地特色，镇村布局因地制宜

通过综合考虑各中心小城镇的区位、资源、人口及经济发展水平和潜力等因素，苏州从实际出发，因地制宜，分类施策，科学规划城镇布局，以特色产业或龙头企业为依托，建成工业型、农业型、商贸型、旅游型、资源开发型等各具特色的小城镇，加快培育城乡一体的产业支撑体系。如在"三集中"过程中，针对苏州市区特点，进行了相对高密度集中，相城区、高新区则向城镇集中，基本不保留农村居民点，吴中区利用山地等条件，根据当地生产生活条件实际，保留了部分农村定居点。

### 4. 注重规划优先，舍得规划投入

苏州市各级部门在城乡规划进程中，强化规划意识，先规划，后建设，舍得投入，高起点、高规格、高水准地进行规划的编制。23个先导区乡镇均邀请了专业机构，对当地进行专业化的规划，增强了规划的可行性和实践性，并且，各乡镇通过广泛宣传，使规划深入民心，让老百姓达成共识，达到按规执行，按规落实，保证了规划的连续性实施。

## 三、苏州推进城乡规划一体化的瓶颈和展望

### （一）发展瓶颈

#### 1. 土地资源瓶颈

根据苏州市土地利用规划，苏州的建设用地已经所剩无几，每年上级能给予的建设用地，仅能保证规划园区内的重大项目。土地资源的不足将约束苏州市的进一步发展。

#### 2. 生态安全下降

城市用地扩张对苏州的生态敏感区产生严重威胁，虽然规划明确保证了城市绿地、生态廊道等的预留，但一体化的进程使生态保护压力明显增大。

#### 3. 传统文化流失

城乡建设一体化，使苏州市域的村、镇越来越少，承载着苏州传统

文化的载体数量减少,苏州的传统城市特质和传统人文特质下降的可能性在增大。

## (二)未来展望

**1. 进一步推进"四规合一",实现各类要素和规划空间的全面协调**

苏州市将加大城乡产业发展规划、城乡土地利用总体规划和生态涵养规划的衔接和融合,推进"四规合一",实现苏州市城乡一体化发展中各类要素的全统筹、各类规划中空间上的全面协调,确保经济发展、城乡建设、产业转型、耕地保护以及城乡一体化发展的综合需求,增强规划对城乡一体化发展的引领作用。

**2. 进一步推进城乡一体化镇村布局规划编修**

苏州市将积极指导和督促各城乡一体化先导区及一般镇按照全面推进城乡一体化发展的要求,加紧完成对各地城乡一体化镇村布局规划的编制和修编工作,实现"以点带面",全面推进城乡一体化发展的新格局。

**3. 进一步优化城乡规划全覆盖,强化规划指导和服务**

加大指导,全面推进各镇的总体规划、控制性详细规划、镇村布局规划以及村庄规划的城乡规划全覆盖的优化,通过对各镇的规划调整,完善镇区内部的基础设施和公共服务设施的建设,提高公共服务均等化水平。

**4. 进一步理顺管理体制,健全管理机构**

加快建立和完善镇级的规划管理机构,建立以"一书三证"制度为核心,以各市、县规划管理部门为主体,各镇规划管理机构为依托的城乡规划许可、管理、监督制度,构建"城乡一体、分工协作、职责明确"的规划管理网络体系,提高村镇规划管理水平。

**5. 进一步完善小城镇的规划,增强吸引力和竞争力**

加强小城镇规划指导,促进小城镇健康有序发展,综合考虑中心小城镇的区位、资源、人口及经济发展水平和潜力因素,因地制宜,分类实施,引导特色产业和龙头企业,建成工业型、农业型、商贸型、旅游型、资源开发型等各具特色的小城镇,以"拓展框架、完善功能、提升品位"为规划理念,增强小城镇对周边农村的辐射力、吸引力。

## 案例一 昆山市：规划引领，率先基本实现现代化的实践

2009年12月30日，江苏省政府印发关于昆山市城市总体规划的批复，标志着历时两年的《昆山市城市总体规划（2009—2030）》修编工作顺利完成。该规划将成为今后20年指导昆山城市发展的纲领性文件。

2010年10月30日，昆山市发布了率先基本实现现代化的指标体系，共5大类28项34个指标，涵盖了城市现代化发展的方方面面，并突出了人的发展和社会的发展，以及居民生活水平的现代化，标志着昆山向率先基本实现现代化的目标迈进。

昆山市全面推进城乡一体化综合配套改革试点，不断深化农村改革，以率先规划抢抓现代化发展的机遇，城乡一体化水平在江苏省处于领先位置。

### 一、背景

回首昆山30年的成长历程，每一次波澜壮阔的发展都对应着一次规划体制机制的大调整，一轮城市的总体规划和城市的变革发展。规划先行，使昆山始终保持着向上生长的动能，在规划的引领下，昆山的城乡面貌日新月异，今非昔比，不断引导城市转型。

1981年，昆山首次编制《昆山城区总体规划》，加速了老城区的改造。

1984年，昆山在江苏省内率先编制《昆山县县域规划》，引领了1984—1991年期间的昆山"农转工"阶段发展。

1990年，《昆山市城市总体规划（1992—2010）》，带来了1992—1997年昆山"内转外"和1998—2001年昆山"散转聚"的发展阶段。

2001年，昆山市规划局成立，组织编制《昆山市城市总体规划（2002—2020）》，开创了2002—2007年昆山"低转高"的发展阶段，这

一期间昆山率先全面实现小康社会。

2008年,昆山市开始编制《昆山城市总体规划(2009—2030)》,指导昆山从"率先全面建成小康"迈向"率先基本实现现代化"。

2009年,《昆山市城市总体规划(2009—2030)》获批,成为今后20年昆山城市发展的纲领性法定文件。

**二、做法**

1. 发动:全方位参与,规划指明方向

以"政府组织、专家领衔、部门合作、公众参与、科学决策"为指针,昆山城市总体规划(2009—2030)自编修开始,就非常注重全过程的公众参与,组织了全方位、多层次、多渠道的系列公众参与活动,收集了大量的意见和建议。在民意征询阶段,广泛宣传动员,并设计了一套科学的调查方法,通过广场、媒体、学校、座谈会、社区和民意热线等形式,回收公众民意征询表10021份。在咨询研讨阶段,通过座谈会、专题研讨会、公众论坛等活动,动员社会各界对规划献言献策,围绕"我为昆山规划进一言"主题进行开放式座谈。在草案公示阶段,让公众看得明白,方便参与,积极参与,有序参与,有效参与。

为更加科学地编制昆山城市总体规划,昆山市组织了一个高水准的顾问专家团队、一个"规划编制梦之队"、一个高规格的专家评审组等顶尖规划阵容。通过"昆山市城市发展愿景与策略研讨会",开展城市发展理念规划国际咨询等形式,请高水准专家顾问组把脉昆山城市发展策略;通过江苏省建设厅、江苏省城市规划设计研究院和上海市城市规划设计研究院等多家精英单位组成长三角超强"规划编制梦之队",联手编制蓝图;通过中国城市规划协会、住房和城乡建设部规划司,组成由名校教授等专家参与的高规格专家评审团,把关总体规划的编制。

昆山市还组织开展了《昆山产业发展与空间布局专题研究》等13个支撑性课题,进行专题研究。这些专题,在内容设定、技术路线、调查研究、比较分析、解决路径等方面都有不同程度的创新,为最终城市总体规划编制的科学决策提供了不可或缺的支撑。

2. 理念：技术蓝图化为公共政策

（1）三大规划理念

一是交通引导理念。轨道交通引导城镇空间集聚，公交交通引导城镇功能布局变化，交通枢纽引导城市用地开发和服务业发展。

二是资源约束理念。土地资源约束促进产业结构升级，生态资源约束保障宜居环境建设，能源约束加快节能减排进程。

三是统筹发展理念。以片区产业特色和发展政策支撑为重点，统筹区域发展；以缩小城乡差距和培育城乡空间、文化的不同特色为重点，统筹城乡发展；以提高人口素质、增加居民收入为重点，统筹经济社会发展；以增强内生发展动力为重点，统筹昆山发展和对外开放。

（2）八大编制重点

建立现代化指标体系。参照国际上现代化城市的发展水平，明确昆山率先实现现代化的目标体系，推进"两型社会"建设，作为编制规划的总体要求。

推进城乡现代化发展。推进城乡现代化，统筹城乡居民劳动就业、素质提高、收入增加、社会保障等方面的一体化发展，以及本地人口和外来人口的和谐发展。

强化中心城区的服务功能。从功能构成完善、服务水平提高、发展质量提升等方面，强化中心城区功能，满足城乡居民需求，带动产业调整升级和人居环境优化。

构建现代化交通体系。以轨道交通为支撑，发展内畅外捷的综合交通体系，并引导功能区域合理集聚，充分发挥交通引导发展的作用。

城乡统筹优化市域空间结构。以政策分区和保障措施统筹城镇发展空间、乡村发展空间和生态保护空间布局，优化市域空间结构，支撑经济社会的可持续发展。

通过资源调控优化产业结构。根据昆山资源实际，优化产业结构，实现高效都市农业、现代服务业和先进制造业的协调发展。

加强现代化基础设施体系建设。建设城乡一体、面向未来的现代化基础设施体系，提高质量水平、服务水平、节约利用水平和安全保障水平，引导城乡集约发展。

培育昆山特色。保护特色鲜明的江南水乡自然环境,继承优秀的传统文化,弘扬率先发展进程中形成的以"昆山之路"为核心的现代文明,培育传统与现代相交融的昆山特色。

(3) 七大发展策略

结构调整促进用地效率的提升。以高新技术产业为导向,以新兴制造业为基础,以现代服务业为突破,以高效都市农业为特色,加快发展方式转变和产业结构调整,增强科技进步、自主创新对经济增长的贡献率,提高土地集约利用率和产出效益。

生态约束促进人居环境改善。严格保护阳澄湖、淀山湖及环湖生态敏感空间,同时合理利用其比较优势,与深厚的历史人文积淀相结合,发展特色产业,提升整体人居环境质量,彰显昆山特色,增强城市魅力。

节能减排促进低碳城市建设。发展低碳产业、循环经济,鼓励节能技术的应用、开发与创新,提高资源、能源的使用效率,减少污染物排放,合理配置产业用地和生活用地,构建绿色交通体系,倡导健康节约的生活方式和消费模式,全面推进低碳城市建设。

区域统筹引导市域空间优化。适应经济社会发展的需要,加强区域协调和城乡统筹,将市域空间布局与政策分区紧密结合,形成功能明确、集聚高效的城乡空间结构,协调好发展和保护的关系。

公交优先引导城市布局调整。以轨道交通为核心,构建舒适高效的公共交通系统,发挥其大容量、低能耗、快速准点安全的综合优势,引导城市建设空间合理集聚,优化城市功能结构,构建完善的城市中心体系。

风貌保护引导地方特色塑造。以水乡古镇保护为核心,以自然环境为基础,结合特色村庄保护和乡村旅游业、都市农业发展,保护传统风貌;打造融合生活居住空间和产业发展空间为一体的公共服务空间,塑造展现昆山城市精神的现代风貌。

3. 实践:构建城乡统筹的大城市格局

整合三片区,引导市域协调发展。中部中心城市集聚发展片区是昆山产业集中、人口集聚、能级提升的重点发展区域,面积470平方千米,占市域的50.66%,远期GDP达到10630亿元,占全市GDP的

88.58%，产业结构优化为0.2∶51∶48.8。西北部阳澄湖休闲度假片区，发挥资源优势，保障生态安全，形成环阳澄湖休闲旅游带，并集聚发展优势制造业，面积136平方千米，占市域的14.66%，远期GDP达到400亿元，占全市GDP的3.34%，产业结构优化为2.2∶41.2∶56.6。南部水乡古镇旅游生态功能片区，通过整合资源联动发展，形成环淀山湖特色休闲旅游城镇带，发挥休闲旅游业的主导作用，带动会展、度假、文化创意的发展，在保护生态的基础上适度发展先进制造业，面积321平方千米，占市域的34.68%，远期GDP 970亿元，占全市GDP的8.08%，产业结构优化为1.9∶37.9∶60.2。

2010年，各区镇在组织指导下，编制了两项规划：一是编制产业发展规划。花桥经济开发区、千灯镇、张浦镇、巴城镇四个先导区在完成"三年实施计划"编制的基础上，全面完成产业发展规划编制工作。二是全面启动各区镇"三年实施计划"的编制工作。同时，昆山市注重统筹规划建设道路、桥梁等基础设施，以及学校、医院等公共资源，城市基础设施加快向农村延伸，使农民生活迅速与城市接轨。

构建"四层五级"的卓越城市格局。在三片区总体发展规划的基础上，规划又细化为四层五级的城乡体系，即以中心城区（核心城区、功能区）为核心，以特色镇为枢纽，以新型社区、自然村落两层为基础的未来大城市格局。昆山核心城区，现有昆山经济技术开发区和昆山高新区两个国家级开发区，在核心城区外围，是花桥商务城、张浦分区和周市分区的三区结构。五个特色镇是昆山的城市名片，周庄、锦溪、千灯、淀山湖、巴城，依托各自的自然人文景观，让世界了解昆山，也让昆山走向世界。农村集中居民点是城乡一体化社会主义新农村的典范，以保护历史文化和滨水特色为基础，适度集聚，完善各类基础设施，让农民乐享城乡现代化发展的成果。

4. 保障：九大措施确保昆山规划的持续推进

（1）规划法制

经批准的规划，各部门必须严格遵守，维护城市总体规划的严肃性和权威性，保证总体规划对全市的指导和调控作用，并制定细则完善相关技术规范。

(2) 规划编制

经论证批准的规划,将细化编制控制性详细规划、重点地段城市设计、近期建设规划等下层次规划和专项规划,加强衔接,建立保证总体规划按规实施的城市规划体系。

(3) 规划管理

实施城乡规划统一管理,城市土地利用和各项建设必须符合总体规划要求,严格执法以保证规划的准确和顺利实施,加强规划的信息化建设,为强化城市规划、创新管理制度、提升城市功能和加强城市管理的战略任务提供信息化技术保障。

(4) 规划监督

发挥政府、基层组织、公众等在城市规划实施全过程中的监督作用,以各种形式建立对城市规划实施的监督机制。

(5) 管理机制

根据片区划分,适时进行管理体制调整,加强整合,减少发展主体,适度赋予管理权限,提升城市的整体竞争能力。

(6) 财政投入

2007年至2009年,昆山累计投入促进城乡一体化发展资金85.85亿元,平均占一般预算支出比重达30.33%;同时完善市域统筹的财政转移支付制度,加大对南北片区的支持力度,既保持了特色又兼顾了公平。

(7) 土地流转

积极探索农村宅基地退出机制,促进城乡之间土地要素的流动,实行城镇建设用地增加与农村建设用地减少相挂钩的政策,提高建设用地集约利用水平。

(8) 项目准入

以产出效益、资源节约、节能减排、技术先进等为主要控制内容,通过项目准入机制,促进土地资源的集约利用,保护生态环境,提高土地效益。

(9) 考核机制

按照转变发展方式、提升发展质量、改善社会民生、建设生态文明的总体要求,建立科学的考核机制,分区考核,分行业考核,分指标考核,分进度考核。

### 三、成效

**1. 深入把握"大城市"内涵,形成了昆山发展的特质**

昆山的城乡规划突出"大城市、现代化、可持续"的定位,以城乡统筹提升整体形象,以城市品质主导区域发展,规划部门专门做了昆山与深圳、昆山与新加坡的城市发展比较研究,提出了城市功能建设的框架,明确了未来的"大城市"发展趋向,为2012年昆山率先基本实现现代化,为2015年苏州率先在全省基本实现现代化奠定基础,形成了发展特质。

**2. 全面编制规划,扎实推进"三置换"**

2010年,昆山完成了4个先导区产业发展规划,完成9项专项规划编制,8项交通规划编制,"三置换"工作也取得新进展。共确定100个保留农村定居点,农村人口10万人,全年农民宅基地和住房置换成城镇商品房的农户达7000户,累计达55592户,置换率近60%。全市已组建社区股份合作社106个,入社农户67540户;组建农地股份专业合作社125家,入社农户60070户,入股土地面积21.5万多亩,流转入股率90.8%。

**3. 基础设施全面跟进,农村进入城市化阶段**

昆山百万亩现代农业规模化示范区适度规模经营达90%,农业示范园区建设面积达5.49万亩,农村已全面实施区域组团供水,城乡居民自来水同质同网同价。污水管网基本覆盖农村区域,实现城乡共建、城乡联网、城乡共享。农村垃圾实行"村收集,镇转运,市处理",做到"一个炉子"焚烧。"村村通公交",让农民快速融入城市生活。每年新增绿地面积1000万平方米以上,城市规划建成区绿化覆盖率达45.02%,人均公共绿地面积13.44平方米。

### 四、启示

**1. 通过全市现代化建设要求高标准引导城乡一体化规划**

昆山市在全国首次提出基本实现现代化指标体系,为县级市现代化建设树立了参照标杆。昆山以大项目为抓手,增强了城市的现代功能,以规划引领城市建设,形成了布局合理、功能完善、层次分明、城乡一体的城市发展新格局,也为昆山市下一步以高标准引导城乡一体化明确了奋斗方向。

2. 规划的系统性和全面性为今后的发展奠定坚实基础

从2002年起昆山就正式确立了城乡统筹规划,实施城乡规划全覆盖。整合城乡资源,最大程度节约土地等资源,有效发挥城市对经济的承载力。通过全面规划,区域空间整合,达到系统设计城市发展框架的目的,为昆山今后的发展奠定了坚实的基础。

3. 注重规划的可持续性,突出集聚发展理念

昆山已经基本实现了产业向园区集中、农民向社区集中居住的集约发展模式,通过城市空间的合理集聚,构建完善的城市中心体系,整合资源,增强功能,并注意保护生态环境,保留江南水乡风貌特色,从而为城市的持续发展和创新带来源动力。

4. 通过管理体制调整保证规划的连续性和可监督性

昆山城市发展规划的主体多,统筹有难度,通过管理体制调整,合理减少发展主体,为形成合力提供组织保证。昆山还通过规划建设绩效评价考核,设立从实施到考核的九大保障机制,也使规划可连续、可监督、阳光化。

**【思考题】**

1. 昆山市总体规划给全市总体布局和产业发展带来哪些机遇和约束?

2. 你认为昆山市的规划管理体制有哪些优势?其推行的难点主要在哪里?

## 案例二 阳澄湖镇：全盘规划城乡一体化灿烂明天蓝图

岸山村的王老伯，隔三差五就要骑着他那辆小三轮到渭阳路上湘太路西边的集中安置小区去转一圈，看着几十幢漂亮的高楼一点一点地长起来，高起来。"孩子们长大了，都喜欢城里人的生活了，我乡下的老房子，他们不稀罕了！"王老伯的眼里，充满了憧憬。

王老伯的面前，就是阳澄湖镇统一建造的沈周花园集中安置区，这是阳澄湖镇通过全盘规划，推动城乡一体化发展综合配套改革过程中，在临近中心镇区设立的两个集中安置点之一，总占地面积 0.4 平方千米，整个住宅小区共分为三期：一期为 13 幢多层住宅，层高为五层，二期为 14 幢小高层、高层住宅，三期为高层住宅，户均 200 平方米。该住宅小区建成后，将是一个可以容纳 3600 户居民的大型定居点。另外一个定居点，位于渭杨路上苏嘉杭高速公路以东，总用地 0.92 平方千米，可容纳 7400 户居民。这两个集中居住区，除了可以安置全镇 8995 户居民外，还可帮助相邻的阳澄湖旅游度假区集中安置居民 2000 户左右。

### 一、背景

因阳澄湖而得名，因阳澄湖大闸蟹而知名的苏州市相城区阳澄湖镇，位于苏州市相城区东北部，北接常熟，东邻昆山，西连无锡，南靠苏州工业园区。全镇总面积 76.22 平方千米，辖 10 个行政村，总人口 7 万人，其中常住人口 3.5 万人。2011 年，全镇实现地区生产总值 34.32 亿元，增长 16.7%；完成地方一般预算收入 1.67 亿元，增长 31.5%。2010 年，全镇完成全社会固定资产投资 20 亿元，增长 100%，其中工业性投资 11.82 亿元，增长 90%；实现工业总产值 63.45 亿元，工业销售 62.18 亿元，利税 6.3 亿元，分别增长 35%、35.17% 和 26%；实现第三产业增加值 11.2 亿元，增长 21.3%；全社会商品零售总额5.02亿元,增长12%;农民人均纯收入15432元,增长12%。

2009年,阳澄湖镇成为苏州市城乡一体化综合配套改革23个先导区之一。为了充分发挥"先试先改,先行一步"的先导作用,阳澄湖镇根据市委、市政府提出的综合配套改革重点内容和目标任务,根据《苏州市城乡一体化发展综合配套改革三年实施计划》的具体要求,制定了阳澄湖镇三年(2009—2011)实施计划。按照"基本形成城乡发展规划、资源配置、产业布局、基础设施、公共服务、就业社保和社会管理一体化"和整体推进"三形态""三集中""三置换"要求,以湖滨新城镇为目标,把阳澄湖镇建设成为基础设施配套、区域功能分明、产业特色鲜明、生态环境优美、经济持续发展、农民生活富裕、社会和谐稳定的生态型现代化中心镇、生态休闲旅游度假名镇。

## 二、做法

王老伯所在的岸山村,在全镇城乡发展规划中,将不复存在,这也是阳澄湖镇"三集中"实施中的一个重要特点,全镇8995户,将逐步置换,不再保留现有的184个村庄。

1. 确立镇村布局规划的原则方向

阳澄湖镇设计了"一心二园"的功能片区,"一心"即以目前镇区为主的苏州绕城高速公路以南和苏嘉杭高速公路以西区域为中心镇区推进区,该区域主要发展第三产业,并作为全镇的政治、经济、文化中心,旅游服务接待中心。"二园",一是"阳澄产业园",位于苏嘉杭高速公路以西,苏州绕城高速公路以北,该区域主要发展第二产业,建成后将是阳澄湖镇工业经济的重要基地,是全镇广大人民群众自主创业、就近就业和吸引外来投资者的主要载体;二是"现代农业产业园",即苏嘉杭高速公路以东约34000亩及阳澄产业园以北约16000亩,总计约50000亩的区域,该区域将重点发展科技农业和旅游农业,并实施规模化经营。

在规划原则上,阳澄湖镇注意尊重民意,以实现、维护和发展好广大农民群众的根本利益为规划的出发点和落脚点;注意统筹考虑自然条件和经济社会发展水平,集约发展,规模经营;注意生态优先,保护第一,保证基本农田不减少,城乡建设用地不增加,滨水生态是特色,充分发挥土地经济效益。

2. 做好城乡一体化的用地布局和农田保护

根据规划,阳澄湖镇远期村庄全部置换。因此,首先,在现有地势平坦、靠近镇区、置换量小、建设成本较低的区域安排建新安置用地,形成了0.4平方千米和0.92平方千米的两个集中居住安置点。其次,通过置换,腾出9.49平方千米的结余用地,其中镇区内落实结余用地4.12平方千米,镇区外3.83平方千米,现代农业产业园周边0.46平方千米,另余1.08平方千米可由相城区跨区域调配使用。

在布局上,以绕城高速和苏嘉杭高速为界,形成四大象限:西北象限建设以阳澄产业园为核心的产业基地,西南象限建设中心镇区,东北象限建设以现代农业为主的生态基地,东南象限为度假区。

在基本农田保护上,根据现有建设用地13.92平方千米,规划用地13.1平方千米的状态,能确保现有农田31.7平方千米在规划期内不减少。

3. 落实"三置换"的三年实施步骤

三年内,阳澄湖镇区面积将从现有的3.6平方千米拓展至5.6平方千米,拆除农户400户,建成安置房2450套,安置农户1225户,完成总投资17.65亿元,新镇区新增人口20000人,累计达到50000人,三产服务业增加值实现18亿元,占地区生产总值比重达40%以上。围绕总体目标和主要工作任务,2009至2011年重点工作具体分年度实施计划。

2009年度,完成了戴娄、岸山、车渡、消泾、枪堂五村动迁和现代农业启动区部分以及圣堂全村约4500人,面积约7000亩的承包地换城保工作。中心镇区内,建设镇区沈周花园安置房400套,安置农户200户,人口650人,拆除农户200户(戴娄、枪堂、岸山村);建设苏嘉杭东度假区动迁房250套,安置现代农业产业园内车渡、消泾二村农户125户,人口400人。现代农业产业园内,重点建设好现代农业产业园首期启动区4000亩区域工程,完成3000亩区域的土方及基础设施工程量和1000亩区域的池塘理赔工作,启动拆除农户182户,建成科技农业研发区约10000平方米,完成投资总额2.2亿元。

2010年度,完成戴娄、车渡、消泾、北前、枪堂五村余下的9000多农民,面积约13000亩的承包地换城保工作。中心镇区内,启动湘太路以西的约5800亩的商住房开发建设工程,建设镇区居住点安置房800套(沈周花园、度假区居住点),安置农户400户,人口1300人,启动拆迁100户农户(戴娄村)。阳澄产业园内,拆除岸山村100户农户,实施道路等基础设施建设工程。现代农业产业园内,完成中心江以东(北前村东部和车渡村西北部区域)、相石路南的车渡村部分区域约6000多亩的农业基础设施建设,基本建成首期启动区内的"研发中心""垂钓中心"和"农事体验区"。

2011年度,完成陆巷、十图、岸山三村5000多农民,面积约7300亩的承包地换城保工作。中心镇区内,以商住房开发建设为重点,初步形成新镇区框架,新增镇区面积2平方千米,进一步实施基础设施建设工程,引进服务业企业三家以上,拆除戴娄村农户100户,建成安置房1000套,安置农户500户,人口1750人,新镇区总人口达到50000人。阳澄产业园内,拆除枪堂村在阳澄产业园区域内的约100户农户,继续开展基础设施建设,面积拓展至2平方千米。现代农业产业园内,完成消泾村(原范浜、消泾部分)和车渡村、北前村中心江以东剩余部分,面积约5000亩的农业基础设施建设,区域面积拓展至15000亩,拆除车渡村湘石路南约250户农户,完成总投资额2.02亿元。

4. 谋划规划实施的下阶段任务

一是加强规划的编制和管理,加强宣传和合作。下一阶段,阳澄湖镇将严格遵照规划前置的要求,充分做好同土地利用总体规划的衔接,加强和国土、交通、文化、水利等部门的沟通协调,强化规划的公共政策属性,进一步深化规划,制订相应的细化规划和实施计划。同时,有关部门也将加大规划宣传的力度,提高公众的规划意识,鼓励居民参加规划的实施和监督,并将采取公示、听证会、专家论证等形式,增加规划实施的透明度和公众参与程度。

二是多渠道筹措置换资金,确保规划实施。细化资金测算,算好置换安置成本和土地经营收益两本账,积极争取各级财政的扶持力度,以争取专项资金来保证城乡一体化发展综合配套改革试点的顺利推进。同时,注重发挥市场对资源的配置作用,逐步建立起财政资金为导向,国有资本、民间资本参与的多元投入机制。

三是搞好政策解读和衔接,维护好改革利益。按照"安置用房先建后拆、挂钩指标先拆后得"的原则,做好农户的动迁安置和土地复垦工作,加快现有安置房区域和相关基础设施区域的建设,及时完工并申请项目验收,以使预支的土地增减挂钩指标得以归还,为结余用地投入下一轮安置房建设和发展工业等经营性项目做好准备。

四是加强组织领导和奖励,保证执行力。对成立的城乡一体化领导小组要明确责任,加强对全镇城乡一体化规划发展的管理和协调,投资开发公司要积极筹措建设资金,保证实施开发的进度。建立考核监督机制,把改革任务落实到单位、落实到人,定时监督,年终考核。对辖区内置换工作中的土地复垦整理项目,按通过有关部门验收建成耕地或者其他农用地的实际面积要落实相应的奖励。对置换商品房的用户,积极配合落实置换措施,及时腾出原宅的,也需落实相应的奖励。

五是加快新型城镇建设,打造宜居城镇。按照"建城市"的理念加快建设中心镇区,完善新镇区配套设施和服务功能,快速推进相关商贸设施建设。进一步完善镇区基础设施,提升街景亮化、美化水平。进一步加快农民集中居住步伐,力争到2013年,全镇所有农户基本实现向城镇新型社区集中居住。优化城乡生态环境,新种各类花卉200万株以上,新增绿化面积2000亩以上。对全镇90千米河道实施环境整治;扩建生活污水处理厂和污水管网建设,使污水日处理能力达到3万吨。

## 三、成效和启示

为使阳澄湖镇城乡一体化工作稳步推行,进展顺畅,阳澄湖镇采取了一系列措施,取得了比较好的效果。阳澄湖镇的江苏省相城现代农业产业园区,首期启动的1.8万亩改造区已经基本完成了土地平整、沟渠整治、道路硬化、标准化池塘改造等基础设施建设。按规划,到2013年,总面积达6万亩的农业产业园区将全部建成,集生态、高效、旅游、观光等功能于一体,每亩能提高1000元的净利润,带动农业增效、农民增收。到不远的2013年,一个全新的阳澄湖镇将基本形成,"十二五"期末,一个现代化适宜人居的新型中心镇将续写阳澄湖镇灿烂的明天。

阳澄湖镇通过全盘规划,加快推进城乡一体化进程可以给人如下启示。

1. 加强领导,坚持城乡一体化规划指导思想和原则不动摇

阳澄湖镇成立了"阳澄湖镇城乡一体化发展综合配套改革试点工作领导小组",由镇党委书记任组长,镇长和分管领导任副组长,并召集了镇农经、财政、国土、村建等机关职能部门负责人及各行政村书记,负责全镇城乡一体化综合配套改革试点工作,并设立办公室协调日常事务。实施过程中,重视对规划的严格控制,保障了全镇的区域功能分明,自然资源充分保护,生态环境优先考虑,至今仍保留着较大的开发和发展潜力。投入资金500万元,邀请国内外具有较高资质的设计单位制定了规划,并严格按照规划推进"三集中"。

2. 合理布局,根据实际,确定乡镇发展规模

在规划指导下,阳澄湖镇全面推进了"三置换"工作。通过实施"三置换"工作,为工业化、城镇化、农业现代化发展拓展新的空间,重点在农村宅基地置换商品房上取得突破。将全镇8995户农户,逐步通过拆迁后,形成两个集中居住点,一是苏嘉杭高速公路东居住点(度假区在建的动迁区),主要有车渡、消泾、北前全部及圣堂、十图、陆巷部分农户集中居住。二是中心镇区居住点(沈周花园),主要是戴娄、沈周、枪堂全部和圣堂、十图、岸山、陆巷的部分农户(涉及七个村)居住。

3. 加强土地利用测算,确保收支平衡

当前农户总数为8995户,村庄建设用地10.81平方千米,包括农村居住用地6.86平方千米、村办工业3.95平方千米。按照户均200平方米的安置标准(高层住宅,毛容积率1.6~1.8),置换安置农村居住用地6.86平方千米,村办企业按照货币安置的原则,置换村办工业用地3.95平方千米。建新用地按户均200平方米,毛容积率1.6~

1.8，共8995户测算，共需1.08平方千米，加上支持度假区农户安置的0.24平方千米，共需1.32平方千米建设用地。因此，到2020年，阳澄湖镇通过村庄置换，可结余用地9.49平方千米。

4. 提升社会保障水平，赢得农民的认同

大力实施"充分就业三年工程"，积极开展农村劳动力就业、创业和技能培训，不断提高农渔民转移就业能力，鼓励以创业带动就业，挖掘公益性岗位，着力开展零就业家庭的就业帮扶，确保零就业家庭有1人以上实现较稳定就业。实施城乡统一的最低生活保障制度和城乡统一的社会救助体系，2009年农村低保和城镇低标准实现接轨，城乡低保标准统一为380元/月。逐步提高农村合作医疗保险筹资标准，到2011年左右，实现农村合作医疗保险与城镇居民医疗保险并轨，统一个人缴费和财政补贴办法。进一步引导和鼓励被征地农民第三年龄段人员选择农保置换城保，加快农保转城保步伐，三年内全面完成全镇18000多农民的承包地换城保工作，实现农村养老保险向城镇养老保险接轨，提高农民养老保障水平。

【思考题】

1. 阳澄湖镇"一心二园"的功能布局规划，其优势在哪里？又有着哪些方面的压力和制约？

2. 根据阳澄湖镇城乡一体化进程中农民集中安置的资金测算，你认为可操作性怎样？还有哪些需要考虑的方面和问题？

## 案例三 　大新镇：集中居住规划，造就农民幸福家园

变化总在人们不经意间悄然来临，在打造城乡一体化先行区的大新镇，一体化的进程让人们逐渐感受到生活方式的深刻变化。如今，越来越多的大新镇农民开始享受与城里人一样的生活和待遇。这种改变就渗透在寻常百姓柴米油盐的生活细节中。

今年73岁、家住大新社区阳光家园的盛明荣老人和土地打了一辈子交道，6年前，他家的田地被征用，他所在的新海坝村拆迁后集中居住在大新社区阳光家园，盛明荣家分到了三套公寓房，一个小套老两口住，一个大套儿子儿媳和孙女住，另外一套出租。土地被征后，老两口每月可领到740元土地补偿金和养老保险金，因为参加了医疗保险，看病也可报销不少钱，家里自来水、抽水马桶、管道煤气一应俱全，垃圾收集、物业管理也有专人负责。"现在我们除了身份还是农民，生活与城里人其实已经没什么两样了。"盛明荣表示。如今，他和老伴每天早晨和晚上都要在小区内散步、健身，日子过得别提有多开心，"我们现在和城里人一样，住在环境优美的社区里，享受着城里人的生活"。盛明荣的幸福生活，正是张家港市通过集中居住，规划造就农民幸福家园的典型写照。

### 一、背景

张家港市大新镇是张家港市辖8镇1区（杨舍镇、塘桥镇、金港镇、锦丰镇、乐余镇、凤凰镇、南丰镇、大新镇、现代农业示范园区）之一，位于张家港市西北部，北濒长江，紧临张家港保税区和扬子江化学工业园、扬子江冶金工业园。全镇现辖10个行政村、1个中心社区，总面积40.3平方千米，常住人口3.8万人，在册外来人口3万余人。全镇现有工业企业300多家，境内累计建办外资企业20多家，总投资超16亿美元。2011年实现地区生产总值28亿元，增长15.8%；实现一

般预算收入2.1亿元,增长41.2%,保持着迅猛的增长速度。

大新镇的产业规划富有特色。五金为优势传统产业,现有五金企业200余家,手工具产量名列全国第一,年销售超10亿元,产品销往全球80多个国家和地区。现有纺织企业90余家,年产各类纱线20万吨,粗纺呢绒500万米,各类毛衫100万件。钢铁为新兴强势产业。韩国浦项投资超过7亿美元的80万吨热轧不锈钢卷板项目的落户,永恒钢铁、万达剪切的快速发展,推动着大新的钢铁产业及配套产业链的高速发展。物流业为特色配套产业。目前已有总投资1500万美元的韩资大正信物流、总投资800万美元的港资沿江物流等较大规模的物流企业落户。重型装备为朝阳产业。大新镇在段山港以东400米的区域建设重型装备产业和公用码头,设计9个泊位,重点吸引重型装备企业和优质船舶配件企业落户。

大新镇环境优美。境区道路两侧全部绿化、美化、亮化,绿化率达42.5%。高标准改造的人民路为农村乡镇一流景观街道。镇区建有近4万平方米的高档住宅小区滨江花园和一个超过30万平方米的大型社区阳光家园。全镇有现代化公立医院1所,农村社区卫生服务站10个;有初中1所、小学3所、幼儿园2所,教职员工300多名。全镇工业污水全部集中处理,镇污水处理厂日处理能力达8000吨;全镇4只地埋式污水处理装置对居民生活污水全部实行无害化处理。监控系统覆盖全镇,为广大群众营造了良好的治安环境。

"根据张家港市委、市政府对大新镇的发展要求,今后大新镇的发展定位就是建设两区一园的配套区、服务区、生活区,加快构建以新兴产业为主导、服务业为主体、高效农业为基础的现代产业体系,着力推进大项目建设与服务业发展共振,实现城镇经济发展与城乡一体互动,承载两区一园服务功能。"镇党委书记黄镇介绍说。

二、做法

1. 因地制宜规划全镇发展、建设布局

大新镇是沿江产业带的组成部分,锦丰、大新片区的副中心,冶金工业园区重要的功能组团。因此,大新镇的产业定位为:升级拓展五金产业,区域协作促进纺织产业,积极开拓重型装备制造业,适当开发区域配套服务业,择机发展冶金延伸产业。镇区规划总用地面积7.45平方千米。规划原则是:落实和深化上位规划原则,刚性控制与弹性引导原则,规模经营与集聚发展原则,保护生态与可持续发展原则,尊重现状与产业升级原则。总体布局为"北生产南生活"的空间形态,即北部是现代制造业产业区,南部为城镇中心区和城镇新区。城市设计致力于保持与创造良好的空间环境和优良的环境品质,以形成充满吸引力和活力的具有现代感特征的镇区形象。

2. 大力推进农民集中安置房建设力度

2011年4月18日,大新镇新南社区安置房项目一期工程开工奠基,这标志着滨江新镇建设拉开了序幕。整个滨江新镇项目计划总投资15亿元,总占地面积725亩,总建筑面积约78万平方米,将分三期建设,一期工程将建11层小高层安置房33幢,共计2210套,可安置拆迁农户1260户。

2011年10月8日,新南社区安置房建设二期工程开工奠基。二期工程位于港丰公路南侧、新丰港西侧,总投资约5.22亿元,占地面积171亩,总建筑面积25.7万平方米,其中建小高层安置房26幢1544套,面积21.3万平方米,可安置拆迁户670户。同时,配建面积1万平方米的沿街商业建筑,3.4万平方米的地下汽车库及1万平方米的集贸市场和超市。小区绿化率大于30%,容积率1.797,工程计划于2013年3月竣工。

这些,标志着大新镇全面向着"滨江新镇"的规划大步迈进。

3. 高起点制定集中安置区专项规划

大新镇邀请了深圳市城市规划设计研究院,对大新镇南部的农民集中区进行了详细的规划。这块集中居住地位于港城大道和杨新公路之间,北部是港丰公路,南部是规划的兴联公路,东西长1600米,南边宽1300米,总用地面积2.21平方千米。在充分保持乡土地域特色的前提下,大新镇充分考虑了生活品质、服务设施、文化传承、生态保育等方面,希望通过此项目的实施,提升大新镇的形象和品质。

大新镇经过精心考虑,在强调现代生态生活和地方文化融合的基础上,提出"滨江新镇,江南水乡"的定位,以塑造生活品质为核心,打造一个富有江南水乡特质的生态宜居、服务齐全、交通便利的新镇,力争成为城乡一体化建设的示范区、和谐生态的宜居生活区、新江南水乡风貌的展现区。

规划结构通过核心集聚、组团布局、水脉纵横、珠连绿带等形式来予以表现,以双湖景为景观核心,将公共服务中心设置在小区中央位置;将该居住区分为安置区组团、商品房组团、别墅组团等;对基地的水系进行梳理,规划设计了多条水系河道及滨水绿带,并在此基础上,再规划了联结各组团的绿化通道。

在功能布局上,大新镇提出了"和谐宜居城,生活便捷镇"的口号,努力打造人性化的和谐宜居社区,建设完善的标志性的公共服务设施体系。在居住格局上,南部新区设计了三个部分:动迁安置区,是为动迁农户安置的集中生活区域,也为需要改善居住环境的农户提供了改善性的住房,住宅标准按照每户250平方米的标准设置,共可安置4500户居民;重装配套区,是为镇区西北部的重装工业园区员工提供的商品房,可满足员工的安家、置业需要;商品房区域,或靠近中央湖景和邻里中心,或位于生态公园周边,营造了较为舒适的高端生活环境。

在环境与设施上,大新镇将道路系统规划为四横四纵,道路与水系、绿化相结合,塑造良好的道路景观。集中居住区中间的椭圆形镜月湖,既是基地的景观中心,又是公共服务中心,环湖规划了文化娱乐、五星级酒店、商业步行街、餐饮服务、休闲娱乐等设施,成为大新镇南区的公共服务中心。同时,保持水乡田园风貌和水乡文化特质,将河道连接形成水网体系,并保护开发小区西南的双杏寺,延续江南水乡地域文化,形成大新小镇名片。

4. 全民参与,确保农民安置房建设水准

今年68岁的朱汝根,每天晚饭后都有一项"工作"要做:到离家不远处的安置房建设工地转转,"主要是看看房子质量建得如何"。老朱这么关心安置房的质量可不仅仅是为自己,更为重要的是,老朱是在履行自己的一项职责:作为大新镇安置房工程质量安全监督员,监督好安置房的建设,并直接向镇主要领导汇报。

这项请拆迁户当监督员的制度,是大新镇的一个创举。除老朱外,还有退休教师郭永根,以及另两位懂行的建筑行业从业人员。他们主要的监督项目,就是大新镇的动迁安置房。而选他们当监督员,"专业背景"当然要考虑,还有就是他们必须拥有深厚的群众基础。

老朱他们解决的,不仅仅是建筑质量问题,更关键的,是解决动迁户的疑问,加强沟通,传达民情,拉近群众跟政府之间的距离。

"目前,大新镇现有农户7838户,185个自然村庄,集中居住率为25.5%。力争三年,确保五年,计划到2012年集中居住率达到85%以上,到2014年全面完成归并任务。"这是张家港大新镇在全市城乡一体化工作会议召开后,大新镇在全市城乡一体化发展中对自己的定位。下一步,大新镇将围绕"力争三年,确保五年全面完成城乡一体化"的目标,积极作为抓推进,创新思路破难题,全力争当全市城乡一体化建设排头兵。

5. 广泛宣传,通过全面管理赢得民心

为加强领导协调,根据张家港市城乡一体化工作大会精神,大新镇专题讨论了城乡一体规划,优化完善了规划方案,成立了由镇主要领导为组长,镇班子成员及相关职能部门负责人为成员的领导小组,并下设办公室,设有综合业务、土地利用与规划、城乡经济发展、拆迁安置、宣传与社会事业、劳动就业与社会稳定、基层组织建设、生态文明与环境保护、协调联络等九个工作小组。

为了消除群众顾虑,大新镇在推进城乡一体化建设过程中,抽调机关职能科室业务精、能力强的同志成立政策制定工作小组,在广泛深入调研、吃透上级精神的基础上,制定出台可操作性强的具体实施细则,尽可能使细则让干部好操作,百姓能接受。同时,加大宣传力度,把群众最关心的土地流转、社保、归并安置等政策编印成城乡一体化知识问答小册子,下发到各家各户,方便群众了解政策、掌握政策,消除群众思想顾虑,力争通过两到三年努力,让农户由"要我并"变为"我要并"。

为妥善解决拆迁安置工作,大新镇提出,要改变农民世世代代的生产方式和生活方式,将他们集中居住,让农民过上城里人的生活,让农民认同政府的政策,就要积极导入阳光拆迁工作理念,坚持"四步八公开",全过程透明操作。通过阳光拆迁,大新镇不仅没有出现过一例上访,而且赢得了群众的认可与支持。2011年是城乡一体化全面推进年,大新镇一方面借力两区两园项目落地,加速推进重装区和省级开发区电子装备园控制区农户拆迁归并;另一方面,结合决胜"三大硬仗",加速重装配套区"夹心层"农户归并,在已经完成581户的基础上,再归并100户农户。

6. 强村富民,解决建设资金和农民增收难题

为解决资金短缺难题,大新镇一方面加速搭建融资平台,加快推进村镇建设综合开发公司融资平台包装,筹建农业发展开发公司解决融资难题;另一方面,大新镇加速推进市场化运作以破解资金难题,充分发挥朝东圩港景观优势和双杏寺品牌效应,运用商业运作模式,盘活双杏寺周边地块。

为解决农民增收难题,大新镇在推进土地股份合作社的同时,强力推进"强村富民"工程。2011年,大新镇10个行政村每个村出资100万元,联合成立了新联村镇建设投资有限公司。该公司将结合滨江新镇的开发建设,积极参与新镇区商业开发和新兴三产服务业,通过建造标准商务楼宇、沿街门面、农贸市场等,采用市场手段,通过招商拍租,实现收益共享。目前,该公司已经建成1幢5000平方米公租房,准备再建4幢32000平方米公租房。另外,公司还将抢抓重装工业园建设机遇,参与新镇区菜场、酒店等商业用房的开发,全力参与综合服务区开发建设,增强村级经济发展综合实力。

## 四、成效和启示

大新镇城乡一体化推进工作受到张家港市领导的充分肯定,认为大新镇在推进城乡一体过程中思路清、决心大、力度大、措施实,体现了城乡一体有利于造福于民,有利于加快发展,有利于转型升级,有利于在新一轮发展中抢占先机的特点。从大新镇集中居住、规划造就农民幸福家园的工作实践探索中,可以得到如下启示。

1. 宏观谋划,引导农村集中居住规划

大新镇邀请专业机构,以现代城市化的视野,较高的定位,规划设

计大新镇南部集中居住区,定位了"滨江新镇,江南水乡"的特色,使得其城乡一体化建设能在较高的平台上发展得更好,提升了大新镇的现代化水平,塑造了良好的形象。

2. 因地制宜,围绕产业特色进行集中

大新镇周边的钢铁企业、重装业基地,为大新镇城市一体化带来了契机,围绕产业特色进行居住规划的布局,完善了产业的生活配套需要,增强了产业吸引力,对镇村工业的发展壮大带来便利,也为小镇的成长奠定人员和环境的保证。

3. 全员参与,保证城乡一体化的进程

通过设立质量安全监督员、加强沟通和发放宣传册等形式,充分动员农民参与到城乡一体化的进程中来,理解和拥护政府的决策。镇村领导者加强公开宣传,加强自律,保证了城乡一体化进程,保证了社会稳定。

4. 保留民俗,丰富农民精神生活

大新镇在规划时注意到了镇的区位性质,结合江南水乡的特色和风貌,保留了江南水乡生态湿地,并且有意识地利用了周边的原有民俗节点,得到了农民的精神认同,也为今后大新镇的文化建设预留了空间。

【思考题】

1. 大新镇的南部新镇规划,主要特色在哪些方面?还需要注意哪些方面?

2. 在拆迁和安置的过程中,大新镇采用了哪些措施对农民进行宣传引导和发动?取得了怎样的效果?

# 第三章　苏州城乡产业布局一体化

## 概　述

产业是国民经济运行的物质活动形态和经济结构的具体支撑。各产业内部分工的深化及其产业相互关系的变化，是一个区域的经济资源条件、经济结构特点、经济发展取向的集中体现。我国目前已形成多产业、多区位发展态势。其中珠三角、长三角、环渤海等沿海地区成为中国最活跃的经济板块，形成经济学家所说的产业集群。苏州处于中国最活跃的长三角经济板块，经济发展以工业为主，产业集聚度较高。按城乡一体化建设要求，苏州须进一步调整产业结构和产业布局，转变经济发展方式，重点促进二产升级、三产跨越、一产提升，最终实现城乡产业布局一体化。

### 一、苏州推进城乡产业布局一体化的背景

随着苏州经济发展与城市化进程的不断加快，区域内部的资源储备和配置格局、区域比较优势和竞争优势不断改变，现有的产业结构和空间布局不能完全适应城乡协调发展、城市竞争力持续提高的任务和要求。

1. 经济结构性矛盾依然存在

苏州市经济结构发展中，三产的比例为1.6∶52.7∶45.7，以第二产业为主，占GDP的比重近60%，比重过大，第二产业中又以制造业为主。第一产业所占比重不断下降。第三产业在GDP增量中的贡献份

额增长缓慢,曾连续四年出现占比下降的态势,在地区生产总值中的比重低于全国和全省平均水平,经济结构性矛盾依然存在。

**2. 产品层次和产品附加值偏低**

目前,苏州的工业产业价值链在很大程度上仍然徘徊在附加值低、盈利性弱的中低端,许多以高度专业化和价格竞争为主的产业集群进入调整期,部分企业出现生产能力外移。地方优质种质资源的保护与开发力度不强,拥有自主知识产权的新品种新技术不多,科技型、创新型市场主体缺乏。

**3. 第三产业发展受到掣肘**

苏州服务业开始进入全面提升、加速发展的历史时期,但同时受到加工制造业转型较慢、上海等周边城市服务业先发效应的双重掣肘,中心城区服务业的综合服务能级较低,辐射能力不够,带动性不强。行政分隔、规划脱节和布局分散的局面仍然存在。

**4. 资源要素进入瓶颈期**

伴随着苏州经济的飞速发展,土地、资源和环境的硬约束不断增强。城市扩张、人口膨胀、工业发展、生活污染、工业污染和农业面源污染等带来生态环境的恶化,在全面小康的测评过程中,苏州的环境和土地的可持续发展指标明显滞后于各类经济发展指标,资源要素进入瓶颈期。

发展中面临的以上问题和矛盾,需要通过城乡产业布局一体化来打破城乡分割和区域封闭,在全市范围内进行调整和重组,努力形成特色鲜明、结构互补的区域产业分布和合理布局。实现产业在城乡间的合理布局,既有利于盘活存量土地,保护生态环境,建设良好的人居环境,促进产业集聚及规模效应的形成,解决发展中的资源瓶颈问题,又能拓展城乡发展空间,建立合理的产业体系,提高产业的可持续发展能力,促进城乡经济协调发展,从而形成工业强市、现代农业增速、三产富民的发展格局,促进土地、资源、环境、人口与经济的可持续发展。

## 二、苏州推进城乡产业布局一体化的主要做法和经验

进入21世纪,苏州市委、市政府认识到,必须进一步调整产业结构,优化产业布局,实现城乡产业布局一体化,以促进一产提升、二产升级、三产跨越。城乡产业布局一体化的重点和难点主要在乡镇(街道),因此必须加快县域和镇域城乡产业布局一体化。

### (一) 主要做法

#### 1. 发展第一产业,发挥农业生态功能

苏州市委、市政府深入推进新一轮农业结构战略性调整,大力实施农业科技化、外向化、标准化、产业化、生态化和法制化"六化"战略,不断优化全市农业的生产布局结构、高技术结构、经济功能结构,以"绿色农业、生物农业、市场农业"作为现代农业的发展方向。巩固农业的基础地位,大力推进农业和农村改革,建设和改善农业生态环境,不断拓展农业新的发展领域和空间,使农业与城乡发展高度融合,成为城乡功能开发和形态建设的重要组成部分。

一是注重统筹规划,优化农业产业布局。将农业规划纳入城乡一体化总体规划,推动农业规划与镇村布局规划、村庄规划、水系规划等的有机衔接,不断推动优势主导产业向农业保护区集中。目前,按照"四个百万亩"的空间布局规划,全市基本形成了优质粮油、特色水产、高效园艺、生态林业和优质畜禽等五大主导产业。苏州现拥有各级各类现代农业园区近200个,总面积超过60万亩,其中,面积超万亩的有26个,千亩以上的有80多个,超百亩的有千余个,逐步形成了区域化、规模化、产业化、专业化、生态化的生产格局。涌现出了一批如张家港万亩优质稻米、常熟董浜万亩蔬菜示范区、太仓浏河陆渡万亩设施农业、昆山巴城万亩葡萄园等高效农业规模化的典型。

二是注重功能拓展,丰富农业产业形态。将高效设施农业建设作为发展苏州特色现代农业、挖掘农业内部增效潜力、促进农民增收的重要抓手和有效途径,重视扶持发展连片千亩、万亩以上的现代设施农业

基地,相继建成了张家港凤凰水蜜桃、太仓设施园艺、吴江观赏花卉、吴中优质果蔬、相城休闲观光农业等一大批高效特色农业产业。目前,全市高效规模农业面积达204万亩,占耕地面积58%以上。其中,设施农业面积达到42万亩。

三是注重机制创新,转变农业发展方式。鼓励农民推进以土地承包经营权入股为重点的土地流转,改善农民生活,增加农民收入。全市累计农业适度规模面积占比达到86.8%。加快实施农产品品牌战略,围绕特色做文章,不断提高"苏字号"农产品在市场上的竞争力和影响力,培育了阳澄湖和太湖大闸蟹、碧螺春茶、苏太猪等一大批驰名中外的农业品牌。坚持发展质量农业,无公害农产品生产基地面积占到80%以上,"三品"(无公害农产品、绿色食品和有机食品)总数达1601多个,列全省第一。积极开展现代营销,与超市、宾馆对接,发展连锁超市和专卖店,打造"永不落幕的农交会"。

### 2. 发展第二产业,增强县域经济水平

第二产业是苏州县域经济的支柱产业,是苏州县域经济的核心竞争力所在。因此,在推进城乡一体化发展过程中,必须把发展和提升第二产业放到突出位置。其中的重点是,要根据"园区更像园区"的要求,将分散在各镇(街道)乃至村级的各级各类开发区整合起来,形成科学合理的产业布局和空间开发格局,推进苏州特色产业基地建设,培育和壮大一批特色产业基地,增强县域经济发展水平。

一是发挥区位优势,构建"两轴三带"布局框架。苏州以东西向的沪宁高速公路、南北向的苏嘉杭高速公路,以及北部沿长江、东南部沿上海和浙江,西南部沿太湖的区位优势为载体,打造"沪宁东西发展轴""苏嘉杭南北发展轴"和沿江、沿湖、沿江浙沪三条产业带,对苏州市工业产业进行空间分布。例如,苏州工业园区、高新区、昆山经济技术开发区等工业园区,依托良好的区位优势,促进开发区的产业提升和空间整合,成为我国引进、消化、吸收国外先进技术的重要基地。

二是发挥开发区功能,构筑高新技术产业基地。充分发挥苏州工业园区等五个国家级开发区和常熟经济开发区等十二个省级开发区的

产业发展优势,构筑高新技术产业基地,提高高新技术产业在苏州工业经济中的比重。同时,运用高新技术改造、提升传统产业,转移劣势产业,严格淘汰落后产业,加快形成现代工业结构。推动产业链向两头延伸,价值链向高端攀升,生态链向循环再生,加快从加工装配为主向自主制造、研发创造转变,实现产业转型和提升。例如,苏州工业园区在精密机械制造业上充分发挥园区已有的航空零部件、汽车制造部件等优势,引进和培育相关的上下游企业和配套产品,努力培育和形成航空零部件制造、汽车零部件制造等特色产业集群。

三是发挥特色产业,推进各类产业基地建设。苏州以资产为纽带,推动资源整合、资产重组,培育龙头企业;以产业为目标,扶持企业做大做强,开拓国内外市场;以服务为手段,健全公共服务平台,提升服务功能,增强基地发展的内生力。通过企业的集中与合作,加速产业集聚、专业化分工和产业链的完善,增强企业竞争力;以市场为导向,通过政府政策引导,建立和完善公共服务平台、技术平台、市场展示平台、培训平台和现代物流配送体系,加快企业技术改造和技术创新的步伐等方式方法,全力打造制造业和服务业高度融合、行业竞争优势明显、企业充满活力的特色产业基地,逐步形成100个国家、省、市三级特色产业基地。

### 3. 发展第三产业,提升区域发展水平

第三产业是衡量城市化和城镇化水平的重要标志,也是促进县域经济发展的重要途径。苏州市政府在坚持两个"率先"的基础上,提出两个"不动摇":坚持为先进制造业提供配套服务不动摇,坚持服务业全面加快发展不动摇,把苏州建设成为江苏省现代服务业高地、长江三角洲地区服务业副中心和国际知名旅游城市。

一是加强引导,实现服务业跨越发展。编制相应的服务业发展规划,科学合理地规划三产发展空间并布置相应的公共服务设施,加强对第三产业的引导,加快传统服务业向现代服务业的转变。以打造高端服务业为重点,支持金融商务集聚区、保税物流园区、软件和服务外包园、创意动漫产业园、科技创新孵化器等现代服务业载体和项目建设,促进生产性服务业的加速发展。推进城市商圈扩容、商业特色街区、市

场体系完善、旅游景区综合改造、功能性旅游集聚区、最佳宜居组团、文化产业集聚区等项目建设，实现消费性服务业的提升发展。加快教育培训、卫生保健、体育健身、养老体系等公共服务设施建设，推进公共服务业的创新发展。

二是发挥优势，培育主导产业。充分发挥苏州人文、旅游和制造业的三大优势，紧紧围绕面向企业的生产性服务业、面向居民的生活性服务业和面向社会的公共性服务业三大领域配置资源要素，在全面推进、协调发展的基础上，重点培育现代物流、旅游会展、文化服务、科技与信息软件、商务服务、商贸流通、房地产、金融服务和社区服务九大主导产业，加快形成以服务经济为主的产业结构。

三是总体布局，构建特色服务业体系。依托苏州中心城区、县级市（区）的城区、中心镇区和社区四个相互依赖的层级，打破行政区划和条块局限，充分利用制造业大市、区位优势、交通基础设施先进等优势，构建起与经济社会发展阶段相吻合、与先进制造业和现代农业相配套、与城市化进程相协调、与国际市场相对接、与城乡居民需求相适应，功能完善、布局合理、特色鲜明的服务业体系。全力营造"1516"格局，即形成"1个服务业高地"，构建"5条服务业发展轴带"，打造"16个服务业功能集聚区"以及若干个社区服务区，形成层级结构分明、功能完整突出的服务业空间布局主架构。

## （二）主要经验

### 1. 重视农业功能效益，促进一、二、三次产业协调发展

首先，在产业布局上，县域范围内必须保留和发展一定比例的现代农业园或生态涵养区。其次，在三次产业结构上，农业增加值占地区生产总值的比例不能一味降低，必须保持在一个合理的水平上。最后，必须进一步加强对农业的扶持力度，确保农业与当地工业化、城市化处于同等发展水平。

### 2. 因地制宜，合理实行地区产业分工

对各镇（街道）和行政村应按照融入城市化、就地城镇化、农村现代化的三个不同发展方向，进行地区产业分工。融入城市化地区重点

发展现代商贸业和现代服务业等第三产业；就地城镇化地区重点发展高端产业群，提升工业现代化水平，又好又快地发展第二产业；农业和农村现代化地区则根据资源禀赋和产业基础，分别发展生态农业、古村旅游，建设现代农业园区等，进一步提升第一产业。

**3. 模式创新，异地发展提升村镇经济实力**

跨村跨镇异地发展是苏州农村基层干部和广大农民群众的一大创举。目前已经形成了三种模式。

一是工业异地发展。到2011年末，全市平均每村的出租厂房将达到2.8万平方米，其中大部分是通过异地发展来实现的。

二是三产异地发展。即到城镇规划区、村级社区服务中心等地，联合投资建设商业用房和集宿楼等，通过出租取得收入，实行按股分红。

三是一产异地发展。通过实施农业走出去战略，由农民投资人带领被征地的中老年农民，异地发展种植业、养殖业，再将优质农产品返销到苏州，形成"两头在内，一头在外"的发展格局，即种质资源和农产品市场在苏州当地，农产品生产则在外地，使外地农村变成苏州农产品的"外发加工车间"，从而既满足了苏州市场需求，又促进了被征地农民就业，且有力地支持了外地农业的发展。

## 三、苏州推进城乡产业布局一体化的瓶颈和展望

城乡产业布局一体化包括产业自身的转型升级和产业空间的优化布局。苏州产业转型升级由"苏州制造"向"苏州创造"的有效路径还处于探索之中；产业空间布局优化方面，土地规划、生态涵养规划等的统一协调还有待加强。未来苏州推进城乡产业布局一体化将在以下三个方面寻求突破。

**1. 以结构调整为抓手，建设现代产业体系**

以提升产业竞争力为总目标，促进一般简单加工向产业链高端环节提升、"苏州制造"向"苏州创造"提升、生产型经济向服务型经济提升，加快构建现代产业体系。农业上，加大支农惠农政策力度，加快建设百万亩现代农业规模化示范区，注重农业营销体系建设，提高农业综

合生产能力。工业上,以"绿色、低碳"为导向,重点支持建设一批重大自主创新项目,培育发展新兴战略产业。服务业上,打造长三角地区重要的现代物流中心城市、功能性金融中心和现代高端服务示范城市。支持企业建立完善现代企业制度,培育、发展一批有核心技术和国际竞争力的地标型企业和大型企业集团,推进地标型企业培育。

### 2. 以城市功能完善为目的,提升集聚辐射带动力

以建设"三区三城"为目标,确定苏州中心城市的功能定位和发展导向,加强资源要素集聚载体建设,完善城市综合服务功能。不断完善城市硬环境、公共服务设施和社会事业体系,着力提升城市集聚扩散功能。坚持经济规模与产业优势统筹兼顾,加快形成以服务经济为主的产业结构。完善"两级政府、三级管理、四级网络"的体制机制,适时推进城区区划调整,实现苏州中心城市辐射带动能力的重大突破。完善由中心城市、五个县级市城区、十多个重点中心镇组成的城市群体发展框架。提升中心城市的集聚辐射能力,增强县级市城区的枢纽功能。以中心镇作为城市化的重要引擎,科学规划、建设一批重点中心镇,形成具有各自风貌和特色的现代化小城市。

### 3. 以"四沿"布局优化为依托,规划发展空间

深化市域空间"四沿"发展战略,优化"两轴三带"的生产力布局。东融上海,推进以太仓城厢陆渡组团等为代表的新城建设。西育太湖,以严格保护山水资源为前提,打造现代服务业和生态人居高地。优化沿江,建设江苏沿江最具竞争力的区域性产业集聚和服务中心。提升两轴,强化中心城区和沿沪宁线地区要素集聚的中心功能、制造业创新的提升功能和现代服务业的引领功能;充分发挥苏嘉杭高速公路的要素流通功能,建设长三角新兴产业和城镇集聚带。同时,要着力完善中心城市空间布局,东部以苏州工业园区为主体规划形成服务业高地,南部以吴中开发区与吴江经济开发区为主体建设高端制造业基地,西部沿太湖区域规划建设绿色低碳走廊,北部以相城区、平江新城和金阊新城为主体积极对接高铁时代,中部以"一城、二线、三片"为核心建设文化旅游名城。

## 案例一 千灯镇：统筹布局，推进富民强村

2009年5月，亚洲物流巨头香港嘉里物流在千灯"安家"。2010年10月12日，在2010千灯镇暨沿沪产业园金秋经贸招商活动上，盛明物流、天运物流、新邦物流等境内外知名物流企业纷纷抢驻昆山千灯商贸物流园。"2011年，千灯的新兴产业产值突破80亿元，现代物流业准备通过五年时间的努力实现100亿元产出。"千灯镇党委书记李文对新兴产业和现代服务业充满信心。

近年来，千灯镇通过制定规划，统筹兼顾各产业间的发展，因地制宜，扬长避短，突出重点，实现产业布局一体化，为三产的发展选择最佳区位，促进各种资源、生产要素在空间地域上合理流动与配置，促进三产全面发展，大大提升了自身的经济实力，推进、实施富民强村的目标。

### 一、背景

千灯地处上海、苏州和昆山的金三角中心位置，沪宁高速、苏沪高速、沪杭高速、沪苏浙高速和苏嘉杭高速、沪宁高铁、沪杭高铁毗邻四周，交通十分便捷，区域优势十分明显。许多物流企业、商贸企业和服务行业早已虎视眈眈，盯住了这块镶嵌在"大虹桥"战略版图上的明珠。可就在几年前，千灯还拿不出一块像样的地块供发展物流业，更不用说规划6平方千米的现代物流园。

近几年来，千灯加快推进城乡一体化步伐，加速农村向城市集中的进程，积极做好物流园建设前期的"七通一平"和基础设施配套，特别是道路框架、景观绿化和公共服务建设，为企业入驻打了前站，解了后顾之忧。

### 二、做法

千灯镇原是传统的农业生态区，镇党委、镇政府认识到，单靠一家

一户式分散耕作的传统模式很难实现繁荣城乡经济的目标,只有大力发展工业和服务业,提高经济实力,才能实现城乡统筹发展。在这一思路的指引下,千灯线路板、精细化工、精纺等特色产业发展迅速,特别是沿沪产业带建设取得突破,半导体新材料园区、西班牙工业园区的产业承载能力进一步提升。

1. 通过规划引领,明确产业布局发展方向

产业发展是推动千灯镇实现"富民强镇"目标的基石,而合理的产业布局是优化产业结构,节约资源,推动地方经济转型升级、城乡协调发展的重要措施。为统筹安排千灯镇的城镇、工业、农业、居住、生态等空间布局,实现千灯从过去工业区域中有农地、农业区域中有厂房向严格区域产业布局与分工转变,从单纯发挥本地优势向"有条件的地方就地发展,无条件的地方异地发展"转变,从2008年开始,千灯镇党委、镇政府分别编制了《昆山市千灯镇城乡一体化发展综合配套改革先导区三年实施计划》(以下简称《三年实施计划》)《千灯镇"十二五"时期经济发展与社会发展十二五规划纲要》《千灯镇城镇总体规划》和《千灯镇精细化工产业基地三年规划》《千灯镇新材料特色产业基地三年规划》等专项规划,逐步确定千灯镇的产业分布格局和发展方向,促进了千灯镇三次产业的协调发展,并在产业的支撑下进一步推进"富民强镇"。

根据《昆山市总体利用规划(2010—2030)》中对千灯的定位,千灯以古镇旅游为特色完善综合服务功能,以高新技术产业为导向提升制造业发展层次,最终发展成为环沪地带综合型城镇。该规划中,千灯镇城镇建设用地形成紧凑集约的团块状布局,分为古镇区、北部工业区、中部新镇区以及南部工业区四个区。古镇区以保护为主,完善旅游服务功能;中部新镇区在完善生活配套和区域服务等职能的基础上鼓励发展文化产业、房地产业和生活服务业,承担市域南部片区综合服务中心的功能;北部工业区逐步调整,搬迁区内污染企业,加强吴淞江沿岸生态恢复;南部工业区重点引进高附加值的先进制造业,使之成为昆山南部片区工业发展的主要载体。三大产业布局逐步划分清晰。

按照上级政府的要求,千灯镇以《三年实施计划》为依据,在原有总

体规划的基础上,重新编制了新的《千灯镇总体规划(2010—2030)》,规划中将千灯镇空间布局分为四大块,即生产空间:东南——利用沿沪区域交通优势,对北部原生产空间进行调整;生活空间:中部——原千灯、石浦向中间集聚;生态空间:西部、南部——依托国家级农业示范区、南部生态空间保育区;转型空间:北部——建设转型发展示范区。

2. 划分四大功能区块,确保三次产业发展空间

根据千灯镇产业发展的实际情况及空间布局,《三年实施计划》严格按照区域功能定位,将千灯的产业初步划分为先进制造业集聚区、现代农业生态区和现代居住生活区等特色鲜明的四大功能区块,确保千灯三次产业协调推进的发展空间。

北部35平方千米为现代工业园。包括苏沪机场路以北22平方千米,沿沪产业带13平方千米,形成沿沪产业带以及精纺工业园区、精细化工区、电路板园区、半导体新材料园区、西班牙工业园区等五大特色园区,集聚了近2000家内外资企业。

西部30平方千米为现代农业园区。包括苏沪机场路以南、浦江南路以东、千灯石浦以西、苏沪高速以北地区,重点建设大唐生态园、高效农业示范园和花卉博览园三个农业基地,2010年又启动了5000亩的高效农业六期工程和昆山现代农业园两个农业园区建设,现代农业的规模进一步扩大。

东南部6平方千米,苏沪高速公路出口附近,基本定位为现代商务物流商贸业集群集聚区。依托苏沪高速道口和昆山快速通道接口互通优势,重点发展对接上海虹桥机场、依托昆山开发区综合保税区的三方高端物流。目前嘉里物流已经开业,普洛斯物流即将动工,灯具城和4A级写字楼正在引进。

中部和东部16平方千米城市建成区。包括6平方千米的新城区、6平方千米的古镇区和4平方千米的石浦集镇区。在三区之间设立两个生态过渡带,将"古千灯、新城区、老石浦"进行生态分割,独立发展。

3. 采用多项举措,解决产业发展的土地问题

在产业发展布局中,最重要的在于如何解决建设用地和保护耕地、城镇扩张和节约用地之间的矛盾,高效配置土地资源,解决镇级经济发

展的土地瓶颈问题。千灯镇党委、镇政府不断开拓思路,为产业发展谋划更大的发展空间。千灯实施了城乡土地双向异地置换,即将工业规划区、城镇规划区内的基本农田,置换到农业地区经土地整理后新增的基本农田之中,并对农民给予补偿;将农业地区减少的农村集体建设用地,置换到工业规划区和城镇规划区,用于发展二、三产业。双向置换的目标是耕地总量不减少,质量有提高;建设用地总量不增加,用途有提升。目前,千灯正着手将苏沪机场路以北的基本农田调整出来,置换到农业园区以内,并将玉峰大道以南的农业用地和1500户农户宅基地置换出来,用于发展二、三产业。

4. 加快三产转型升级,创新发展优势

农业上,提升综合实力,促进现代农业高效。按照"集中规划、分步建设、持续发展"的思路,千灯以国家农业示范区为载体,以三个"突出"(突出科技引领、突出企业带动、突出规模叠加)推动农业转型升级。目前,千灯镇累计引进农业新品种90多个,培养了20多个省级著名品牌,引进内外资项目72个,投资规模超过25亿人民币。

工业上,提升内生动力,促进布局结构优化。千灯紧紧围绕"主导产业高端化、新兴产业基地化、传统产业高新化"的发展思路,加大技改投入,加快三小企业的转型和转移,加速劳动密集型企业剥离和外转中间环节,强化与清华大学、西安电子科技大学等高校进行产学研合作,提升了线路板、精细化工和精密机械的发展层次。千灯还着力加强日月光科技城、汽车装配基地和西班牙工业园建设,科学规划施科特光电产业园,以及新型照明器材的研发、生产、监测中心,实现了新兴产业基地化、特色产业集聚化,大大优化了产业结构。

服务业上,提升外部引力,促进全面振兴。近年来,千灯以雄厚的工业基础和城市化人口导入为依托,以便捷的交通和发达的信息平台为支撑,大力推动现代物流业、现代商贸业和旅游产业同步发展,形成生产性与消费性服务业叠加发展的新格局。

### 三、成效和启示

千灯根据不同产业发展的时序特点,集聚发展,集约经营,合理规划、布置三次产业,全面带动千灯经济转型升级。三次产业的协调发展,促进了资源要素在空间的合理流动,达到资源配置效益最大化,有力推动经济的快速增长,实现了 GDP 的百亿突破,2013 年达到 147 亿元,农民人均纯收入连续七年实现两位数增长,2013 年,全镇农民人均纯收入达到 28000 元。如今的千灯正朝着空间上连接沪苏昆的"后花园"、产业上承接沪苏昆的"桥头堡"的目标前进。

从千灯镇统筹产业布局的实践中可以得到如下启示。

1. 科学规划在产业布局一体化中具有统领作用

科学的规划使城乡资源配置更趋合理,城乡产业布局更加优化。近年来,千灯认识到规划在城乡产业布局中的统领作用,通过制定各项规划和计划,逐步确定三产分布格局,实施"工业经济优化、旅游服务业提升、富民强村"三大战略,使全镇经济得到大幅提升。

2. 合理的土地供给是产业布局一体化的重要保障

土地资源短缺是城乡经济统筹发展中的重要瓶颈,为了打破这一难题,千灯通过了土地规模经营、"三置换"、城乡土地双向置换等方式,大力提高土地的利用效率,节约土地资源,为千灯三产的发展提供更多的空间。2010 年底,千灯镇基本完成了《三年实施计划》中的目标任务,通过拆迁置换出近 8000 亩建设用地,缓解了工业发展的用地难题。

3. 三产协调发展是推进富民强村的重要措施

千灯在发展中结合自己的特点,不赶"时髦"、不"跟风",脚踏实地发展自己的特色产业,追求产业的全面可持续发展,把不同的产业相融通,三产协调发展,实现共荣。在工业上着力壮大制造业,农业上提升高效农业,服务业上着力发展现代服务业,形成"古镇—生态"大旅游格局,共同实现富民强村目标。

**【思考题】**

1. 在统筹产业布局的过程中如何实现规划的有效衔接?

2. 在推动镇级经济发展的过程中,产业布局一体化起到了什么作用?

## 案例二 永联村：三产共同发展，打造都市村庄

2010年10月30日、31日，国务院参事室在张家港永联村举办"首届中国农业论坛"。参事室有关领导指出，永联村在"三农"发展上的样本价值，是"国字号论坛"在一个村里举办的原因所在。此前，永联村还亮相上海世博会，在城市最佳实践区推出"城乡一体化，农民更幸福"的主题周展示活动。这是在上海世博会亮相的两个村庄之一。2011年6月11日，由农民日报社和中华全国农民报协会主办的"2011年全国'三农'媒体改革发展座谈会"在永联村举行。来自全国各地从事"三农"工作的干部、专家、学者，以及中央、省、市等主要媒体代表共计100多人出席了会议。走进永联，与会代表就感叹"永联村环境优美，规划整齐，走进永联，如同进入绿色农庄。永联村可谓是三产协调发展、共同发展的村级典型"。

### 一、背景

永联村村民陆建忠最近换了一份工作，到村里刚开办不久的旅游景区"江南农耕文化园"做管理员，每月可收入2450元。投资农耕文化园，发展旅游业，是永联村富民增收的一个"大手笔"，为此，村里投入了5000万元。

2011年1月16日，永联村234户村民收到一份意外的"红包"：分到一套135平方米左右的新房。"有了这套房子，婚房就不愁了。"永联村村民王卞祥喜滋滋地对儿子说。

这套房子位于永联小镇，小镇的条件一点不比城里差。2006年，永联村投资15亿元，把散居的2500多户村民集中起来，建设了占地600亩、建筑面积达60万平方米的现代化农民居住区——永联小镇。永联小镇是一个居住功能完善的小区，拥有教育、文化、商业、医疗、污水处理等综合功能，是一座"村中城"。分房子只是全体村民共享集体

经济发展的成果之一,目前,村集体每年都要拿出5000多万元用于福利分配,村民人均获益近5000元。

从2005年起,永联村先后投入7000多万元,建成图书馆、社区服务中心、联峰广场、大剧院、文化活动中心等文化载体。从2003年起,永联村党委专门成立文明办,设立"文明家庭奖",制订了8大类58项评选标准,每年拿出近千万元奖励村民。

2007年,村民通过享受7项集体补贴,人均获益近5000元。在医疗上,新型农民合作医疗保险覆盖率达100%;在教育上,村民子女上小学、读初中每年可获得500元的补助,上高中、读大学每年可获得2000元的补助。

永联村制定和实施了《关于给在校学生发放助学金的暂行办法》和《关于对本村社区居民实行养老金补助的暂行办法》,由集体出资为村民办理农村新型合作医疗保险,设立了扶贫解困基金、惠民基金等多项基金,开展各种扶贫救济活动。

永联村的这些举措,得益于三次产业的转型升级、协调发展,使村级集体经济得以壮大。"无工不富"的理念使永联村走上了致富的道路,"以工返农"的做法使永联的现代农业得到大力发展,打造"绿色钢村",留住农业文明的乡根,使永联村不仅成为苏南农村发展模式的缩影,更使永联村成为中国改革开放30多年来农村改革的成功范例之一。

### 二、做法

30多年前,永联是长江边近700亩芦苇滩涂围垦成的贫困小村,人均年分配只有68元,是张家港面积最小、人口最少、经济最落后的村。60多岁的村民王允龙这样描述当时的永联:"当时我们永联村有两个多,一是光棍多,二是小偷多,其实也不是人品不好,主要还是因为太穷了。"

1. 无工不富,二产助推村级集体经济实力不断壮大

转折发生在1984年,村支部书记吴栋材和党支部认清了"无工不富"的道理,决心带领村集体办轧钢厂。1985年,永联村出产了6000

多吨建筑钢材,利润达1024万元,这一年永联还清了债务,跨入全县十大富裕村的行列。到1989年,钢材市场由热变冷,不少小钢铁企业纷纷关门,永联村用集体积累的资金,加大技改力度,扩能增效,投资改造和建成了4条先进的轧钢生产线,在邓小平南行讲话后,永联轧钢厂抢得发展先机。

多年来,在激烈的竞争面前,永钢不断转型升级。在村民的大力支持下,村党委加快推进"冶金强企"战略步伐,不断提高企业的综合竞争能力。扩大企业整体规模,优化产品结构,实现了向联合型钢铁企业的跨越,为企业的持续发展奠定了基础。充分发挥依靠长江的区位优势,投资3.5亿元建成了永泰码头(一期),2007年又开始建设二期工程,初步形成了江海直达、水陆联运的现代物流雏形,为村域经济的持续发展开辟了新的空间。2010年,在吴栋材的带领下,永钢集团开始实施总投资超百亿元的综合技改工程,预计2013年全部建设完毕。"届时永钢将跻身炼钢和轧钢产能各1000万吨的综合型冶金企业之列,年销售收入能达到500亿元至700亿元。"吴栋材介绍,"永钢的产品结构调整、节能减排技术也将上一个新台阶,吨钢利润、单位能耗指标排名也将进入国内冶金企业的第一方阵。"

2. 以工返农,大力发展一产,发挥农业重要生态功能

工业转型升级,农业也要迎头赶上。随着集体经济实力的壮大,永联村从工业利润中拿出大笔资金,以工业反哺农业,引进机械化、自动化设施发展现代高效农业,强化农业产业化经营。

2000年,村里投巨资成立了"永联苗木公司",将全村4700亩可耕地全部实行流转,对土地进行集约化经营。这一举措,被永联村民称为"富民福民工程",获得了巨大的经济和社会效益:永联村以每人1200元的补偿标准将土地流转到集体,由集体企业永联苗木公司按照市场化经营方式统一运作。永联苗木公司种植苗木3500多亩,种植香樟、雪松等苗木35种,2005年至2006年对外销售苗木收入达180多万元。100多位没有进永钢的农民,就地转化为苗木公司的"工人",扩大了农民就业渠道。苗木基地本身则成为永钢集团的绿色防护林和村庄的"绿肺"。永联村加大对农村基础设施的投入,修建改建

排涝站,改善农田基础设施,建立高标准农田,全面实行农业机械化,建成了现代化的农业示范区。通过规模化生产、集约化经营、市场化运作,加快推进农业生产方式的产业化。2009年,永联村与农科院合作,开辟了占地200余亩的鲜切花基地,主打产品为白菊花、非洲菊和百合。鲜切花基地年产白菊花70万株,非洲菊200万株,百合74万株。永联村还与中国农业大学合作建立了3000亩现代粮食生产基地。

目前,永联村正在规划建设3000亩高效农业示范区,设立农业发展基金,并提供农业项目启动资金,对发展特色养殖业予以补助,促进高效农业加快发展。

3. 探索开发特色旅游业服务业,提升村级发展水平

村集体依托钢铁工业、现代农业和江鲜养殖业等资源优势,成立了永联旅游发展有限公司,积极发展乡村旅游业;依托永钢、永联品牌,发展以"钢铁是怎样炼成的"为主题的工业旅游。整理钢村嘉园四周近千亩土地,规划投资建成集江滩、水乡、村野特色于一体,以现代、生态为表现形式的乡村旅游农业基地。2010年,永联村投资建设了张家港唯一一家四星级乡村旅游区——农耕文化园,这也是2010年苏州市文化产业重点项目之一。农耕园按照"缩小比例的江南水乡、功能丰富的休闲农庄、农耕主题的文化走廊"的定位建设,园内有农耕历史体验区、土地利用区、动物养殖区、农家休闲区、乡村能源区、江南作坊区、农家谚语区、果树采摘区、生肖区九大功能区,游客凭门票可参观园内所有景点。农耕园为村民和苏州市民提供了一个体验农家文化的场所,也为永联留下了一条文化传承的根脉。

4. 统筹空间布局,建设生态友好型村庄

永联村在统筹布局以前,村庄的居住区基本按照沿河沿路"一字式"或"非字式"分布,集中度相对较小,占用耕地较多,环境治理较难,公共服务供给效率较低,适应不了现代高效农业经济和工业经济的发展。为改变这一状况,永联村邀请清华大学、苏州园林局、常州规划设计院的专家对永联村进行了重新规划,按照资源共享、优势互补的原则,把全村规划成现代厂区、生态林区、高效农业区、文明社区。

永联村投资6亿多元新建占地600亩,能容纳3000户家庭、9000

多名村民的钢村嘉园,实行集中居住,而将原有的宅基地和自留地重新恢复为农业用地,节约了土地资源。又将钢村嘉园四周近千亩土地开发成以翡翠森林、生态湿地、竹林、水生植物为主的生态休闲公园,把钢铁厂四周800～1000米范围内的2800亩土地建成按照花卉、盆景、观光林木、经济林木分类的经济林园,为居民、企业、游客提供良好的自然和人文环境,实现区域经济效益、社会效益和环境效益的统一,做环境友好型村庄的典范。

永联村还加大对生产环境的治理,提高环保生产质量,加大水系改造力度,对干河、沿河、运河进行清污拓宽。加大日常管理维护力度,建设"碧水、蓝天、绿色、宁静"的村庄,展示环境优美的水乡风范。

### 三、成效和启示

永联村三次产业的交融发展,既壮大了村级经济实力,吸收了大量农民劳动力,提高了农民收入,又充分发挥了农业的生态作用,改善了生态环境,促进了经济的可持续发展。

永联村30多年来的不断发展壮大,正是以工业化牵引,以工促农,三产合理布局、共同发展的结果,是苏南农村发展的缩影,也是中国农村改革30多年来的成功范例之一,从中可以得到如下启示。

1. 三次产业交融发展促进合理经济体系的构建,为村域经济的良性发展打下基础

永联村以钢铁主业为核心,在做大做强冶金工业、发展壮大永钢经济实力的同时,不忘加快传统农业向现代农业转变的步伐。永联村依托工业的快速发展,积极发展现代物流业,大力发展现代生态农业,探索开发独具特色的旅游业,构建了结构较为合理、现代农工经济相结合的经济体系,推动了经济的全面、持续发展。

2. 锐意改革促进二产持续发展,为壮大村级集体经济实力提供支撑

20世纪80年代,永联村成功探索出"村企合一"等具有现代特征的新型农村经济制度,村里的资源与企业的资源合一,优势互补,以村助企,村里提供各种资源,支持了企业发展,企业的发展反过来给农村

的建设提供了资金和物质的保障。2002年,永钢集团改制时,留出25%的股权给村集体,保障了永联村建设的物质基础。目前,为了适应经济发展的需要,永联村又在探索由"村企合一"向"村企分离"的模式的转变,建立村和企业两个党委,使村企的产权明晰、权责明确。永钢集团加快完善现代企业制度,重点培育企业经营管理人才和高级技术人才,促进村企持续发展。永联村党委则着力健全村民自治管理,加大农业人才引进力度,不断壮大村级集体经济实力。

3. 敢于创新推动土地流转,为发展现代农业创造有利条件

发展现代农业,必然要求农业的规模化、集约化,在当前的家庭承包责任制下,土地流转是必然的选择,也是未来农业发展的必经路径。早在2000年,永联村就以每亩1200元的价格,开始逐步将村民的土地统一流转到村,由集体企业统一开发经营,实行农业工业化,通过统一规划、经营、利用,发挥土地的最大效益,不仅促进了农民财产性收入的增长,还推动了农村剩余劳动力的转移,为农业规模化、集约化、高效化经营提供了广阔的空间。

**【思考题】**

1. 村级企业的发展过程中如何理顺村企关系,促进村级经济发展?
2. 村级经济中各产业之间如何才能达到互相支撑、协调发展?

# 第三章 苏州城乡产业布局一体化

## 案例三 相城区：立足优势资源，打造现代农业

2010年的一个星期天，上午9点钟不到，相城区新近建成的荷塘月色湿地公园里已经是人山人海了。一对青年夫妇挡不住满塘荷花的"诱惑"，抱着年幼的女儿坐上小木船，在"连天碧叶，映日荷花"中荡起了小舟。他们笑着说，就是冲着这里的生态来的，不尽情沐浴城里找不到的原生态，就枉来"荷塘月色"了。

近些年，相城区以资源为依托，以市场为导向，以品牌为核心，以农民为主体，不断提升农业产业结构，大力发展高效规模农业、休闲观光农业，合理布局，并把生态休闲观光农业培育成现代农业新的增长点。目前，正着力打造苏州中心城区生态走廊和沿湖休闲观光旅游带，发展都市型休闲农业，相继建成并投入使用的渭塘酒家生态园店、阿庆嫂生态美食园、观赏鱼养殖基地、水相城垂钓俱乐部、苏州花卉植物园、北桥乡情苑、白荡生态园等一批休闲观光农业项目，形成了相城的生态休闲观光农业特色。

### 一、背景

荷塘月色湿地公园原来是块城市废水面，由300多亩沉降鱼塘、200多亩荒滩和废弃河道组成。2007年春，相城将这片城市废水面改造成全国最大的城市湿地公园——荷塘月色湿地公园。仅2008年中秋夜，就有3万多人涌入刚刚对外开放的荷塘月色湿地公园赏荷邀月。

与荷塘月色湿地公园有异曲同工之妙的还有万亩生态农业示范园。上万亩的滩涂地，种粮遭水淹，养鱼养不活，当初被当地人称为"北大荒"，2003年，相城区制订复耕这方荒地的方案，把"北大荒"建成了被人们称为"天然氧吧"的生态农业园，并在毗邻荷塘月色主题公园的生态农业园西南部启动了花卉植物园建设，建设成了国内最大的花卉科研观赏基地和世界花卉植物园。

## 二、做法

相城区作为一个新建区，基础较弱，家底不厚，且有水无山，缺乏资源优势。"十五"期间，由于工业化、城市化的加速推进，农业发展相对滞后。相城立足区位，充分挖掘自身优势，探索农业发展新路，拓展农业功能，逐步由传统农业向规模集中、现代高效农业华丽转身，围绕特种水产、花卉苗木、蔬菜瓜果、生态休闲观光农业和优质水稻等五大产业，打造具有相城特色的现代农业"五朵金花"，初步形成以阳澄湖大闸蟹、渭塘珍珠、望亭蔬菜、生态休闲观光园等为代表的农业特色产业集群，构建以万亩生态农业示范园为主体，融休闲度假、生态观光、生态餐饮、休闲垂钓、科技科普、休闲购物、乡土民俗等于一体的生态休闲观光农业产业发展格局。

1. 以五大示范区为样板，构建现代农业产业格局

相城区坚持把示范区作为现代农业发展的样板工程，提升现代农业发展水平，优化农业产业布局，着力打造 10 万亩主导产业。10 万亩主导产业包括 2 万亩永久性水稻集中区，1 个省万亩优质高产水稻示范片区，主要分布在望亭镇、黄埭镇、北桥街道、阳澄湖镇，集中连片生产区形成区域化布局，提高水稻生产技术水平；高效渔业、特种水产面积 3 万亩，利用阳澄湖资源优势、传统品牌优势，开展以虾蟹为主导品种的内塘生态养殖，养殖区域主要分布在阳澄湖镇、北桥街道、太平街道等阳澄湖和漕湖沿岸；蔬菜种植面积 1 万亩，主要分布于望亭、渭塘、北桥、太平、阳澄湖五个镇（街道），重点发展优质菜、特色菜、精品菜，丰富生产品种，均衡生产供应；花卉苗木、林果面积 1 万亩，主要分布在开发区上浜村、黄埭镇新巷村、北桥街道丰泾村，积极引进猕猴桃、樱桃、蓝莓、山东大枣、东槐杨梅等林果新品；生态片林面积 3 万亩，争取实现生态公园、湿地公园、小游园建设，实现城区、镇区和各新型社区公园（小游园）全覆盖。

2. 注重品牌建设，扩大和提升特色产业影响力

品牌建设是农产品质量的保证。到 2015 年，相城规划新增无公害农产品、绿色食品和有机食品 50 个，稻米品牌化率力争达到 80%；

初步建立农产品品牌培育、发展和保护体系,形成农产品品牌滚动发展的良好局面;逐步形成"培育品牌、发展品牌、宣传品牌、保护品牌"的良好机制;探索出一条品牌富农、品牌强农的发展之路;培育并建成一批以品牌农产品生产为主的规模化生产基地;做强"阳澄湖"大闸蟹品牌,打响"不落地"优质大米、"虞河"蔬菜、"渭塘"珍珠等一批农产品品牌;形成一批以三角咀湿地公园、荷塘月色湿地公园、盛泽荡月季公园、城市森林公园、美人腿、莲花岛等为主的休闲观光旅游农业品牌。

办好中国珍珠宝石节、阳澄湖大闸蟹美食节等重大特色农业节庆活动。通过参加各级各类国际国内农产品展示、展销活动,加大宣传、推介力度,提升知名度,做大做强农业节庆、节会,推动经济发展。

3. 着力打造休闲观光农业,培育农业新的增长点

"十五"期间,相城区充分挖掘自身的资源、区位、文化和农业优势,以农业文明和农村文化为主线,坚持以"绿色、休闲、参与、体验"为基本特征,建成集观光、休闲、科普、体验、生产、购物于一体的相城特色生态休闲观光农业,使其从无到有,并显示出良好的发展势头,成为现代农业发展新的增长点,取得了巨大的经济、生态、社会效益。

依据区位特点、农业资源分布,相城以主要水系及三角咀为依托,重点建设"两区一带"的生态休闲观光农业格局;按照"绿色、生态、现代"的建设理念,以"绿色花园、湖光水色"为特点,建成集休闲观光、科普教育、农产品生产和加工为一体的综合性生态农业示范区;依托阳澄湖、盛泽湖、春申湖、漕湖、珍珠湖等区内丰富的水资源优势,开发环湖地区生态旅游,并同生态农业示范区一起建成以"五湖一区"为主体的生态休闲游、水上特色游格局,建成具有吴文化、水文化和田园风光特色的生态休闲观光农业区;将生态农业示范园区、黄桥荷塘月色湿地公园与苏州三角咀城市湿地公园"串珠成链",打造集生态、旅游、观光为一体的苏州中心城区生态走廊。

4. 抓好载体建设,大力发展农业产业化

载体建设是推进农业产业化发展的关键环节,相城区重点抓好"三个载体"建设,实现生产经营联合,扩大生产规模,增加农业收益。一是加快发展农民专业合作社。明确工作重点,落实扶持政策,坚持规

范发展,加快培育一批"生产标准化、产品品牌化、经营规模化、管理规范化"的"四化"合作社,充分发挥合作社在组织农民、参与市场、对接龙头、抵御风险、增加收入方面的作用,提高合作社的规模化水平和辐射带动能力。二是培育、壮大农业龙头企业。积极鼓励农业龙头企业带动或兴建紧密型的规模化农产品生产基地,完善与农民利益联结机制,实现规模化生产、订单式销售,集中资金,重点培育一批起点高、规模大、效益好的龙头企业,提高农产品加工增值能力。三是大力发展"一村一品"。按照"主导产业突出、集聚程度高、带动能力强、发展潜力大"的要求,积极鼓励并扶持具有特色优势的乡镇、村庄,依托资源或产业优势,加快做大主导产业,做强主导产品,形成特色鲜明、规模化生产、专业化经营的镇、村级块状经济实体。

### 三、成效

1. 增加农民收入,提供更多就业机会

2013年,全区农民人均纯收入达21232元,比上年增长10.9%,尤其是近些年,通过大力发展生态观光农业,为当地农民提供了更多的就业机会。单是相城农业生态园,每年就吸引上百万游客前来参观游玩,还建立起农副产品批发市场,每天中转农副产品150多万元,吸收2000多人就业。2013年,相城区的生态休闲观光农业旅游总人数突破了200万人次,旅游总收入超过10亿元。

2. 改善生态环境,建设最佳生态休闲人居城

生态建设是发展农业的重要任务。相城区通过推进湿地保护、公园建设、道路绿化、绿色水廊、村庄绿化等建设步伐,优化、美化人居环境和城乡面貌。目前,建成区绿化覆盖率超过50%,小康环境综合指数达89.39%,生态环境持续改善,城市生态品质得到提升。2012年,全区建成环境优美镇4个,国家级生态村2个,省级以上生态村累计达到19个。全区村庄绿化全面推进,农村人居环境得到了显著改善。

### 四、启示

1. 立足资源优势是确定农业产业发展方向的根本

相城区依靠自身资源优势,以农为本,强农兴旅,以设施栽培、规模化种养、农业科技园等为主体的高效规模农业发展迅速,以湿地公园、主题花园等为主体的休闲观光农业全面开花,基本形成了特种水产、蔬菜瓜果、花卉苗木、休闲观光农业四大主导产业,农业产业结构进一步优化。目前,相城人认识到生态休闲观光农业是农业新兴产业和朝阳产业,正大力培育生态休闲农业,并以此作为农业产业结构调整、发展农村经济、促进农民增收的重要举措,纳入农业和农村经济发展的整体规划,成为农业和农村经济发展的新增长点,取得了良好的效果。

2. 科学规划是保障农业产业布局的重要措施

相城区制定了一系列的规划、计划,如《相城区生态休闲观光农业(2008—2010)产业发展规划》《相城区农业发展"十二五"规划》《相城区现代农业示范区发展规划》以及旅游业发展规划和城镇发展规划,结合农业发展实际和区域特点,明确了相城农业发展的方向和重点,合理布局产业,促进农业的持续发展,带动整个区的经济发展。

3. 政策和投入是保障农业持续发展的关键

为加快农业的持续发展,相城制定了相应的优惠措施和扶持政策,形成"政府扶持、业主为主、社会参与"的投入机制。通过政府财政资金的投入,积极引导工商资本、民间资本和外商资本投资开发生态休闲观光农业,积极创新投融资机制,鼓励农民以土地、资金入股等方式参与生态休闲观光农业建设,形成多元化、多渠道的投融资机制。相城生态农业示范园就是引入民资将荒地打造成"天然氧吧"的成功范例。

【思考题】

1. 在农业发展过程中,如何建立一个比较完善的现代农业保障体系?

2. 如何构建一个较为稳定的现代农业产业体系?

# 第四章 苏州城乡资源配置一体化

## 概 述

作为江苏省唯一的城乡一体化发展综合配套改革试点城市,苏州推进城乡一体化的核心是打破城乡分割的资源配置方法,重点是土地资源配置方法,要从偏向城市转向兼顾城乡,从单向索取转变为双向互补,从低价征收转向等价置换,使苏州经济社会发展从征地投资拉动转向主要利用存量土地的可持续发展之路。基于此,苏州把综合配套改革的关键点和突破口放在了"改革城乡资源配置方法"上,并根据现有的新农村发展基础,提出了"资源配置一体化"的工作抓手,即要求统筹安排城乡土地资源,推动农村建设用地向城镇集中。改革土地征使用制度,坚持节约集约用地,继续实行"留用地"政策,探索建立宅基地置换机制和土地资源增值收益共享机制。鼓励农户将集体土地承包经营权、宅基地及住房置换成股份合作社股权、社会保障和商品房。以乡镇或街道为单位,组建相应的市场化运作主体,搭建平台实施资产资本运作,实现"资源资产化、资产资本化、资本股份化"。

## 一、苏州推进城乡资源配置一体化的背景

### (一) 资源配置一体化是推进苏州持续发展的现实需求

农业和农村为工业化、城市化提供大量的土地资源、人力资源、财政资源和生态资源,成为工业化、城市化的最初动能。但随着工业化、

城市化、国际化进程的加快,苏州当前同样面临着发达地区普遍面临的三大压力,即资源、人口和环境问题,突出表现在以下几个方面。

### 1. 土地资源紧缺,未利用土地资源匮乏

人多地少是苏州农村的特点。早在1995年,全市未利用土地仅7622.38公顷,可开发潜力不大。以耕地面积为例,截至2010年底,苏州全市实有耕地面积248.39万亩,户籍人口637.66万人,人均耕地仅0.39亩。耕地面积大幅下降:2001年苏州耕地面积为451.96万亩,到了2010年,耕地面积为248.39万亩,10年间耕地面积减少203.57万亩,平均每年减少20多万亩。

### 2. 产业规模经营不够,土地资源没有得到充分利用

以乡镇企业发展为例,发展初期,"离土不离乡,进厂不进城"的空间布局思路导致了乡镇企业"村村点火,处处冒烟"的分散格局。但蔓延式扩张的旧模式当前已不能适应新形势。一方面,在中央发展乡镇企业的多个文件中,要求乡镇企业走相对集中的道路,节约利用土地资源;另一方面,苏州乡镇企业的自身扩张,也需要寻找新的场所继续发展。

### 3. 农房闲置状况较为突出

在农业经济时代,为了方便生产,农宅散落于不同的自然村。随着苏南经济的快速发展,部分农民到城镇打工、创业并买房定居,农房闲置不断增多,造成资源的浪费。同时,随着外来人口的不断流入,苏州人口压力剧增,目前苏州的陆地常住人口密度每平方千米超过2000人,对建设用地的需求大幅增加。

因此,对土地资源的优化配置和集中开发利用成为必然选择和唯一出路。集中开发具有明显的优越性,如小区成片开发可节省土地15%左右,公共设施投入节省10%,污染治理和美化环境投入节省5%,并便于基础设施建设和实现各项配套服务。此外,"引凤"需先"筑巢",只有先搞好基础设施的建设,营造良好的办厂环境条件,才能吸引外商投资兴办企业。

## (二) 苏州推进城乡资源配置一体化工作的基础良好

苏州改革开放以来的发展,特别是前几年的新农村建设,为城乡一体化发展提供了基础和条件,城乡资源配置一体化也是苏州转变经济发展方式的必然要求。

### 1. 产业发展推动了土地的规模化利用

苏州地处长江三角洲平原,资源短缺,经济结构是典型的"两头在外",即原材料供应和产品销售主要在省外。中央实施对外开放政策后,鼓励企业引进外资,举办中外合资企业,苏州的企业抓住机遇加快发展。1995年以后,随着开发区基础设施的日益完备,外商投资企业开始向国家级、省级开发区聚集。目前,苏州拥有省级以上开发区17个,其中国家级11个,省级6个。以开发区为主要发展平台的外向型经济提高了土地利用率。

苏州也是我国乡镇企业的发源地之一,并以"苏南模式"享誉海内外。经过30多年的发展,苏州乡镇企业逐步摆脱了发展初期"小而散"的发展状况,加速走向与小城镇建设互为依托、互相促进、集中连片、协调发展的新阶段。一大批工业小区初具规模,相对集中的规模经济和聚集经济逐渐显现,一些集结在国家和省级开发区周边的不同类型、不同层次的乡镇工业小区,发挥区位优势,形成了强大的配套功能,和各开发区相互补充、相得益彰,如高新区的枫桥镇等。工业小区带动了周围农村的劳动力、资金、技术等生产要素向中心小城镇集中,促进了小城镇第三产业的加速发展,打破了农村地域的封闭状态,与外界的经济联系和交往迅速增加,与城市企业实现了横向联合发展,促进了土地的流转、人才的流动、资金的融通、技术的交流和信息的传播,带动了交通运输业和商业服务业的发展。以上探索和实践都为推进资源配置一体化奠定了工作基础。

### 2. 村集体经济实力较强

2005年,国务院发展研究中心农村经济研究部课题组对苏州300个行政村的调查表明,扣除收入最高村后,村集体经济平均收入259万元,有59%的村集体收入为100万~500万元,20%的村为50万~100

万元,9%的村为 50 万元以下,9%的村为 500 万~1000 万元,3%的村为 1000 万~5000 万元。而"十一五"期间,苏州村集体经济继续保持着又好又快的发展态势,村集体经济水平又发生了新的飞跃。2012年,苏州吴中区农村集体总资产达 253 亿元,镇村两级集体总收入 20.9 亿元,村级稳定收入 7 亿元,村均 846 万元;全区拥有 23 个超千万元村,3 个超 3000 万元村,千万元村比"十五"末增加了 18 个。至 2012年底,太仓市 104 个村的村级集体资产总额超 44.3 亿元,其中村级可支配收入为 6.3 亿元,村均可支配收入达 603 万元,有 96 个村可支配收入超过 96 万元。厚实的村集体经济为苏州的资源配置一体化工作有序有力地开展奠定了很好的经济基础。

### 3. 苏州率先进入全面小康社会并开始推进基本现代化

早在 2006 年底,按照江苏省实现全面小康的目标测评要求,苏州所辖的 5 个县级市的 25 个指标的达标率就已经实现了 100%。江苏省统计局社情民意调查中心分别对 5 个县市级开展了"百姓话小康"的民意调查活动,调查结果表明,5 个县级市的受访百姓对当地全面小康达标的认可度平均达到 7 成以上,百姓充分肯定了当地全面小康建设的成果,苏州率先进入全面小康社会。5 年后的 2011 年,苏州又响亮地提出了"勇当全省率先基本实现现代化排头兵,再创苏州科学发展新辉煌"的目标,并将原定的"2015 年率先基本实现现代化"的目标提前,提出到 2012 年,昆山和苏州工业园区要率先基本实现现代化,2014 年苏州全面率先基本实现现代化。苏州的率先发展让老百姓得了实惠,经济与人口、环境、资源和谐发展的成功实践得到老百姓的广泛认可和支持,为继续推进资源配置一体化工作奠定了良好的群众基础。

## 二、苏州推进城乡资源配置一体化的主要做法和经验

苏州推进城乡资源配置一体化的亮点是土地资源配置的一体化,为了优化配置土地资源,苏州创造性地、深入持久地开展"三集中""三置换"工作,推进土地资源整合,达到节约用地、集约用地的目的。

## （一）工作思路

### 1. "看得见的手"——"三集中"

近年来，苏州坚持把推进"三集中"作为城乡一体化改革发展的重要内容，加快城镇建设、土地利用、产业发展规划有机融合。目前，23个先导区及一批非先导区都完成了覆盖全区域的规划编制工作，初步形成了"四规合一"的规划体系，并通过实施农民安置房建设、农村村庄环境整治、公共服务设施建设等重点项目，加快推进"三集中"。

"三集中"工作：一是工业企业向规划区集中，因地制宜推进"退二进三""腾笼换凤"或"退二还一"、异地置换工作；二是农业用地向规模经营集中，鼓励农户间规范自由流转，推动土地股份合作社建设，发展规模现代农业；三是农民居住向新型社区集中，换房进城进镇或就地集中居住。

统计数据显示，2011年上半年，苏州完成工业企业搬迁进入园区962个；新增土地入股农户2.86万户，入股土地面积7.74万亩；新增土地流转面积10万亩，建成现代农业园区面积58.7万亩，新增11.7万亩；苏州全市新增农民安置房开工建设面积1418万平方米，签约、搬迁进入集中居住区的农户达到2.2万户，其中宅基地置换商品房农户1.87万户。到2012年底，苏州全市工业企业向园区集中比例达90%，农民集中居住率达48%，土地规模经营比例达88%。

### 2. 制度创新——"三置换"

苏州城乡一体化综合配套改革的根本制度创新在于"三置换"。"三置换"制度是在工业化、城市化进程中保护农民利益，并使广大农民分享工业化、城市化成果的重大措施。具体来说，就是依照相关法律和政策，经过一定的合法程序和市场化运作，由农民自愿将自己在农村集体经济组织内拥有的三大经济权益进行实物置换或价值化、股份化置换。一是将集体资产所有权、分配权置换成社区股份合作社股权；二是将土地承包权、经营权置换成土地股份合作社股权或通过征地方式置换基本社会保障；三是将宅基地使用权及住房所有权参照拆迁或预拆迁办法置换城镇住房，或进行货币化置换，或置换二、三产业用房，或置换置业股份合作社股权,以剥离附加在户籍上的种种制约和经济利益,让广大农民换股进城、换保进城、换房进城,通过减少农民、整合资源,为工业化、城市化发展提供空间。

(二) 主要做法

苏州自2008年9月被省委、省政府批准为城乡一体化发展综合配套改革试点之后,对"三集中""三置换"工作精心组织实施,有力有序推进,取得了积极进展和明显成效。

### 1. 注重土地资源利用的科学规划

苏州市通过全面编制产业布局、镇村建设、土地利用等规划,落实工业开发区、农业保护区、农民集中居住区建设,严格按照规划组织实施。目前,在各地基本完成镇村规划布局的前提下,市政府及有关部门认真制定先导区土地利用总体规划、产业布局规划、农业发展规划和农村住宅置换商品房专项规划,使各规划有机衔接、融合,相互配套,打破城乡、部门间规划分割的局面。各规划经批准后即进入实施阶段,以规划为依据加快推进"居住向社区集中,企业向园区集中,土地向规模经营集中",有效整合和优化配置土地等各种资源,加快城乡统筹和一体化发展。

### 2. 辅以政策引导资源配置

苏州在全省率先出台相关政策文件,建立了以居住地为登记的户籍管理制度,出台了《苏州市农村住宅置换商品房实施意见》,鼓励和引导农民将集体资产所有权、土地承包经营权、宅基地及住房置换成股份合作社股权、城镇保障和住房,实行换股、换保、换房进城进镇。同时,苏州各市(区)已全面出台土地流转财政补贴政策,对流出土地农户每年每亩给予300~400元补贴,引导农民将土地承包经营权置换成土地股份合作社股权。

### 3. 创新机制体制强力推动

制定目标考核机制,激励各地推进"三集中""三置换"。尤其是土地规模经营发展,在依托经济手段的同时,更注重深化改革和行政推动。重点是鼓励土地流转制度的创新,加大土地股份制改革,转变农业生产经营方式,通过建立现代农业园区,提高经济效益来巩固规模经营。全市相继建成或在建万亩以上现代农业示范区18个,千亩以上示范区70个,并按照发展工业园区的理念来发展农业园区,当前还在积极探索"区镇合一"模式,在管理体制上实现突破。

**4. 点面结合积累试点经验**

"三置换"工作是一个系统工程,涉及土地、资金、规划等各个方面,与农民利益密切相关,政策性强,操作难度大,目标任务重。为了积极稳妥地推进这项工作,苏州市已经确立了23个城乡一体化综合配套改革先导区,鼓励其先试先行,为面上积累经验。目前,一些先导区已经取得了明显进展。

## (三) 主要经验

**1. "强势政府"点面结合积极引导**

"政府推动"在资源配置一体化工作中发挥了重要作用,"强势政府"是苏州的特色所在,更是推动资源配置一体化工作的优势性因素。在推动工作过程中,采取了以点带面、典型示范的做法。苏州市委书记蒋宏坤多次强调,像城乡一体化这样的重大改革发展任务,既需要宏观战略设计,又需要示范点积累经验。苏州在实践中选择了23个经济实力较强、产业特色鲜明、领导班子坚强有力的镇(区),作为城乡一体化发展综合配套改革先导区,鼓励先行先试,条件成熟后,再面上推开,以此取得了实际的工作效果,避免了走弯路。

**2. 经济体制敢于创新突破**

进入21世纪以后,苏州全面实施包括农民专业合作经济组织、农村承包土地股份合作和农村社区股份合作在内的农村"三大合作"改革,这是苏州农村经济体制改革的重大突破。苏州是江苏省农村"三大合作"改革的发源地。"三大合作"改革是指在农村集体资产、农村承包土地、农村生产经营等方面,通过推行合作制或股份合作制,发展新型合作经济,促进富民强村的一系列政策措施的统称。发展农村社区股份合作、土地股份合作、农民专业合作,建立各类富民合作社,实现资源资产化、资产资本化、资本股份化,形成集体经济与农民持续共享资源增值收益的长效机制,反过来吸引更多的农户加入到合作社中来,土地资源更加集中,利用更加集约。目前,全市已成立3654家农民专业合作经济组织,至今没有出现一家因经营亏损或资不抵债而倒闭的。

### 3. 配套启动制度改革

苏州在大胆推进土地资源优化配置的同时,注重配套启动土地使用制度改革、户籍制度改革、就业和保障制度改革以及投融资体制改革。在土地使用制度改革中,以农民住宅和宅基地置换城镇商品房为抓手,盘活城乡存量建设用地,以土地股份合作社为载体,发展适度规模经营。在户籍制度改革方面,鼓励和引导农民以集体资产所有权、土地承包经营权、宅基地及住房置换股份合作社股权等方式进行换股、换保、换房进城进镇。在就业和保障制度改革方面,通过建立城乡劳动力就业政策统一等机制,使88%的农村劳动力和91%的被征地农民实现就业,同时加快推进城乡养老保险、医疗保险和最低生活保障并轨。在投融资体制改革方面,苏州率先建立健全城乡融资平台,成立城乡一体化投资发展公司,为城乡一体化改革发展提供资金、融资和运作等支持,并探索建立农村产权交易市场,建成56个镇级土地流转管理服务中心。

## 三、苏州推进城乡资源配置一体化的瓶颈和展望

目前苏州在资金平衡、土地指标、房型选择、政策支持方面还面临着一些发展瓶颈,存在着一些政策制约,需要围绕资源配置一体化改革的目标要求,努力加快"三置换""三集中"进程。

### 1. 探索组建产权交易市场

探索组建产权交易市场,使农村集体资产、土地承包经营权、农民宅基地、合作社股权等都能上市交易。通过产权交易市场,促进城乡资源配置,促进农民身份转变,鼓励农民进入城镇置业,减少农民,致富农民。

### 2. 深化社区股份合作改革

实行政社分设,理顺管理体制;试点股权流转,加快合作社由社区

型向企业型、由封闭型向开放型、由传统集体经济组织向现代企业制度转变,以更好地服务城乡一体化综合配套改革。

3. 加快探索保障机制

不断深化土地制度、户籍制度、产权制度、生态补偿机制、金融体制等改革,以加大财政扶持、建立融资平台、组建市场主体,为"三置换""三集中"提供有力保障。采取相关措施,集中安置的农民参照被征地农民基本生活保障办法,享受相关政策待遇,并逐步由"农保"转入"城保",纳入城镇社会保障体系,促使其向城镇居民转化。

按照"十二五"苏州城乡一体化改革发展目标任务,"三集中""三置换"工作将深入推进,农用地规模经营比重、镇村企业集中度均达90%,农村居民集中居住度达60%以上。

## 案例一 木渎镇:"退二进三"助产业转型升级

近几年来,"退二进三,转型升级"引领着苏州的千年古镇——木渎的新一轮创新大发展。《木渎镇"退二进三"工作进展表》中的数据显示,自2006年以来,木渎镇陆续回购企业104家,腾空土地2818.84亩,回购厂房建筑面积达926046.88平方米,回购总金额为230959.44万元。一场浩浩荡荡的土地资源优化配置工作一直在紧锣密鼓、有条不紊地开展着,为未来的生产发展和产业转型升级腾出空间。

### 一、背景

木渎镇地处苏州城西5千米,全镇面积62.28平方千米,常住人口7.2万,外来登记人口近19万,下辖1个办事处(藏书办事处)、9个行政村(天平村、灵岩村、西跨塘村、姑苏村、金山村、尧峰村、五峰村、善人桥村、天池村),8个社区居委会(香溪社区、同春居委会、翠坊社区、胥江社区、下塘社区、白塔社区、花苑社区、藏书社区)。木渎镇是与苏州城同龄的江南著名古镇,以风景和园林著称。在"退二进三"的城市规划背景下,古镇也将面临新的发展。2008年,木渎镇被列入苏州市12个商贸中心及23个城乡一体化发展先导区,镇所属胥江运河以北20平方千米区域被纳入苏州中心城区,苏州市地铁1号线也通过木渎全镇。木渎镇党委、镇政府抓住机遇,通过密集的调研、论证、规划、提报,先后出台了《关于发展先进制造业、创新创意产业加大招商引资力度奖励政策》及《木渎镇扶持总部经济发展的若干促进政策意见》两个政策性文件;2009年新年伊始,以全面推进木渎镇产业转型升级的"调结构、抓创新、促转型"经济建设总体方案和"三年翻一番,六年翻两番"奋斗目标出台实施。

产业转型升级,离不开土地资源利用结构的调整和资金要素的合理有效配置。"以前是'招过来',现在是'招回来',把优质的土地收回来。"苏州市吴中区木渎镇新区建设管理委员会副主任屠建刚,也是木渎镇土地回购工作的主要负责人,对几年来的土地资源回购工作做了如是总结。要想集约化利用土地资源,必然绕不过企业用地的回购和居民住宅的拆迁安置这两个环节,这也是当前国家经济社会发展中普遍面临的两大难题,是产业转型升级的必过之关。

## 二、做法

**1. 公正合理、适时有节地进行企业回购**

在具体操作中,木渎镇主要抓住四个环节:首先,摸清企业底数,尤其是产权属性,分别情况,逐个制订回购预案;其次,聘请有资质的社会资产评估机构进行公正评估;其三,组织相关领导、财会人员、关系人与企业主进行洽谈、磋商;其四,谈判人员要熟悉相关法律,懂得谈判策略和技巧,并不厌其烦地细致做工作,直到成功签约实施。如"金猫水泥"的回购,是木渎镇最大的一宗回购案,从2009年7月开始着手至12月签约,整整用了半年时间,回购价从15亿元降到9.5亿元。另外,始于2008年下半年的世界金融危机,波及世界各地,影响经济发展,但在这场危机中木渎镇政府加大了对高能耗、低档次、有污染的不景气企业的回购力度,将金融危机成功转化成了调整经济结构的机遇期,通过融资平台,用近20亿资金回购了3000亩工业用地。例如,用1.7亿元回购占地168亩的华格电子公司,既让华格电子厂在经济危机中解了套,又使政府通过168亩土地上市拍卖增值,获得了7.6亿元的土地出让收入。

**2. 以人为本、人性化地进行民宅拆迁安置**

在拆迁安置工作中,木渎镇党委戈福林书记曾动情地说过,农民把自己的口粮田、责任田、自留地,甚至宅基地都给了政府和集体的经济社会事业建设,政府决不能亏待失地农民,拆迁安置一定要尽最大努力让群众满意。木渎镇在承包地换社保和集体资产折股量化分红到户的基础上,推行住宅和宅基地换住房加补贴并有分红的长效增收机制。一般每户可获得大、中、小三套住宅,总面积为240~264平方米,平均每户还能领到30多万元的房价差额补贴,可用于新房装修;没有现房安置的,可获多项租房补助,足以支付租金并有结余;同时,凡安置安居商品房的农户,每户在合同签约后再奖励8万元现金,若不拿现金,可入股镇惠民股份合作总社,每年享受基本红利保底2万元。这些优惠政策有力促进了拆迁安置工作的顺利开展。

3. 多形式组建投融资公司,进行公司化运作

投融资平台的建立为木渎镇经济社会建设和产业转型升级提供了资金支撑。第一类是创业投资公司,有金桥经济城公司、新区经济城公司和风险投资公司;第二类是为中小企业发展融资的小额贷款公司,资本金3亿元,目前公司只贷不吸储,已向中小企业发放贷款4.5亿元,预计获利率为15%,三年后公司将转化为村镇小银行,这也是中国金融体制改革的试点之一;第三类是为保障拆迁安置农户每年保底2万元分红的润济置业和惠润置业有限公司。木渎镇通过投融资公司向银行和非银行金融机构筹措建设资金,用于企业回购和民宅拆迁安置的大量流动资金的周转,然后从土地出让过程中,把资金回流到金融企业,同时,镇里也获得城市基础设施建设和社会公益事业建设的资金来源。

4. 组建各类物业股份合作社,进行市场化运作

目前,木渎镇7个行政村(社区)拥有9家物业股份合作社,吸纳社区农民15868万元闲散资金,不但为产业"退二进三"的转型升级提供了重要的资金渠道,又为农民增加了可靠而稳定的投资性财产收入。如2013年,香溪社区两大合作社农民户均分红超过4万元,位居吴中区首位。由木渎动迁户自愿入股的镇级惠民股份合作社成立于2008年,根据相关规定,动迁农户投资入股8万元,合作社再另外配股,以户为单位获得合作总社股权,每户每年不低于2万元分红,股权能够继承。惠民股份合作社优化整合全镇资源,联合村级合作社,统一进行项目引进、开发和管理,收益增加后将相应上浮农户的红利。2011年5月,由惠民股份合作社投资入股的木渎集团有限公司正式成立,下设合润房地产开发、惠润置业和江苏大商汇3个子公司,通过项目运作,为动迁农户拓宽增收渠道。目前,惠民股份合作社已有2416.5户股民,

累计分红6745万元,并从2011年9月起,惠民股份合作社改变了"半年一分红"的做法,采用"按月分红"模式,让动迁农户按月领"工资"。

5. 八大科技园力推产业转型升级

木渎镇有一条全长2.5千米的街区,街区由北向南呈纵向分布,地处木渎新区核心区域,距离苏州古城区仅5千米,具有绝佳的区位优势,这就是木渎镇的创新创意产业街区——金枫路。该街区总投资29亿元,规划总占地面积约2.15平方千米,采用国际上成功的复合式开发方案,集中孵化动漫、影视、工业产品、建筑设计等中小企业,重点培育高新技术产业,配套娱乐、居住、商业等生活设施,满足居民全方位的工作生活需求。为了明确街区的产业定位,木渎镇专门聘请了全球著名的咨询公司作了产业发展规划,计划用3~5年时间,打造100万平方米以上规模的产业孵化载体,规划建设了八大科技园载体:吴中科技创业园、博济科技园、同济研究院、南京信息工程大学苏州数字城市研究院、木渎创业园、金枫高新产业园、金枫电子商务产业园和东创科技园。目前,八大科技园均已投入运营,正成为新兴产业的摇篮。如今,金枫路创新创意街区被列为苏州市75个重点文化产业项目之一,已成为木渎镇转型升级的窗口。

## 三、成效和启示

2012年,木渎镇地区生产总值114亿元,增长22.3%;实现全口径财政收入24.15亿元,增长17.63%。木渎镇产业转型升级已初露端倪。

以服务业为例,木渎镇原有的第三产业以商贸、餐饮业为主,近年来创新创意科技服务业悄然崛起,特别是八家科技园的落户,使木渎第三产业业态正从低端逐步向高端转化。以金枫电子商务产业园为例,2010年10月15日,金枫电子商务产业园正式启动,百度、阿里巴巴等六家企业先后与产业园内企业签订了合作协议。哈尔滨工业大学能源科学与工程学院和金枫电子商务产业园已签署了"产学研成果转化基地"合作共建协议。目前,金枫电子商务产业园已有仕德伟网络营销、随易信息科技、新格特网络科技等40多家电子商务企业。该产业园将以电子商务、互联网产业为重点,力争通过3到5年的努力,打造新兴信息技术产业集群,集聚300家科技型企业,实现年销售收入50亿元。

从木渎镇"退二进三"优化配置土地资源的做法中可以得到如下启示。

1. 当市场无法有效进行资源配置,就需要政府这只"有形之手"

发展的基础和前提是土地。木渎镇政府在2008年世界金融危机期间开展的回购工作准确而及时,在缓解土地资源紧张、增加土地供给的同时,也给难以为继的企业提供了一条新的道路,有利于政府将集中在手的土地资源统一规划,有效配置。

2. 组建物业股份合作社是集体经济还利于民的深化之举

随着农村工业化、城市化的推进,村级集体经济也不断发展壮大,但在发展中也出现了一些新情况和新矛盾,如村级集体经济的组织形式可能演变为"村干部经济",村民对村级集体经济关切度不高,扭曲了集体经济的本质含义。物业股份合作社的组建将集体存量资产量化给合作社社员参与分红,是一项还利于民的民心举措,规避了上述问题和矛盾。

3. 建立合作社需要一个较好的投资环境

木渎镇是苏州吴中区工业、商贸、文化、教育、旅游、交通重镇,是苏州乡镇工业、开放型经济的老典型,经济基础好,外来人口多,投资环境成熟,处处有商机,建厂房和商用房不愁租不出去,且投入产出率较高,为木渎乡镇工业"退二进三"、结构调整、转型升级打下了良好的硬件基础和软件环境,使合作社经济有良好的生长土壤。

【思考题】

1. 木渎镇的"退二进三"工作对你有何启示?

2. 请你谈谈木渎八大科技园的创立对于土地资源的综合开发利用工作有哪些带动作用。

## 案例二 枫桥街道:"股东分红"成为一景

社区股份合作制改革是"三大合作"的一项重要政策措施,主要包括资产折股型、增量扩股型、资产保护型三种。苏州高新区枫桥街道是苏州以乡镇为单位较早实行农村改革、推行股份合作制经营的"资产折股型"典型代表,在苏州最早探索了以集体资产存量折股为主的社区股份合作制改革办法。之后苏州大部分开展社区股份合作制改革的单位,都是参照枫桥的基本做法开展工作的。

### 一、背景

苏州高新区枫桥街道原为吴县枫桥镇,区域面积32.8平方千米,1994年7月划入苏州高新区,2004年6月撤镇建街道。为加强村级集体资产管理,保护农民利益,让动迁农民安心融入城市,苏州高新区将村级股份合作社改革作为富民工程的一项重要举措,让世代是农民的村民在成为市民之后,又逐步完成了向年年有分红的"股东"角色的转变,使枫桥街道在富民强村的道路上稳步迈进。

### 二、做法

2005年10月,苏州高新区启动社区股份合作制改革试点工作,枫桥街道的联港村和三元村被设为试点单位进行"先行先试"。具体做法如下。

1. 经营性集体资产折股量化

通过宣传发动、调查摸底、清产核资、定员定股,将集体资产存量净资产中的经营性资产折股量化。2005年12月4日,高新区首家村级股份合作社——枫桥街道联港村股份合作社成立。经村民代表大会审核,联港村当时的村级净资产为2630万元,最后确定享受股份人数为1806人,享受总股份为28875股,平均每人为15.99股。第一次股东代表大会同时召开,表决通过了合作社章程,选举产生了董事会、监事会,明确了股权,实行民主管理,按股分配。2006年2月,在两村试点的基础上,社区股份合作制改革工作在津桥村等枫桥街道剩余的20多个村全面推开,并于同年10月底结束,仅用一年时间就全面完成了全街道24个村的社区股份合作制改革。

2. 公平公开科学配股

枫桥街道24个社区股份合作社均设基本股和贡献股。基本股每人1股,享受基本股的对象为户籍在本村的所有人员。享受贡献股的对象为截止2005年12月31日年满16周岁(含16周岁)的且户口在本村的人员。

贡献股的界定和计算办法主要包括:贡献股农龄计算时间从1958年1月1日起计算到2005年12月31日止。农龄计算标准以法定退休年龄为依据,男劳动者为60周岁,女劳动者为55周岁。农龄折算方式:从1958年1月1日起至1989年12月31日止每2年折算1年农龄;从1990年1月1日起至2005年12月31日止有1年算1年农龄;折算后农龄不满半年的按半年计算,超过半年的按一年计算。每1年农龄计算1股。

同时,不设集体股,只设个人股,集体资产全部量化到户。不留干部岗位股,干部任职时间与农民农龄一样折算,实行同股同利。固化股权,实行"生不增,死不减"。量化到户的股份,经董事会审核,可以继承,但暂不允许转让和退股。

3. "政经分开",优化管理

股改后,枫桥街道近4万农民成为拥有不等股权的股民,动迁入住在7个动迁小区,建立了7个社区居委会。居住之后,枫桥街道探索了行政管理与经济组织分设的管理体制:街道将24个行政村的行政职能转交7个社区管理,村干部全部分流,社区行政开支全部由街道财政承担;以街道规划建立的两个创业园区为基础,成立了两个管理中心,24个股份合作社集中办公,各股份合作社只配备执行董事和管理人员各1名来管理协调合作社日常事务。改革后,股份合作社只对社员负责,收益全部归社员所有。

### 4. 开发创业园,增强发展后劲

股改后,枫桥街道在规划区征得4000多亩土地,建立了两个创业园区,采取"统一规划,统一建设,统一招商,统一管理,资产相对独立"的优惠政策,鼓励各村将动迁补偿资金以入股形式参与"两园"开发建设,建设标准厂房、集体宿舍楼以供出租。

## 三、成效

### 1. 股份分红逐年增长

自社区股份合作制改革之后,枫桥街道的居民在经济身份上分属24个村股份合作社,每年分红的日期成了比过年还热闹的节日,"股东分红"在枫桥街道已成为一景。枫桥街道24个村股份合作社2012年度股红兑现共计发放股红3933万元,户均享3660元"大红包"。从2005年进行股份合作制改革至今,枫桥街道7年里累计分红达2.1亿元。户均分红呈逐年上升态势,2006年户均1980元,2007年户均2380元,2008年户均2640元,2009年户均2820元,2010年户均3124元,股金分红已成为枫桥百姓增收的重要途径之一。

### 2. 失地农民就业有保障

枫桥街道在苏州全市率先推行"政府买岗位",凡是中介公司成功介绍枫桥籍居民就业的,给予每人200至500元的政府补贴;在全市街道一级率先出台政策,重奖就业创业之星,奖励就业之星每人每年6000元、创业之星每人每年10000元,激发了居民的就业创业热情。街道还针对区域内人力资源服务需求大的特色,由政府出资建造了"劳务一条街",本地人只要不挑不拣,通过劳务一条街,100%能找到工作。而枫桥籍失地农民开办职介公司,更可获得比市场价优惠60%的房租,差额部分由政府补贴。

### 3. 社会保障配套完善

据统计,目前枫桥街道已形成3大类16项具有枫桥特色的民生政策。除了针对被征地人员的股金、股红等富民政策外,社会事业方面包括了适用于低保户与困难户的各类补贴和结对帮扶、中高考优秀学生的奖励、70周岁以上老人的敬老金、被征地人员家庭入园儿童的保教费补贴等八项具体政策;劳动保障方面包括面向被征地人员的免费培训、免费中介和当选就业创业之星的奖励等五项具体政策,基本覆盖到枫桥各个阶层的老百姓。其中,惠及中国2亿多家庭的惠民政策"九年制义务教育免收学杂费",当初就是由枫桥创造并向苏州和全国推广的。

4. 村级集体资产保值增值

2012年,枫桥街道厂房出租率达到99%以上,租金收缴率达100%,有效确保了集体资产的保值增值。

5. 人均收入水平高

2013年,枫桥农民人均纯收入27350元,高出全市平均水平6000元。根据街道最近制定出台的《枫桥"十二五"国民经济和社会发展规划纲要》,到2015年,枫桥农民人均纯收入将超过35000元,实现5年倍增。

### 四、启示

实践证明,枫桥街道对村级集体经济组织进行社区股份合作制改革,是对集体经济管理体制的一种创新和完善,有助于确保集体财产保值增值,保障居民合法权益,拓宽居民增收渠道,符合城市化进程中农村经济和社会的发展方向。通过研究,可以从中得到如下启示。

1. 股份彻底量化和股权固化是改革的首要前提

通过清产核资、定员定股,将集体资产全部量化到户并固化股权,避免了出现新的产权矛盾和二次改革。设立基本股和贡献股,充分体现了广覆盖、多数人受益的原则和坚持集体所有、按股分红的原则。干部和村民同股同利,最大限度兼顾了广大农民的利益,保证了改革的公正性。

2. 就业创业是进城农民的生存之本

进城农民失去耕地,生活来源亟须保障。单靠分红能解决温饱,但不能从根本上解决失地农民自力更生的问题。只有加大对失地农民的就业创业保障力度,提高百姓的就业创业技能,才能让他们通过自己的努力实现持续增收,发家致富。

### 3. 保障和改善民生是一切工作的出发点与落脚点

发展的最终目的是为了惠及百姓。我们党提出科学发展要坚持"以人为本","坚定不移地走共同富裕道路",如何体现？关键就是要坚持不懈地为民办实事、做好事、解难事,让老百姓得到更多实惠,让老百姓共享发展成果,让人民群众的幸福指数不断提高,这样才算真正意义上的共同富裕。

【思考题】

1. 你觉得枫桥街道在集体资产的开发利用方面主要有哪些特点？

2. 请你结合枫桥案例谈谈对于失地农民如何才能做到"授之以鱼不如授之以渔"。

## 案例三 尧南社区:"尧南"葡萄的"三次跨越"

鸡头米、茨菰、莼菜、菱等被誉为"水八仙"的苏州传统农产品因滋味鲜美而远近闻名。而今,在"水八仙"之后,苏州市民的果盘子里又出现了以白沙枇杷、水蜜桃等为代表的"新八仙"。"新八仙"中,品种最为丰富、市场销售最旺、种植规模也是数一数二的"当家花旦",当属新品葡萄。苏州吴中区横泾街道尧南社区在苏州全市较早开始尝试规模化种植葡萄,曾以"合作社+农户"模式在苏州独树一帜,并以"葡萄"为起点完成了尧南社区的"三集中",实现了村集体经济的三次跨越式发展,促进了村民的持续增收。

### 一、背景

吴中区横泾街道尧南葡萄股份合作社是由原尧南葡萄专业合作社发展而来的,属于农民专业合作经济组织中的一种——农产品股份合作社。自2002年以来,尧南社区以葡萄股份合作社为起点,先后组建了3大类型7个股份合作社,既有效汇聚了民间资本,促进了农业产业化发展,又推动了集体经济产权制度改革,保障了农民收入的稳步增长。

### 二、做法

1. "合作社+农户"——迈出"专业合作社"第一步

2002年初,尧南村党总支出于对提高该村农业组织化程度的考虑,根据部分村民种植葡萄的要求,因势利导,于2006年6月组建起尧南葡萄专业合作社,29户共145名村民加入合作社,总投资145万元。村里将交通便利的越湖路旁的212亩耕地流转出来,提供给农户种植大棚葡萄,同时帮助农户们统一规划,搞好土地整治和沟渠配套;组织农户赴上海、嘉兴等葡萄基地现场参观取经;开展市场调研,并成立龙头企业尧舜生态农业有限公司,注册了"尧南"牌果品商标,实行"五统一",即统一种苗、统一管理、统一农资供应、统一产品商标、统一组织营销。尧南葡萄专业合作社以"合作社+农户"的模式独树一帜,稳步发展。

2. 异地发展成功转型——建立"股份合作社"

2004年,因苏州吴中区修建东山大道和苏州绕城高速公路,吴中经济开发区先后征(使)用尧南村土地1308亩和375.15亩,尧南村至此成为失地村。

尧南村葡萄专业合作社的土地全部被征用后,失地农民继续依托合作社寻找异地发展的路子。2004年初,村总支组织23户社员召开社员大会进行民主决策,达成了社员出资入股组建葡萄股份合作社的共识。之后村干部带领部分社员多次赴各地考察葡萄种植基地,洽谈租赁事项,终于在苏州吴中区西山镇(今金庭镇)落实了250亩土地作为葡萄种植基地,于2004年10月顺利签署了土地租赁协议。首批29位股东每人入股5万元,总计145万元股本金的尧南葡萄股份合作社于当年11月份成立。

3. 规范管理——股份合作社步入良性发展轨道

在原来专业合作社的基础上,葡萄股份合作社突出完善内部机制,重点抓好建章立制工作,《横泾街道尧南葡萄股份合作社章程》经社员大会通过,进一步完善了四项制度:

一是"三会"制度。选举产生董事会和监事会,明确社员大会是合作社最高权力机构,基地建设初期的资金投入、葡萄品种选择等都需经社员大会讨论通过。

二是总经理负责制度。由于基地搬迁至西山,生产、管理和经营都同以往发生了比较大的变化,因此社员大会表决通过,由董事会聘请懂技术、善经营的能人出任合作社下属公司总经理,由总经理负责合作社的生产和经营。

三是财务公开制度。建立严格的内部控制和内部审计,每月月末向全体社员公布股金使用和基地生产情况。

四是"六统一"管理制度。在强化原有"五统一"经营管理的基础上,再增加统一按股分红这一内容。

如今,合作社在金庭镇的葡萄基地面积已扩大至300亩,种植着从意大利、日本等地引进的十多个欧亚、欧美杂交葡萄品种。2005年,"尧南"牌葡萄被评为苏州市名牌农产品。2005年12月,"尧南"牌"奥古斯特""无核早红"早熟葡萄在江苏省优质葡萄评比活动中获得金奖,由江苏省农林厅、江苏省葡萄协会颁发证书,并获得中国绿色食品AA级。目前,"尧南"牌葡萄已全部获得无公害农产品认证,2011年被评为苏州市知名商标。

4. 非常"1+6"——合作经济力促富民强村

在葡萄专业合作社成功实践的基础上,尧南社区积极探索,不断深化改革,大力发展合作经济,先后组建起尧南置业股份合作社、尧南村资产股份合作社、尧南物业股份合作社、横泾街道物业合作总社尧南分社和尧南茶叶专业合作社。

尧南置业股份合作社于2003年5月成立,当时入股村民26户,入股现金388万元,经营涉及土地21.47亩。2006年入股村民由26户扩大到56户,总投资832万元(其中个人股本638万元,占76.68%,集体股本194万元,占23.32%),建造了7470平方米的标准厂房。

尧南村资产股份合作社于2004年6月30日成立,尧南村将数十年积累的集体资产1902.7万元折股量化给村民2002人,覆盖率100%,充分实行村民的自我管理,实现了共同得益。

尧南物业股份合作社于2005年11月成立,入股村民56户,总股本1300股,总投资650万元,其中村经济合作社持300股,股本金额150万元;村民持1000股,股份金额500万元。首期工程是在吴中区天鹅荡工业坊建造标准厂房7200平方米。

三、成效与启示

如今,尧南社区七大股份合作社全面开花,既为村级经济收入提供了稳固来源,又使社区居民的收入连年增长,集体经济发展和农民增收实现了双赢。据统计,目前全社区投资性入股家庭达到759户,参股率达68.56%,2012年红利分配达470万元。同时,社区还投资2000余万元入股街道物业总社和滨湖集团公司,抱团参与街道经济建设。

2012年末,社区集体总资产达7800万元,可用财力1350万元;农民人均纯收入达到2万元。综观尧南合作社的发展,可以得到如下启示。

1. 专业合作组织可推进生产要素的优化组合,提高土地产出效益

尧南村在土地流转的基础上,以葡萄专业合作社为纽带,提高了农民进入市场的组织化程度,加快了农产品主导产业和特色优势产业的形成。而从专业合作走向股份合作,这是合作经济发展的飞跃。股份合作社制度的建立,为尧南葡萄产业的规范运作和良性发展都起到了积极的作用。

2. 善抓机遇,方能由"危"转"机"

原葡萄基地被征,用于发展工业,表面看是"釜底抽薪",实则成为尧南村总支一班人"破釜沉舟"的源动力。正是抓住了这次拆迁的机遇,才使葡萄产业走出尧南谋发展,在原来专业合作的基础上向股份制发展,并扩大了基地规模,增加了社员人数,做大了品牌效应,进一步集约利用和高效开发了农村土地和品牌资源,切实提高了优质农产品的产出效益,增加了农民的经营性收入。

3. 农民增收需广开财路

多渠道促进农民增收始终是"三农"工作的中心。尧南社区由一个股份合作社发展到如今七大合作社并驾齐驱,全面开花,进一步盘活了资源,汇聚了资本,促进了农村土地适度规模经营和农业产业化发展,推动了集体经济组织的产权制度改革和集体经济的发展。

【思考题】

1. 你认为尧南村能成功进行葡萄产业的开发具备哪些必要条件?
2. 尧南七大合作社推动尧南村全面发展对你有何启发?

# 第五章 苏州城乡基础设施一体化

## 概　述

基础设施是指为社会生产和居民生活提供公共服务的物质工程设施，是用于保证国家或地区社会经济活动正常进行的公共服务系统。它是社会赖以生存发展的一般物质条件。基础设施包括交通、邮电、供水供电、商业服务、科研与技术服务、园林绿化、环境保护、文化教育、卫生事业等市政公用工程设施和公共生活服务设施等。城乡基础设施一体化就是强化城乡基础设施衔接、互补，加大对农村道路、供电、供水、供气、信息、市场等的建设投入，实现基础设施城乡共建、城乡联网、城乡共享。

### 一、苏州推进城乡基础设施一体化的背景

改革开放30多年来，苏州经济社会发展成果瞩目，城乡基础设施建设成绩斐然，全市已经构建起四通八达的高等级公路网体系。农村电力、邮电、通讯、供水、废水和垃圾处理等基础设施条件不断完善，经济社会协调发展的支撑能力不断提高。苏州一方面具备了推进城乡基础设施一体化的条件，另一方面也期待通过推进城乡基础设施一体化来进一步改善农村地区的生产和生活条件，建立更加紧密和谐的城乡关系，让全苏州人民共享改革开放、经济社会进步的果实。

1. **农村交通设施良好**

苏州全市交通基础设施建设从围绕服务农村经济出发，以高速公路网、干线公路网、乡村公路网建设为重点，不断完善农村路网覆盖，提

高乡村公路等级,改善行政村通达率。全市市(县)到中心镇、镇到镇和镇到行政村公路全部实现了通畅水平、通行能力、服务功能的三大提升,为农村经济发展、农业结构调整和农民持续增收创造了重要的基础条件。早在2006年底,苏州全市区域内,全部实现了二级以上公路的链接,行政村以上全部实现等级化、"炭黑化",全市所有乡镇都能在15分钟内驶上高速公路。但农村交通设施的投资主体较为单一,共建共享的机制还未真正形成,农村居住较为分散,农村交通设施密度不高,此外农贸市场、幼儿园、医疗站、活动中心、停车场、公园绿化等村镇公建配套和公共服务基础设施不够完善,影响了村民生活质量的提高。

### 2. 乡村生态环境较佳

2003年,苏州市委、市政府出台了《关于推进农村十项实事的意见》,2006年开始实施《建设社会主义新农村行动计划》,农村生态环境建设大力推进。通过"三清"(清洁家园、清洁村庄、清洁河道)、"三改"(改水、改厕、改路)、"三绿"(建设绿色通道、建设绿色基地、建设绿色家园),实施水环境治理、污染治理、村庄整治、农村绿化、基础设施完善等工程,乡村生态环境得到改善。农村自来水普及率达到99%,农村卫生户厕普及率达94%,"十五"期间,全市年均投入绿化资金20亿元,年均新增农村林地绿地10万亩以上。但苏州作为一个水城,水环境综合治理、生态文明建设等有待进一步加强,行政推动、市场运作和群众参与这三方面有机结合的机制不够健全。

### 3. 农村废弃物处理逐步覆盖

全市所有城镇均建成了不同规模和有污水收集系统的生活污水处理厂,一批行政村(社区)建设了地埋式有动力生活污水处理装置。早在2007年底,全市农村就已经建成了"户集、村收、镇运、市县处理"的生活垃圾收集和处置系统,镇村生活污水处理和生活垃圾处理逐步开始在全市覆盖,但总体上覆盖面不全,再生资源回收处理率不高,农村工业污染源、农业面源污染监管和治理力度部分还存有真空。

### 4. 乡村信息化建设发展态势良好

苏州乡村信息化基础设施建设和农业信息化应用发展态势良好,在全国率先实现了城乡固定电话、移动电话、宽带网络"三个全覆盖",

有线电视农村铺网率达到100%,信息高速公路在农村地区全线贯通。建有农业自然资源信息、农业生态信息、农业生产管理信息、农产品市场信息、农业科技信息等信息资源数据库,切实解决农业信息服务"最后一公里"问题。全市乡(镇)、村基本都建有门户信息网站,具有电子政务、网络招商、网络宣传等功能。但乡村信息化对农村经济社会发展的贡献率还有待提高。

### 5. 城乡客运公交基本通达

在苏州被江苏省批准成为城乡一体化发展综合配套改革试验区前,苏州已经开始积极推进农村客运、公交通达工程,基本满足群众出行需求。早在2008年底,符合通车条件的1256个行政村已全部通上农村客运班车,符合通车条件行政村通达率达到100%,农村客运及公交覆盖的行政村占全部行政村的96.8%,拥有农村客运线路(公交)161条,农村客运车辆895辆、座位数31427座,其中公交车653辆、26368座,普通客车242辆、5059座。但乡村客运公交管理系统还不够成熟,农村公交亏损严重与村民出行难的现象并存,客运公交的体制机制还有待完善。

### 6. 城乡供水供电基本一致

苏州在新农村建设过程中扎实推进实施"新农村、新电力、新服务"的"三新"农电发展战略,不断提升新电力和新服务的水平,用新电力和新服务的实际行动加快苏州新农村的建设步伐。苏州农村自来水除个别特殊情况的村庄外也基本全覆盖。但随着经济不断发展、人口容量不断增加,用电量不断攀升,农村供电的稳定性面临挑战;同时供水方面城乡还未真正实现一张网、一个价的供水目标,在用水的安全性和稳定性方面与城镇相比还存在一定差距。

## 二、苏州推进城乡基础设施一体化的主要做法和经验

### (一)主要做法

苏州按照加快推进城乡基础设施建设和管理一体化的要求,力争

"一年一个样,三年大变样",稳步推进基础设施城乡一体化的进程。

### 1. 深化城乡基础设施建设投融资体制改革

坚持"纯公共产品或服务"由政府财政全额直接投入,对于"混合性的公共产品或服务",政府则发挥在政策资源与财政杠杆方面的优势,通过 BOT、ABS 等方式引导社会资金参与。能够全部回收投资的项目,引入民间资本积极参与。例如,吴中区农村村庄生活污水治理通过财政补贴,国家、省市专项资金,村镇自筹等方式来解决设施建设资金难题;相城区通过区财政、市公交公司共同出资组建运营公司来推动村村通公交工程。

### 2. 完善城乡交通网络建设,加快城乡公交管理体制改革

进一步完善城乡交通网络建设,加快城市高速公路和轨道交通网等交通大动脉建设,加快连接农村居民小区、企业集中片区的交通子系统建设,为农村居民生活和企业生产提供良好的交通条件。整合城乡公交资源,优化城乡公交线网,提高公交营运管理水平和综合效益。进一步提高客运一体化覆盖率,2013年底客运一体化率近100%,全市范围内全部实现了村村通公交。

### 3. 加大农村电网改造力度,完善农村供水管网

进一步加大农村电网改造升级力度,提高农村电网的承载力和稳定性,改善农村电力基础设施条件。进一步完善农村供水管网,不断提高农村供水的可靠性和安全性。苏州享受省政府在供配电工程建设费方面的优惠,相关费用按《居住区供配电设施建设标准》的65%计收。2010年底基本实现城乡"一张网、一个价"一体化供水目标。加快城乡河网水系规划实施步伐,建立健全农村河道长效管理机制,努力营造"水资源、水环境、水安全、水文化"四位一体新格局。健全管理队伍,加强协调工作,强化检查考核。

### 4. 推进镇村生活污水治理,完善城乡环保监管一体化

加快环境保护职能向农村延伸,加快环境保护基础设施向农村拓展,加快环境监测监管队伍向农村覆盖,出台农业生态环境补偿制度,突出从源头上预防环境污染和生态破坏,加大生态修复力度,全面加强农村环境保护,维护城乡生态环境平衡。对规划保留村庄逐步实行修

建村内道路、新建公共厕所、新增绿化景观、拆除违章搭建、整治村容村貌,全面改善村庄环境面貌。加强环保管理队伍建设,推广在乡镇、开发区设立环境监察派出机构制度,在行政村聘任专职环保监管员制度的做法,形成市、市(区)、镇和村四级联动环保监管体系。2010年底,全市农村地表水环境质量综合达标率达70%以上。生活污水处理率方面,市及市(县)城区达95%,省级以上开发区建成区达100%,镇区(街道)达85%。加快实施农村污水治理计划,2010年沿太湖和阳澄湖地区达80%,其他地区达50%。

**5. 加快村镇基础设施建设,提高村镇现代化水平**

在村镇规划的指导下,合理配置农贸市场、幼儿园、医疗站、活动中心、停车场、公园绿化等,逐步完善村镇公建配套和公共服务设施,加快乡村旅游景区建设,促进乡村旅游健康持续稳定发展。加大古镇古村保护力度,注重历史文化挖掘和保护,保护好现存古宅名街、古井古桥、古树名木,新建建筑突出地方特色,注重历史文化的传承与保护。

## (二) 主要经验

**1. 重视资金平衡,投融资渠道多元化**

基础设施城乡一体化主要是改善原先基础设施投入的城乡不均衡状况,苏州本着"政府能承受,百姓能受益"的原则,加大财政资金的投入,并根据基础设施建设的公共属性,优化投资结构,整合多方资源,充分发挥财政的杠杆效应。充分考虑建设的一次性资金投入与运营的后续投入,重建设的资金安排,更重经营的资金统筹。同时发挥财政资金的引导和杠杠作用,拓宽基础设施建设的投融资渠道。

**2. 重视整体推进,分步骤、按计划实施**

通过制订《苏州城乡一体化发展综合配套改革三年实施计划》,重视整体推进与分步实施相结合,并责成市发改委、经贸委、建设局、交通局、水务局、环保局、旅游局等单位负责牵头落实"城乡基础设施建设和管理一体化",提出了具体建设目标和实施路线图,分步骤、按计划整体推进,确保计划实施不延误、不走样。

### 3. 重视组织平台,共投、共建、共享结合

推动基础设施建设与管理一体化过程中,苏州重视组织平台建设,让更多的人、更多的主体参与到基础设施城乡一体化进程中来,形成一个共享、共投、共建的利益结合体,尤其是让关系到切身利益的农民参与其中是工作推进过程中实现事半功倍的关键。

## 三、苏州推进城乡基础设施一体化的瓶颈与展望

苏州在推进基础设施城乡一体化的过程中遇到了一些难点,主要集中在以下三个方面:一是政府引导多,市场参与少。部分兼具公共和市场双重属性的基础设施建设,原则上市场机制能实现目标的都应交给市场完成,但市场参与积极性不高,财政投资杠杆效应不明显。二是建设成本高,运行效率低。农村人口居住密度相对城市较小,基础设施投入大,且由于聚集效应弱,运行效率低。三是投入建设多,管理推动慢。在推进过程中,虽然注意到建设与管理两个层次的一体化,但管理一体化推进慢于建设,指标方面也相对难以考核。

苏州城乡基础设施一体化未来将在以下四个方面进一步推进:一是投资渠道多元化,市场参与度需进一步提高,要充分发挥政府的引导效应和财政的杠杆效应;二是重视农民的参与,让农民从受益者变为参与者,没有农民的切实参与,基础设施一体化建设容易,后续的运营管理相对困难;三是从重建设到建设与运营同步推进,在建设中,虽然有了近几年在数量上的累积,但更要注重在质量上的管理;四是重视建设过程中的城乡差异,尤其是农村生活方式、文化特征方面的差异,做到因地制宜、因时制宜。

## 案例二 | 吴中区：加强村庄生活污水治理，推进农村生态环境建设

"人文苏州，山水吴中，太湖风光美，精华在吴中"，守着太湖，是一种资源，更是一种责任。吴中区拥有广阔的太湖水面和蜿蜒绮丽的峰峦岛屿。三万六千顷太湖水域，吴中拥有五分之三；太湖72峰，吴中独揽58峰；太湖风景名胜区13个景区中有6大景区在吴中境内。2006年太湖无锡部分水域暴发蓝藻事件给沿太湖城市敲了警钟，如果不注意环太湖水质保护，留给子孙的不是秀美湖光水色，而是一个巨大的污染源。吴中区加强对沿太湖农村村庄生活污水治理，推进农村生态环境建设，一方面为减少吴中区域内太湖面源污染做出了贡献，另一方面也有效推动了吴中区生活污水治理城乡一体化建设。

### 一、背景

吴中区位于苏州南部，全区陆地面积742平方千米，太湖水域面积2425平方千米，其中属吴中区的水域面积约1459平方千米。吴中区下辖1个国家级太湖旅游度假区、1个国家级农业园区、1个省级经济开发区、7个镇、8个街道和穹窿山风景管理区。2012年末，全区户籍人口60.5万人。2013年全区实现地区生产总值870亿元，完成地方财政一般预算收入近100亿元。

2008年4月《太湖流域水环境综合治理总体方案》获国务院批复，江苏省也及时出台了太湖流域水环境综合治理实施方案。随着农村生活方式、种植方式等的变化，农村面源污染越发严重，是太湖流域的重要污染来源之一。吴中区拥有太湖水域面积的60%，面临较大的治理压力。吴中区于2008年正式启动"加快村庄生活污水处理，推进农村生态环境建设"工程，并计划于2010年底城区污水处理率达到95%，省级及省级以上开发区生活污水处理率达到100%，镇（区、街道）生活污水处理率达到90%，农村生活污水处理率达到40%，其中

太湖一级保护区农村生活污水处理率达到70%。吴中区拥有自然村1200多个,按照城乡一体化实施计划,吴中区保留村庄332个,其中列入太湖一级保护区的有236个,其余自然村将通过搬拆迁实现集中居住。

## 二、做法

1. 领导重视,列入人大议案

吴中区于2008年初开始探索、实施农村村庄生活污水治理工作,同年10月,吴中区人民政府办公室以抄告单的形式向各部委办局、乡镇(街道)、开发区和度假区管委会明确各部门职责;明确2008年的任务,即全面完成66个自然村的农村村庄生活污水处理工程建设;确定了区财政专项补助标准,每个自然村(项目)补助30万元,其中,开发区和度假区管委会承担本辖区的农村村庄生活污水处理工程的补助经费。所有补助经费,在工作启动时拨付50%,待验收合格后再拨付剩余的50%。2009年,吴中区二届人大二次会议把《加快农村村庄生活污水处理,推进农村生态环境建设》列为议案,成立了议案办理工作领导小组,组长由区长担任,常务副组长由分管该项工作的副区长担任,区政府办公室主任、副主任及水利水务局局长担任副组长,成员包括各部委办局、乡镇(街道)、开发区、度假区管委会分管该项工作的副职领导。领导小组下设办公室,办公室设在区水利水务局,由局长担任主任。出台《区二届人大二次会议<加快农村村庄生活污水处理,推进农村生态环境建设>议案办理实施意见》,明确2009—2010年的目标任务,制定实施举措。

2. 深入调研,制订实施方案

吴中区农村村庄生活污水处理实施方案的两个制订基础为:区政府太湖水污染治理目标要求,2009、2010、2011年太湖一级保护区农村生活污水处理率和其他地区农村生活污水处理率需要分别达到50%、30%,70%、40%和80%、50%;区城乡一体化就农民集中居住进行规划,保留村庄332个,其中列入太湖一级保护区236个,即到2012年,除保留村庄外,其余全部通过搬拆迁实现集中居住,除集中居住区铺设管道通往污水处理厂外,还需建设农村村庄 生活污水处理设施数为 236×0.8+96×0.5=237 个。

农村村庄生活污水处理的途径主要有两种。一是离区镇污水处理厂总网较近的自然村或集中居住区,通过铺设管道收集生活污水通往污水处理厂;二是距离污水处理厂总网较远,一些 50~100 户左右的小型自然村落,通过建设独立设施实现生活污水处理。

排放标准:由于国家尚未制定统一的农村生活污水排放标准,吴中区参照一级 B 标准执行。

实施方案的时序要求:2008 年完成 66 个农村村庄的生活污水处理设施建设;2009 年完成 78 个农村村庄的生活污水处理设施建设;2010 年完成 80 个农村村庄的生活污水处理设施建设,并将任务指标分解到各个乡镇(街道、区)。

任务指标分解的基本原则:一是太湖一级保护区区内目标任务分解与区外目标任务分解并行;二是保留村庄优先考虑;三是依托区镇污水处理厂,以管网建设为主的村庄优先考虑;四是居住集中度相对较高的村庄优先考虑。按照这些原则制订各镇(街道、区)的年度目标计划。

3. 分步推进,强化部门协作

各镇(街道、区)按照区水利水务局下达的治理目标,具体确定辖区内哪些成本相对低的自然村庄优先实施。农村村庄污水处理项目最大的成本是铺设管网,以建立独立设施为例,铺设管网的费用约占总费用的 60%,设备设施的费用约占总费用的 40%,50~100 户的小型自然村一般建设一个日处理能力 40 吨的污水处理站就基本能满足需要,整个费用在 80 万左右。费用的多少在很大程度上取决于村民居住的密度。以金庭镇缥缈村绮里自然村为例,绮里自然村户数 71 户,建立 MBR 处理工艺日处理能力 25 吨的独立设施的总费用约 100 万,而金庭镇堂里村西巷自然村农户数 53 户,建立 MBR 处理工艺日处理能力 25 吨的独立设施的总费用约 51 万,费用相差一半,主要是接管成本差异。

镇(街道、区)确定好实施污水处理项目的自然村庄后,区水利、环保部门制订农村村庄生活污水处理工程具体实施方案,并加强技术指导,一般以接管进入污水处理厂处理为主、建设独立处理设施为辅,如果是建设独立设施,还存在处理工艺的选择。长期来看,铺设管网进入污水处理厂总网最为经济,尽管建设时的成本相对较高(从吴中全区情况看,建设独立设施每个项目约需80万,铺设管网到污水处理厂总网,每个自然村庄项目约需100万),但从日后设备维护、运营费用看,铺设管网到污水处理厂总网更为经济。仅从污水处理成本看,污水处理厂能够发挥规模效应,每吨水处理费用约为1.45元,独立设施从近几年的实际运行情况看,每吨水处理费用超过了2元。

镇(街道、区)作为农村村庄污水设施建设的主体,在财政、水利水务、监察、农委、农办等部门的指导下,抓好建设项目规范管理,确保在项目立项、招投标、施工、竣工验收、决算审计等环节符合建设项目管理规定。区监察部门要加大检查督促力度;区财政部门要加强补助专项资金的监督管理,确保专款专用。

4. 加大投入,争取多方支持

农村村庄污水处理资金包括一次性投入、运行成本、维护成本等。就吴中区实施情况看,一次性投入户均成本在1.5万~2万,运行成本按每户产生0.3吨污水计,户均成本每年在240元左右,污水设施一般有1—3年的维护保修期,维护成本相关数据还不齐全。一般村庄(自然村)有50~100户,项目独立设施平均建设成本约80万,接管项目建设成本约100万,每年一个村庄(自然村)独立设施项目运行成本约1.8万,主要是电费,接管项目的运行成本在1.3万左右。

吴中区农村村庄污水处理建设资金来源主要有区财政补贴、村镇自筹、江苏省太湖流域综合治理补贴、环保连片整治专项补贴。列入区水利水务局下达的治理指标的村庄污水建设项目,每个项目区财政补贴30万元。江苏省太湖流域综合治理补贴下发到污水处理厂,如果将补贴进行折算,太湖一级保护区内每户约补贴2000元,类似每个项目补贴在10万元左右。其余资金由村镇自筹,从吴中区情况看,一般由村自筹为主,经济薄弱村由镇统筹。2010年吴中区申请并成为农村环境连片整治国家典型示范县,获得专项资金约3000万,区财政按

1.5∶1进行配套,也拿出4500万作为专项资金,其中未纳入区水利水务局下达的治理指标的村庄的污水建设项目,如果符合相关条件,如生活污水排放造成河道黑臭,村庄位于水源地、生态湿地附近等,也可从农村环境连片整治专项资金中享受每个项目30万元的补贴,以鼓励农村村庄加强生活污水治理。

5. 优化管理,建立长效机制

运行资金方面,吴中区统一规定,由区镇两级财政共同承担,承担比例为1∶1。做好自来水3.1元/吨水费中1.33元污水处理费的管理,确保这笔费用用于污水处理,做到专款专用。

设施维护方面,吴中区统一规定,按属地管理的原则进行维护管理,区水利水务局还修编了《农村村庄生活污水处理实用技术案例》,并组织各地人员参加区级、市级污水治理业务培训班。目前管网一般由村镇与污水处理厂签订合同,由污水处理厂代管,独立设施由于大多处于保修期内,由施工单位负责。吴中区对独立设施的管理做了大量工作。一是建立独立设施的远程监督系统,提高独立设施运行出现故障的应急反应速度;二是出台《吴中区农村村庄生活污水处理设施长效管理暂行办法》,全区将所有独立设施划成5个片区,每个片区面向社会招标管理单位,由专业公司负责独立设施的运营,并优先考虑由设施建设单位负责管理,这样做将设施的建设与运营很好地结合了起来,对建设施工单位构成了约束。

### 三、成效和启示

吴中区通过2008—2010年三年的集中治理,农村村庄生活污水治理取得了一定成效,农村村庄生活污水得到了有效收集,农村水环境得到了有效改善,农村整体环境质量有所提高。到2010年底,吴中区共有264个农村村庄完成生活污水治理,污水设施正式运行的村庄有231个,其中接管的有176个,建设独立设施的有55个,独立设施处理能力为4822吨/日。

从吴中区加快农村村庄生活污水治理,推进农村生态环境建设的实践中可以得到如下启示。

1. 农村生活污水治理要因地制宜

吴中区农村生活污水治理目前走的是设施化道路,通过建设管网和独立设施提高污水处理率。吴中区所有镇(街道、区)中仅有光福镇没有完成2008—2010三年计划中的目标任务,究其原因,一是光福镇当地农村的苗木花卉种植是一项重要产业,农村卫生生活污水主要用作农家肥浇灌苗木,厨房生活污水大多被用于喂养家禽;二是光福镇平常留守在农村的大多为老人和儿童,建造的独立设施收集的生活污水数量较少,并且时多时少,稳定性差,污水处理设施中的生物菌群不能发挥正常机理,污水处理设施并没有真正产生作用。因此,治理农村生活污水的关键还是看污水处理率,要因地制宜,设施化从来都不是唯一选择。

2. 农村生活污水治理要因时制宜

农村生活污水始终存在,农村生活污水处理关键的是看污水处理率,而非污水处理设施的覆盖率。随着吴中区农村生活方式、生产方式、生存方式的变革,生活污水设施化治理被提上日程,但在生活污水治理设施化过程中要根据实施情况,通盘考虑。例如,吴中区共有2200多个自然村,通过搬拆迁的方式实现集中居住后保留332个村庄,最初做方案时主要考虑的是这332个保留村庄,而事实上,农民集中居住的过程是长期的,但生活污水处理是紧迫的,要拆迁而暂时还未拆迁的农村村庄同样面临生活污水处理问题。吴中区统一规定,凡在三年内搬拆迁的,制订临时污水处理方案,建设三格式化粪池,住建局、环保局、农委等相关部门要做好技术支持;三年内不搬拆迁的,建设标准的农村村庄污水处理设施。为此,2010年吴中区的污水设施建设项目由计划中的80个增加到167个。

【思考题】

1. 吴中区加快农村村庄生活污水治理,推进农村生态环境建设过程中的关键环节有哪些?

2. 结合当地情况,论述如何做好农村生活污水治理工作。

## 案例二 湖桥村：农村垃圾治理为秀美村庄添容增色

苏州市吴中区临湖镇湖桥村位于美丽的太湖东滨，村域辖区面积11.42平方千米，耕地面积6461亩。全村共有31个自然村，34个村民小组，1293户，5551人，加上外来人员，人口超过10000人。湖桥村先后获得"全国民主法治示范村""国家级生态村""江苏省文明村""江苏省生态村""江苏省卫生村""江苏省村庄建设示范村""江苏省康居示范村"等荣誉称号。湖桥村坚持规划领先，加大投资建设力度，全村形成了新兴工业区、现代农业产业区、商贸经济区、乡村文化区、行政服务区五大区域布局，建成党员服务中心、行政办事中心、外商接待中心、医疗保障中心、文体活动中心、治安综治中心和商贸服务中心七大中心。湖桥村已全部实现了道路硬化、路灯亮化、村庄绿化、河塘洁化、环境净化"五个化"目标，村庄面貌焕然一新，人居环境明显改善。2013年底，湖桥村集体资产达8亿元，村级集体收入超8000万元，三大合作社分红达8500元，村民人均收入20800元。

经过近8年的努力，湖桥村的农村垃圾治理和农村环境整治成绩显著。湖桥农村垃圾治理为秀美村庄添容增色，是苏州农村垃圾处理"村收集""镇运送""市填埋(处理)"机制中"村收集"的典型代表。

### 一、背景

"上世纪80年代及之前，湖桥村村民产生的生活垃圾很少。厨房垃圾、剩菜剩饭大多用来喂鸡、鸭、猪等，水果皮核、烂菜烂叶基本和厨房烧灶的草灰混在一起变成农家肥，而纸片、塑料、废弃金属物都被村民收集起来，用来卖钱，做到了再生资源的循环利用。"村党委委员、妇代会主任郭雪红说。郭雪红是土生土长的湖桥村人，卫生条线工作就由她负责，谈到湖桥村垃圾处理的变革时，她对过去的类似无害化的生活垃圾处理方式仍然很留恋。随着人民生活水平的提高，村民生活方式、生产方式的变革,农村产生的垃圾类型和数量不断增多。

老顾在谈到村里的垃圾变化时他直摇头:"首先是化肥的大量使用,村民不愿使用农家肥,家家户户烧灶的草灰都堆积在屋前门后,空气干燥少雨时,一阵大风,草灰就被吹得到处都是。真正让农村垃圾变多的是农村改水改厕、煤气灶的普及,还有就是社会各类产品的过度包装。现在的很多包装物废品收购站都不要,只能作为废弃垃圾。煤气灶的大量使用,以及土地流转后村民不再以种植为生,没有了稻秆、麦秸的现实,使很多村民家的灶头变成了摆设,原来零碎的小垃圾都是通过灶头做饭时焚烧的方式处理的,现在则变成了真正的垃圾。改水改厕后,村民都用上了抽水马桶,以前是建三格式化粪池,现在有污水管道,管道最终通向污水处理厂,但改厕后,村民的卫生垃圾也变多了。这些变化一方面造成村民垃圾变多了,另一方面使原先的自我处理方式不适用了,造成的后果是家家户户的宅基地附近有个小垃圾堆。由于改水后村民都喝上了自来水,很多村民为省事,甚至将垃圾直接往河道里倒。"周金康是村环卫站的站长,管辖着村 25 名保洁员,他说:"随着外来务工人员的不断增多,湖桥村的环境不断恶化,进入 21 世纪初,已到了非整治不可的程度。"

"我们临着太湖,但河里没有鱼虾,都是水花生等各种水草,河面还漂着塑料袋。每户人家屋前门后都有一小堆垃圾,还想方设法离自己家远一点,有时还因为风吹雨打,垃圾'跑'到邻居家宅基地,为此邻居间还闹矛盾。我们老百姓只知道这样下去肯定不行,具体怎么办,我们也不懂。村里针对农村垃圾做了很多工作。"村民陆阿三说。陆阿三是湖桥合并之前的下泾村村民,60 岁,目前在湖桥集团打扫卫生,从陆阿三的话中可以看出垃圾处理也是广大村民的诉求。

二、做法

2003 年,下泾村、兴建村、湖桥村三村合并,新成立的湖桥村村委会面对湖桥村环境不断恶化的局面,决定开展农村综合环境整治工作。当时的湖桥村是一个地地道道的经济薄弱村,村集体总资产不足百万,负债比村级收入还多,但新一任村党委班子坚定信念,迎难而上,终于换来了今天美丽的新湖桥。

1. 统一思想，提高认识

针对农村垃圾治理面临的新挑战，湖桥村党委、村委会召开环境综合治理会议，形成了"加大资金投入，营造美丽湖桥"的决定。湖桥村党委书记徐顺兴回忆当时会议情景时说："与会人员都支持这项决定，但在推进这项工作的时间进度上意见并不统一。有人提倡渐进式推进，先由村里引导、农民主导，以村里管村民不要随意破坏环境、倾倒垃圾为主。我不赞成这个观点，农村垃圾处理是一项公共服务，应由村里主导。能否综合治理好，首先要转变观念，其次要有资金保障。"

2. 寻求指导，争取支持

农村村级环境综合治理是一项系统工程，包括道路硬化、路灯亮化、村庄绿化、河塘洁化、环境净化和人居美化。农村垃圾处理是其中的一部分，专业性较强，与镇、区的协同性大。湖桥村向镇爱卫办、环卫所等相关部门寻求指导，包括农村垃圾收集的方式、垃圾中转站的选址和建设、环保设备设施的添置等，同时也积极争取资金方面的支持。根据农村特点，湖桥村选购了有盖的塑料垃圾桶，尺寸为 780×520×480 毫米，容积为 100 升，根据村民居住密度摆放在农村道路旁，摆放密度为 100 米左右的距离放置 1 只塑料垃圾桶。村民将家庭生活垃圾集中袋装化后，投入临近的塑料垃圾桶中。2003 年全村共采购、摆放了 150 个垃圾塑料桶，实现了垃圾桶在村域内的全覆盖。由于经费短缺，保洁员的运输工具是手推车，为防渗漏，用铁皮焊接成半封闭式的。2006 年在湖中路边建设了垃圾中转站，共三间半封闭式房屋，占地面积 900 多平方米。中转站建立后，村的垃圾统一集中到中转站，然后按要求运到镇里统一集中处理。经过多年的投入建设，到 2010 年底，垃圾塑料桶摆放数达到了 350 个，运输工具也发生了改变，目前拥有玻璃钢三轮有盖垃圾车 15 辆，电动垃圾小型运输车 2 辆，手推车 10 辆。

3. 建立组织，招聘员工

建立村环卫站，实行站长负责制。环卫站由负责卫生条线的村党委委员负总责，并建立每月月初召开一次农村环境卫生工作专题性会议的例会制度。环卫站保洁员招聘由湖桥村民自主申请报名，根据报名情况,由各村民小组长进行推荐,人员确定后,签订用工合同,合同每年一签,做到能出能进。2003年招聘了保洁员12人,并进行简单教育培训、指导上岗。保洁员工资与所承担的工作强度挂钩,2003年一般保洁员月工资为500~800元,月工资平均为600元左右。随着农村垃圾处理量的不断上升以及农村环境整治范围的不断扩大和要求的不断提高,2010年底,湖桥村保洁员数量增加到25人,月工资为800~1500元。村环卫站的设立也为村民提供了就业机会。负责将垃圾从中转站运出去的保洁员由镇选聘、管理,人员工资由湖桥村负责,运输设备的购买、保修等由镇相关部门负责。中转站建立前,湖桥村垃圾由村集中后按要求自行运往镇里统一集中处理。

4. 优化管理,建立机制

湖桥村建立了环境卫生保洁管理制度,明确保洁员的工作职责,包括道路保洁、河道保洁、绿化管理等,明确了村对保洁工作的各项管理职能;建立了包干区卫生督查制度,将整个村划为三片,并将所有辖区企业进行划片,分区包干,建立包干区,每个片、区均确定包干负责的责任人;建立环境卫生管理考核奖惩制度,出台了《湖桥村保洁员考核制度》,实施绩效考核,奖勤罚懒;建立了卫生保洁收费制度,明确村民不用缴纳任何卫生物业费用,辖区内企业按每个员工每年20~30元的标准进行收取。辖区内企业及员工所居住的集宿楼、管理层居住的公寓楼等卫生保洁工作也由村环卫站负责。

5. 加强宣传,村民共建

垃圾集中收集、农村环境整治给村民的生活方式带来了影响,村民有一个适应、配合的过程。湖桥村充分利用农村公路主干道灯箱广告、露天电子显示屏、宣传画廊、横幅标语等宣传形式,大力宣传,还印发了《村民守则》和《文明公约》,主要内容是要求村民持久养成文明、卫生、健康的行为,让广大村民在关于环境卫生的宣传氛围中潜移默化地受到深刻的教育。2007—2008年,湖桥村广泛开展"六星级文明户"的民主推荐评比活动,其中一颗星为"环境卫生星"。通过宣传发动、持续推动,湖桥村基本形成了"全民参与、各方联动、整体推进、有效提升"的农村环境卫生工作新格局。

### 三、成效和启示

湖桥村的农村垃圾治理为秀美村庄添容增色,八年来成效显著。2006年末湖桥村荣获"江苏省卫生村"荣誉称号,2010年又荣获"江苏省卫生村三十佳"荣誉称号,目前正积极开展全国卫生村的评定工作。从湖桥村的农村垃圾综合治理实践中可以得到以下三点启示。

1. 广泛宣传,提高对农村垃圾处理重要性的认识

随着村民生活水平的提高,村民生产生活方式的改变,农村生活垃圾不断增多是不可逆转的趋势,各级政府要高度重视农村垃圾、废弃物对农村生态、生活产生的不利影响,必须尽早关注、尽早谋划。要加强对农村垃圾处理问题的宣传教育,不断提高广大村民的环境保护意识。要进一步广泛宣传农村环境污染问题的严重性和治理污染的紧迫性。

2. 村民共建,提高农村垃圾综合治理效率

农村垃圾治理工作要村民共建,村民的积极参与能让该项工作事半功倍,一方面能够有效降低农村垃圾的绝对数量,另一方面也能减少农村垃圾处理的工作量。要号召村民,尽量减少日常生活垃圾,对一些垃圾进行回收利用,并且提倡使用那些能够在短时间内自然风化的"垃圾",减少"白色污染"。

3. 集中收集,建立村级垃圾集中收集系统

建立村级垃圾集中收集系统,垃圾不能随意堆放。农村垃圾处理是一项系统工程,村一级不能独立完成解决,镇、县(市)必须勇于承担责任,积极指导、引导、帮助农村垃圾处理走上规范化管理的轨道。要在农村垃圾处理业务上给予指导,在农村垃圾处理资金上给予支持。

**【思考题】**

1. 农村垃圾处理不只是收集填埋,还包括垃圾绝对数量的减少、可再生资源的回收利用等,一个科学的农村垃圾综合治理方案应包含哪些内容?

2. 如何理解本案例中徐顺兴提出的观点:农村垃圾处理,资金问题不是核心问题,关键是观念?

## 案例三 相城区：村村通公交改变农民出行方式

苏州系江南水乡,河流纵横,星罗密布。上世纪六七十年代,苏州农民进城如办一件大事,得起个早,坐半天船才能从乡下到城里;80年代通了公路以后坐长途车,人多,线长;90年代有了中巴车,带来了一定的便利,但也有不少问题,主要是超载,而且价格也不便宜,路程长的要7元钱一张票,更有甚者,有的司机为了等生意,有时在一个地方要等上几十分钟才开车,"时间""服务"之类完全是陌生的概念。农民什么时候才能像城里人一样,出门有公路,出村便到站,抬脚上公交?

### 一、背景

相城区位于苏州市区北部,总面积496平方千米,现下辖4个镇、4个街道、1个省级经济开发区和1个度假区,其中行政村为73个,农村人口约27万人。2013年相城区实现地区生产总值540亿元,地方财政一般预算收入60.42亿元。

一边连着城市,一边通向农村,"村村通"公交"一肩挑,两头带",成为近年来相城区统筹城乡发展、推进基础设施一体化的成效之一。村村通公交,不仅可以方便百姓出行,改善日益拥堵的交通状况,还是节能降耗、减少环境污染、建设节约型社会的有效抓手。苏州市相城区交通部门围绕"发展公交,惠民利民"的思想,以构建"资源共享、相互衔接、布局合理、方便快捷"的公交运行机制为目标,扩大城乡公交运营覆盖面,提高运营质量,深入推进城乡公交一体化。

### 二、做法

家住在相城区阳澄湖镇的姚华,大学毕业以后在相城中心城区找到一份工作。她每天8点左右出门,走3分钟就到公交站台了,不消几分钟,从相城站开往平四路首末站的86路公交车便会准时开来。大约40分钟,她就能到达相城区行政中心东站,完全能在9点之前到达工作地。这在农村未通公交之前是不可想象的。

相城区通过近十年的努力,先后成立公交公司,设立公交场站公司,建设换乘中心、农村客运站、公交首末站等,全面建设交通道路基础设施,已基本建成覆盖城乡的公交网络体系,实现了城乡公交一体化、村村通公交的建设目标。到2010年底,已有公交线路53条,其中分别与古城区、吴中区、高新区、园区对接的跨区线路27条,区内换乘线路26条,拥有公交车489辆,建成农村客运站8个、公交首末站10个,其中农村公交候车亭540个,公交密度每平方千米达到1.616辆。

1. 加大对村村通公交的政策和资金扶持力度

相城区对村村通公交给予了政策与资金方面的大力扶持,从民生建设、社会建设的高度来重视和推动村村通公交项目的实施。相城区在土地规划、场站建设、用地方面都对村村通公交事业倾斜,并且在资金上也给予了充分保障,区、镇都在不同程度上给予了资金支持。2007年,相城区还与苏州汽车客运集团有限公司联合出资2000万元,组建了区公共交通有限公司,负责包括农村公交在内的整个城乡公交体系。每年政府出资,由相城交通建设有限责任公司对相城区村村通公交道路工程进行相关整修、改造。相城区还对营运的农村公交车辆给予车款补助,在养路费、客运附加费、运管费等征收方面也给予政策优惠。

2. 加大村村通公交设施的建设力度

相城区加大了农村公交停车场、候车亭、首末站等设施的建设,对有条件的主干道公交线,建设了港湾式停靠站,配套完善站台、候车亭等设施,还配备相应的标牌、指向标志、线路图、时刻表、换乘指南等服务设施,方便群众使用。同时还加强信息化建设,加快智能化调度中心、服务中心、信息中心建设,以信息化为手段,通过开发应用公交线路查询系统、电子站牌、调度系统等,提高了相城区村村通公交信息发布程度和车辆营运效率。

3. 加强村村通公交运营管理的创新

村村通公交的基础是具备公交通行条件的农村道路、桥梁设施,难点是运营和管理。相城区针对区到镇、镇到镇、镇到村的人口分布密度及出行规律差异,科学规划线路布点。根据农村客源市场的分布情况,在商业密布的镇村增加线路,适度减少偏远线路。相城区农村公交经营主体为国有控股的区城乡客运公司,相城区从资源整合入手,逐步理清历史延续的承包挂靠经营成分,坚持统一管理。公交公司通过管理出效益,降本增效,精致管理,在一定程度上减轻村村通公交的亏损压力,并将城市公交的管理技术、服务规范、工作标准引入农村公交,促进村村通公交的良性发展。

4. 提升村村通公交的服务水平

相城区村村通公交本着不仅要实施,还要做出特色,让百姓满意的思路,通过加强驾驶员队伍的培育、培训,提高他们的综合素养,使之在公交服务的全过程当中能够做到标准化、规范化。同时,相城区公共交通有限公司通过切实关心驾驶员的生活,使他们对公交事业更加热爱,让企业更有向心力、凝聚力,真正使"村村通"能够开得通、留得住、有效益,确保村村通公交做出品牌,形成良好的运行机制。

### 三、成效

1. 从无到有,相城区全面实现村村通公交

2007年,相城区正式启动村村通公交工程,当年将村村通公交列为实事项目,投入2000多万元,组建区级公共交通有限公司,改造、修补农村道路93.16千米,改建桥梁24座,新建岘山等公交首末场站8个,设置公交候车亭120个,新开通了9条农村公交线路,主要承担各镇(街道)至行政村的区域内公交客运。2008年初,相城区尚有黄埭鹤泾、渭塘塘角、阳澄湖莲花岛等6个行政村未通公交。根据这一实际,交通部门全力推进路网和公交场站建设,2008年全年新建村村通公路11.3千米,改造修补公路9.7千米,新建候车亭95个,新开通公交线路8条,新投放公交车26辆,总投资约3500万元。2008年12月28日,阳澄湖镇莲花岛道路建成通车,开通了864路公交车,至此全区村村通公交。

2. 从有到优,相城区村村通公交不断完善

相城区农村公交尽管已做到全覆盖,但后续更为复杂的经营、管

理、优化工作才刚刚开始。2009年,相城区新建2个农村客运站、1个公交首末站和192个候车亭,并对2008年建设的7个公交客运站、9个公交首末站、305个候车亭进行功能完善,以城乡结合部为重点,加快实现"零距离"换乘。2010年,相城区对农村公交线路及运营进行优化。通过近两年的开通运营,发现由于当时受该区公交资源和通行条件的限制,部分公交线路存在设置不太合理和距离部分自然村落步行较远的实际情况,对此群众要求改线或延伸线路的呼声较大。相城区运管部门和相城公交从"服务民生,方便出行"的科学发展角度出发,对相关公交线路进行了全面察看,对部分线路进行优化调整。2010年,相城区城乡公交乘坐率突破1000万人次。

## 四、启示

### 1. 全面审视村村通公交应具备的基础条件

2006年,相城区实现地区生产总值194.47亿元,地方财政一般预算收入14.52亿元;2013年,相城区实现地区生产总值540亿元,按户籍人口计算,人均GDP超10万元,地方财政一般预算收入60.4亿元,在国内属相对发达地区。城乡资源要素的自由流动、城乡一体的市场形成、农村各项公共事业发展滞后产生的社会问题等已成为相城区进一步发展的瓶颈之一。村村通公路、村村通公交一方面有利于打破发展瓶颈,改善民生,为进一步发展拓展空间;另一方面,相城区也具备相应的物质基础、财政实力,村村通公交投入产生的经济和社会综合效益在各个政府可供投入的领域或项目比较中占据一定优势。政府投入也要追求综合效益的最大化,社会公共事业也存在利益的权衡和发展先后顺序的选择。

### 2. 精准研判村村通公交投入所需的各项资源

公共事业发展的难点在于后续的长效经营或管理,公共事业发展的两个关键要素为政府能承受和百姓能受益,二者缺一不可。政府资金都来源于纳税人,政府投入要本着审慎原则,力求效用最大化。相城区对村村通公交投入所需资源研判准确,保证了后续经营管理的科学性和持续性。村村通公交是构建要素自由流动、改善百姓民生的举措之一,是农村基础设施建设、城乡交通系统建设的一部分。相城区村村通公交所需资源有:适应村村通公交的农村道路、桥梁等道路设施,农村客运站、公交站点、候车亭、换乘中心建设,公交公司、公交场站公司等的组建、运营,适合农村道路的车辆采购、维护、保养等,还包括基于城市发展规划的未来人口、经济及用地规模等变化导致的村村通公交的相应调整和运营过程中的全部成本收益的测算等。相城区在对所需资源精准研判的基础上得出了较为科学的资金需求量和分步实施方案,于2007年全面实施村村通公交项目。

### 3. 系统把握村村通公交实施的整个进程

村村通公交不是一锤子工程,必须把村村通公交放在相城区城乡一体化发展的大环境中来求解、破题。相城区在实施村村通公交过程中的难题包括:路况差,农村道路、桥梁需要全面整修;投资强度大,农村自然村落分布松散;成本高,农村人口密度小,公交运营成本居高不下;等等。更为重要的是,村村通公交势在必行,农村居民生存方式的改变、临近就业的企业往开发区集中等造成农村居民出行半径大大增大,对村村通公交的期盼非常高。先于村村通公交或与之同步实施的重大举措是农民集中居住。相城区自10年前建区起,长期重视超前规划,陆续实施农民搬拆迁集中居住工作。到2010年底,相城区农民集中居住率在40%左右,有效降低了村村通公交的投资强度和运营成本。与村村通公交同步实施的其他公共服务,包括供电、供水、医疗、教育、污水处理等,都得益于农民集中居住。

**【思考题】**

1. 村村通公交是构建农村客运体系中的一部分,如何理解推动村村通公交的时空背景和实施该项工程的基础条件?

2. 影响村村通公交实施的重要因素有哪些?

# 第六章　苏州城乡公共服务一体化

## 概　述

　　城乡公共服务一体化，作为一种发展理念同时也是一种发展路径，要求各地政府根据目前的实际经济发展水平，在广大城乡居民最关心的义务教育、公共卫生、基本医疗、公共文化等方面消除城乡二元结构的差异，确保城乡居民平等、同质共享基本公共服务，从而保障个人的基本生存权和发展权，实现个人的全面发展。城乡公共服务一体化是消除城乡差距的重要标志，是实现社会和谐的基本前提。

### 一、苏州推进城乡公共服务一体化的背景

　　经过改革开放30余年的快速发展，苏州已经处于工业化后期，经济实力水平处于全国前列。2013年，苏州实现地区生产总值1.3万亿元，全市地方一般预算收入1331亿元，县域经济发达，城乡居民收入差距大致维持在2∶1左右，领先全国水平。按照刘易斯的"二元经济"结构理论，苏州实施"工业反哺农业，城市反哺农村"的物质基础条件已经具备。而且随着苏州率先向实现基本现代化的目标迈进，推进处于基础地位和软实力重要标志的公共服务城乡统筹显得更加迫切。

　　党的十六大提出统筹城乡发展的基本理念，十七大正式提出城乡公共服务一体化，十七届三中全会对城乡公共服务一体化的具体目标和要求作了比较全面的论述，《中共中央关于推进农村改革发展若干重大问题的决定》更是提出，到2020年让城乡居民享受大体一致、大致

等量的基本公共服务。

发达的县域经济基础、人民群众的迫切期盼、系列政策文件的支持引导,推动苏州率先推进城乡公共服务一体化改革,在新型社区公共服务中心、城乡基础教育、城乡公共医疗和城乡公共文化一体化等方面领先江苏,领跑全国。

## 二、苏州推进城乡公共服务一体化的主要做法和经验

### (一) 主要做法

**1. 构建公共服务均等新载体——农村新型服务社区综合化**

在农村新型服务社区的构建模式上,苏州各市(区)并不是采取一刀切模式,而是根据不同村的不同特点,因地制宜,采取灵活多样的社区架构模式。对于融入城市化程度较深、主体功能与城市社区大致相似的农村(社区),建立现代社区型服务中心;对于就地城镇化、主要基础设施对周边农村(社区)具有一定辐射作用的农村,建立区域性社区服务中心;对于地处基本农田保护区的农村,主要建设配套庄稼医院、化肥农药专卖店等突出农业生产和满足本村村民需要的纯农村社区服务中心。

在日常运转经费来源上,明确事项,规定来源。行政服务中心、党员服务中心等日常党政事务经费主要由村集体承担;文化活动、教育培训、医疗卫生、警务治安等基本公共服务,经费大部分由市(县)、镇两级财政来承担;商贸超市、肥药专卖、物资回收、电器维修等可以市场化运作的服务项目,经费由服务商来承担。

据统计,截至2012年底,苏州市共有55个乡镇、40个街道、845个城市社区、1113个行政村(社区),初步形成了现代社区型服务中心、区域性社区服务中心和纯农村社区服务中心三种类型的基本构架,并实行"一站式"管理模式,有机整合社区各项基本公共服务,使居民不出社区就可以享受各项公共服务。

## 2. 做大最亮的民生品牌——推进城乡基础教育一体化

一是政策引导。2006年,苏州市发布《关于加快推进全市农村村小现代化建设的实施意见》,提出全市农村中心小学以下,非独立建制小学基本形成办学条件达标、教师队伍合格、学校管理规范、质量稳步提高的发展格局。2010年,苏州市委、市政府先后出台《苏州市中长期教育改革和发展规划纲要(2010—2020年)》和《关于加快实现城乡教育一体化现代化的意见》,明确提出在全省率先建成城乡教育一体化示范区,并就加快实现城乡教育一体化、现代化,提出优先发展、率先推进的方针。2011年,苏州市教育局颁布《苏州市城乡教育一体化示范区评估标准》,从组织领导、规划布局、管理体制、办学条件、教学水平、教育经费、师资队伍七个方面制定了量化标准和考核指标。这些具体政策措施和制度保障机制对实现城乡教育一体化起到了良好的引导作用。

二是资金保障。做到大财政、大教育,大手笔、大成效。"十一五"期间,苏州市教育经费总投入达到620亿元,其中预算内教育经费达到405亿元,分别比"十五"时期增长了138.9%和154.7%,年均财政性教育经费增长率超过18%。生均预算内教育事业费小学从4710元增加到9878元,年均增长20.34%;初中从5260元增加到13057元,年均增长25.52%;普通高中从5654元增加到12144元,年均增长21.06%;学校建设总投入达121.16亿元,约占财政对教育总投入的29.92%。充足的经费支持,是苏州城乡教育一体化的强大物质基础,也是实现城乡教育一体化的基本保障。

三是布局优化。苏州先后进行了三轮农村教育布局调整,全市高中、初中、小学数量分别从1992年的130所、211所和2413所调整到2010年的65所、192所和317所,期间撤并、合并的基本为农村学校,苏州教育城乡间的布局得到了明显的优化;全市高中、初中、小学的校均班级数分别从1992年的6.6个、19.9个和5.0个增加到2010年的33.9个、22.9个和49.7个,农村学校规模化水平显著提升,与城市同类学校已基本接近;全市317所小学和192所初中全部达到苏州市现代化学校标准,各市、区100%的直管小学和初中,98%以上的农村小学和初中都达到《江苏省教育技术装备标准》二类及其以上配备标准，义务教育阶段学校专用教室齐全、实验设备和活动器材到位、标准体育运动场地俱全，基本形成了城乡学校办学条件大致相当的新局面。全市城乡教师队伍的师德水平、学历水平和专业水平不断提升，年龄结构、学历结构和专业结构不断优化，师资队伍整体水平跨上了新台阶，城乡教师队伍之间的合格学历占比、中级职称占比等指标差距也基本接近，城乡学校教育质量均有明显提高。

**3. 搭建城乡软实力新平台——实现城乡公共文化服务一体化**

一是优化和完善公共文化设施网络工程。在推进市和县（区）级图书馆、文化馆普遍达标的同时，建立健全文化阵地管理的长效机制，完全实现公益性文化设施市、市（区）、镇（街道）、村（社区）四级全覆盖。

二是提速数字文化服务升级工程。认真组织实施文化信息共享工程、"四位一体"基层综合信息服务体系、广播电视村村通、农村电影放映等行之有效的公共文化服务工程，全面提升文化信息数字化建设的服务质量和服务水平。

三是推进文化惠民活动品牌创建工程。依托丰富的历史文化资源和吴文化的独特优势，构筑立体、整体、多维、开放的历史文化节庆平台。

四是推进公共文化产品创新创优工程。充分发挥人民群众的主体作用，着力打造一批能够站得住、留得下、传得开，经得起观众和时间检验的精品力作，不断满足广大群众日益增长的精神文化需求。

到目前为止，覆盖苏州城乡的公共文化设施网络体系已基本形成，公益性文化设施实现了市、市（区）、镇（街道）全覆盖，行政村公益文化设施覆盖率达到85%以上。截至2013年底，全市公共文化设施总面积263万平方米，人均拥有公共文化设施面积0.25平方米；图书馆、文化馆（站）公益性文化设施总面积201.86万平方米，人均公益性文化设施面积0.19平方米，达到国内同类城市先进水平。与此同时，市和市（区）级重大文化设施建设也取得了巨大的成就。全市共有市（区）以上公共图书馆12个，均为国家一级馆；10个文化馆中有8个是国家一级馆,2个国家二级馆;另建有市及县(区)级博物馆、纪念馆42个,美术馆11个,公共基础设施完善,公共文化服务体系健全。

**4. 巩固城乡居民健康新堡垒——加强城乡公共医疗卫生服务一体化**

一是构筑医疗保障体系。建立和完善基本医疗保险、大额医疗费用社会共济、地方补充医疗保险、社会医疗救助"四位一体"的医疗保险体系,并根据城乡一体化发展的总体要求,实施大市范围内统一政策、开展异地结算和经办资源整合工作。尤其在农村医疗保险方面,不断提高新农合补贴标准,计划2013年实现城乡医疗保障并轨机制,全市基本医疗参保率达到98%以上。

二是提高公共卫生经费。2011年12月中旬,苏州在全国基层卫生综合改革座谈会上提出,苏州的基本公共卫生服务经费标准将再创新高,2012年在人均35元的基础上提升到人均38元至40元,使市民在社区卫生服务机构获得内容更丰富、服务更优质的基本医疗和公共卫生服务。

三是建立多元公共卫生体系。积极贯彻基本药物制度,着力构建以综合性医院、社区卫生服务中心(乡镇医院)和优质私立医院为主的多元化卫生服务体系,不仅形成了公立综合医院、优质民营医院、特色专科医院、社区卫生服务中心相辅相成的良好格局,而且成效初步显现。2011年,仅社区卫生机构的门诊人次就比上年增加了11.77%,门诊均次费用下降了17.22%。

目前,苏州除了每个市建有1所综合性医院、中医医院,每个建制镇由政府建立1所乡镇卫生院外,每个行政村或3000~5000人口的社区建立1所社区卫生服务站。截至2013年12月,全市共有各级各类医院181家,社区卫生服务中心(乡镇卫生院)162个,社区卫生服务站1170个,城乡医疗卫生服务体系建成率达99%以上,社区卫生服务人口覆盖率100%,覆盖城乡、重心下移的基层医疗卫生服务体系基本形成,"15分钟健康服务圈"基本建立。

## (二)主要经验

### 1. 以点带面、循序渐进的推进机制

典范可以起到引领和示范作用,并且可以取得关键领域的突破,减少改革的成本。作为江苏省唯一的城乡一体化综合配套改革试点,苏州首先选择23个经济基础比较强的乡镇作为城乡公共服务一体化的先导区,鼓励其"先行先试,敢闯敢创",然后在试点经验的基础上,形成政策性经验文件予以推广,从而达到"以点带面,点面结合"的效果。在进程安排上,从重点突破,到整体推进,再到全面提升;先搭建基础平台,再进行正式实施,然后形成机制进行推广,遵循事物发展的基本规律,避免大冒进和大失误。

### 2. 政府支持、政策支撑的引导机制

城乡公共服务一体化的先行试点地区面临许多前所未有的创新任务,构建统一、协调的领导机制非常重要。苏州紧紧抓住列为城乡一体化发展综合配套改革试点的有利时机,科学谋划,重点突破,整体推进,牢固确立了城乡一体发展导向,加快形成了城乡一体推进机制,着力建立了城乡一体政策体系。

近几年来,苏州相继出台了城乡公共服务一体化配套改革的指导性文件90多个,其中涉及城乡就业保障和公共服务的政策文件就多达30多个。苏州下辖的各区市也根据自己的经济水平、社会状况、区域位置等具体情况制定相应的政策措施,完善政策配套机制,有力地推动了城乡公共服务一体化的顺利进行。

### 3. 科学规划,统一部署的协调机制

科学规划,统一部署,既可以避免重复建设,保证一体化工作井然有序地进行,又可以明确阶段性任务,保证一体化工作逐渐取得成效。在统一规划中,苏州明确各个区域的功能定位,有效整合城乡公共服务资源,立足现有的城乡公共服务基本设施,逐步把农村纳入城市规划范围,把城市的公共服务基本设施向农村延伸,社会服务设施配到农村,分类、分步地逐步推进城乡公共服务的一体化,逐渐构建"全域视野、政府主导、一元标准、倾斜配置、优质共享"的城乡公共服务一体化协

调机制。

## 三、苏州推进城乡公共服务一体化的瓶颈与展望

### (一) 发展瓶颈

城乡公共服务一体化有两个维度,即县市域内一体化和市域内一体化,目的都是消除城乡二元结构差异,实现城乡公共服务全覆盖,进而实现城乡公共服务均等化。苏州在推进城乡公共服务一体化的过程中,城乡医疗卫生、基础教育、公共文化等基本达到目标水平,但也存在着一些不容忽略的问题。

**1. 农村社区化后基层事权与财权不对等**

农村新型社区作为城乡公共服务一体化的重要载体,在治理结构形式发生变化、农民成为真正意义上的市民后,社区居民要享有相应的市民待遇,客观上要求政府提供更多的基本公共服务,而社区居民的属地化管理,为基层的乡镇政府财政带来一系列增支因素,包括原村级干部人员与公用经费补助,以及相关新型居民社区服务中心的运行费用等。而且随着城乡公共服务一体化改革的不断深入,社区管理人员不足、财力不够的问题会越来越突出。这种"小马拉大车"式的行政管理体制和庞大的公共支出负担不相适应的矛盾会阻滞一体化进程。

**2. 城乡教育一体化的格局尚未完全形成**

苏州城乡教育一体化水平虽然领先全省、领跑全国,但也应该清醒地看到,苏州城乡教育一体化还有部分问题亟待解决,主要表现在:苏州部分地区仍存在县(市)乡"两级办学、两级管理"体制,"以县(市)为主,城乡一体"的教育管理体制尚未全面形成,这种管理现状制约了城乡之间的教育布局、办学条件、教育经费、师资队伍和办学水平在更高层面上实现优质均衡,影响了全市城乡教育一体化、现代化的全面实现。

**3. 城乡公共服务一体化统一的评估考核机制尚未制定**

有监管,有考核,有评估,城乡公共服务一体化的各项政策才能得到落实和保障。苏州出台的《苏州城乡一体化发展综合配套改革》政

策文件汇编,涉及了一体化的基本原则、指导思想和具体目标,但是并没有制定城乡公共服务一体化的具体监测指标体系和综合评价制度,没有建立独立的外部评价和多元化的绩效评估制度,也没有健全的基本公共服务问责制度和用来完善社情民意的沟通渠道以及公共服务一体化的机理约束机制等。

**4. 城乡公共服务的供给针对性、特质化有待提高**

城乡公共服务供给在一定程度上应体现针对性和特质化。一是在行政村转化为社区后,每个社区融入城市化的程度不一样,村民转换为市民后只是"身份符号"的改变,城市与农村由于长期保留下来的文化、风俗和生活习惯、个体素质等的差异,对公共服务的概念理解不同。如在公共文化服务上,城市居民可能更偏重于一些具有深层文化价值的高雅文化形式,而农村居民可能更侧重于喜闻乐见、带有娱乐性质的形式。这就要求基本的公共服务应做到完全同质,部分公共服务应该因地制宜,差异化供给。二是在城乡公共服务统筹过程中,由于村级集体经济的差别,很可能会在实现城乡公共服务统筹的同时却出现行政村(社区)之间基本公共服务供给水平的差异,此时政府财政选择性的村级财政转移支付就显得十分重要和必要。

## (二) 未来展望

城乡公共服务未来的发展要以邓小平理论和"三个代表"思想为指导,深入贯彻落实科学发展观,以富民惠民为根本要求,以统筹兼顾、协调发展为根本抓手,在公共服务实现数量突破的同时,更加注重质的提高,以率先全面实现城乡公共服务一体化为最终目标,建设"宜居新苏州、创业新天堂、幸福新家园"。

**1. 进一步提升社区服务中心的建设和管理水平**

坚持把集党员活动、就业社保、商贸超市、卫生计生、教育文体、综治警务、民政事务、环境保护等多种功能于一体的农村社区服务中心,作为促进城乡公共服务一体化的重要载体,作为广大农民参与政治、经济、文化活动的重要场所,作为提供社区教育和加强人际交往的重要阵地,作为畅通广大农民公共服务需求表达的渠道,提高社区的建设和管理水平。

**2. 进一步加快城乡公共医疗的并轨步伐**

进一步健全农村基本医疗保险、农村特困人群医疗救助等农村公共医疗保障体系,完善大病医疗保险制度;进一步提高筹资标准和报销比例,提高群众受益水平;进一步优化城乡公共医疗卫生体系,健全社区卫生服务中心,吸引优质民营资本参与医疗经营,构建"小病不出村,大病不出城"的卫生体系,从根本上解决农民"看病难、看病贵"问题。

**3. 进一步推进城乡公共文化服务体系建设**

以十七届六中全会关于促进文化大发展、大繁荣的精神为指引,以首批"国家公共文化服务示范区"试点为抓手,创新公共文化服务供给方式,建立健全公共文化服务经费保障、绩效评价和监督管理等长效机制,创作一批体现地方特色和时代精神的力作,让公共文化服务成为一种常态,不断丰富农村居民的精神文化生活,保障农民的文化权益。

**4. 进一步加大优质公共服务资源向农村延伸的力度**

深入贯彻《关于加快实现城乡教育一体化现代化意见》的精神,深化教育体制改革,在全面完成基础教育一体化的基础上,实现高中阶段教育普及率100%。加快制定出台城乡医疗卫生一体化意见,完善农村医疗卫生服务体系,鼓励优秀医务人员向农村流动,推动镇村卫生机构一体化管理。积极发展农村养老事业,构建农村居家养老服务平台,鼓励社会力量开办农村养老机构。

## 案例一　苏州工业园区：城乡教育同质的样板区

2011年9月7日，苏州工业园区城乡教育一体化情况汇报会吸引了新华社、中国新闻社、人民日报等14家主流媒体聚集在美丽的金鸡湖畔，让世人的目光再次聚焦充满活力的现代园区。十七年的沧桑砥砺，十七年的风雨兼程，苏州工业园经济与教育比翼齐飞，不仅创造了经济上的奇迹，同时也创造了教育上的奇迹。这里，教育设施不断完善，教学水平不断提高，教师队伍建设不断加强，并于2007年高水平通过了省教育现代化先进县（区）的验收。2011年，被授予"江苏省义务教育均衡发展先进区"荣誉称号，率先在苏州全市消除了城乡二元结构的办学历史，全面实现了城乡教育的一体化。

### 一、背景

2009年1月，《苏州日报》一篇新闻报道中写道："常有朋友问我，苏州工业园区哪所学校最好？这个在一般地方很简单的问题却常常把我难倒，园区的学校很难说哪所是'最好'，优质、均衡、富有特色，这些高不可及的目标，在园区的学前教育、基础教育和职业教育的各所学校都成为了现实——借用奥巴马的就职演说题目，'Yes, we can!'，园区人做到了！"

苏州工业园区于1994年2月经国务院批准设立，同年5月实施启动，园区行政区划288平方千米，其中，中新合作区80平方千米，下辖4个街道，户籍人口35.2万，常住人口约76.2万。2013年实现地区生产总值1900亿元，比上年增长9.4%；地方一般预算收入206.9亿元，增长11.8%；实际利用外资19.6亿美元；进出口总额804.6亿美元，固定资产投资742.2亿元，增长0.3%；社会消费品零售总额278.5亿元，增长16.2%。

苏州工业园区教育的发展至今经历了17年的历史，说长不长，说短也不短。园区教育是在原吴县和郊区5个乡镇的农村教育基础上起步的。此处水网发达，在280多平方千米区域内，分布着100多所中小学和办学点，单班学校、复式班等普遍存在。十几个孩子，一两个民办教师再加一所破旧的老房，就构成了一所学校。教育基础条件薄弱，城乡发展不够平衡，择校现象普遍存在，与现代化新城区要求远不相适应。这是园区早期教育的显著特征。城乡教育差距严重影响了园区的整体教育质量。苏州工业园区以江苏省在全国率先实施教育现代化工程为契机，迈出先行的步伐。坚持高标准，推行"三个优先"，即在规划上优先考虑，在经费上优先保障，在资源上优先配置，全面改善各类学校办学条件。到2011年，该区在全市率先试行区一级管理，并按照每年不低于财政支出10%的比例，先后投入60多亿元，撤并了80多所薄弱学校和办学点，异地新建30多所中小学及幼儿园，完成了每一所乡镇学校的提升改造。目前，全区所有中小学教育基本实现了"校园环境一样美，教学设施一样全"的目标。所辖乡镇全部被评为"江苏省实施教育现代化工程先进乡镇"。

**二、做法**

1. 实现管理体制由"区镇两级共管"到"区级直管，城乡一体"的转变

自2010年1月1日起，苏州工业园区娄葑第五中心小学、园区六中、园区七中和园区八中4所义务教育阶段的中小学校接受园区管委会教育局的直接管理，至此，为期三年的园区义务教育阶段乡镇中小学校"达标升级"、实现"区级直管"工程全面完成，苏州工业园区因此也在全市率先实现了义务教育城乡一体化管理。

苏州工业园区教育局局长丁立新说："乡镇党委政府关心、支持教育，但往往会重学校硬件而轻与教育教学相配套的软件投入，重教师工资待遇提高而轻教师专业成长的需要，在调配教师的专业比例、年龄结构等问题上，又往往因编制等限制而无能为力，在教育规划和学校布局上也无法做到优化。因此，这种管理模式必然导致城乡之间、区域之

间、校际之间在经费投入、办学条件、师资水平、教育质量等方面存在差距。"在新的教育发展形势下,县乡两级管理模式已制约教育的可持续发展,特别是制约教育公平政策的全面实现,实现以县为主、城乡一体的管理模式迫在眉睫。

苏州工业园区自2007年开始,逐步构建动态均衡、双向沟通、良性互动的发展机制,组建发展共同体,实现区域联动,整体提升,以创建为抓手,推进学校提高、升级,不断提升办学水平。三年后,园区逐步实现了城乡学校管理体制区直管,以区域整体推进的方式优化教育资源配置。具体做法是:在乡镇学校"区直管"之前要进行"达标"评估。不达标的项目,由乡镇政府组织改进、提升,帮助相关学校全面"达标"。学校通过"达标"验收后,再交由园区教育局统一直接管理。在原乡镇学校上收至园区教育局统一管理之后,教师和校长的配置力量快速增强,教学指导全面深入,管理水平和教育质量大幅提高,极大地拉近了乡镇学校与开发区学校的距离。

2. 保障城乡办学标准、办学经费统一

环境优美的校园,现代化的教学设施,丰富多彩的课外活动,还有朝气蓬勃的师生,这一切很难让人联想到原来这里是条件简陋、师资匮乏的乡村学校。这是在走进园区跨塘实验小学时的第一印象。其实,像跨塘实验小学一样通过推进"以区为主,城乡一体"的教育体制改革,统一办学标准、统一办学经费而受益的学校还有莲花中学、园区一中、园区七中等。这里的农村学校无论是"硬件"还是"软件",都得到迅速发展,城乡学校之间的差距正在逐步缩减,城乡教育一体化的模式已经形成。

园区教育成功的秘密有很多,一个公开的秘密就是始终坚持教育先行,优先发展教育。在园区的高层会议中,只要是涉及教育的项目和经费,几乎都是全票通过。"十一五"期间,苏州工业园区生均公用经费小学、初中、高中分别达到1000元、1200元和1400元,教育财政年投入经费分别为7.23亿元、8.76亿元、9.02亿元、11.6亿元、13亿元,年均增幅比例达到10%以上。

2007年,园区通过省现代化示范学校验收,但城市与乡镇的现代化标准还有明显的差距。农村学校的公用经费,大多数仍由乡镇(街道)在区规定的最低标准之上酌情拨付。园区以"办好每一所学校,教好每一位学生,发展好每一位教师"为目标,统一办学标准,统一办学经费,建立区教育公共财政保障体系、教育财政统筹和运行机制,对区域内城乡中小学的人员经费、建设经费、校舍维护经费、设备购置经费、日常公用经费、师资培训经费等实行统一标准,由区财政统一拨付,并形成区域内中小学生均公用经费和校舍维修经费逐年增长的长效机制。

3. 优化城乡师资配置,让优质教师流动起来

苏州工业园区跨塘实验小学由20多个农村小学合并而成,2009年"达标升级"为园区教育局直管学校。这里的学生大多数是附近村民的孩子和在工业园区打工人员的子女。学校校长俞清原来是苏州最好的小学之———星海小学的副校长,按照苏州"以区为主,城乡一体"的理念被"流动"到这里。"像我们原来都在开发区工作的老师,大面积到这里来任职,我原来也是有点想法的,但下来以后,真的是豁然开朗!像'达标升级学校'的管理层和老师,他们的步子都在慢慢变好。"俞清表示。与俞校长有同样经历的还有跨塘实验小学原校长顾超。在工业园区义务教育阶段的学校全部实现区教育局直管后,苏州工业园区近三年来有100多名管理干部、200多名教师到乡镇学校任职任教。

2010年9月,苏州工业园区在制定的《关于认真贯彻国家、省中长期教育改革与发展规划纲要(2010—2020),加快园区教育改革与发展的决定》中明确指出,中新合作区学校管理干部和优秀教师到乡镇达标学校任教,在同一学校任职满六年的校职领导原则上要交流,并规定义务教育阶段学校的教师晋升高级职称、拟提拔校后备干部和申请市学科带头人必须至少有一年以上在乡镇达标学校的任职经历。而且,对于到乡镇任职的区骨干教师给予每月300元的交通补贴,园区学科带头人给予每月200元的津贴。

2011年1月,苏州工业园区出台《关于进一步完善园区中小学教师流动机制的实施细则》,并实行区域统一的师生核编制度,义务教育

阶段的农村学校按照城区同类学校师生比标准配置教师人数;按照每年任职交流(无期限)10%的比例,实行开发区学校和原乡镇学校教师、管理干部和校长的交流互动,推动区域教师队伍高位均衡发展。

4. 让"择校热"降温,实现就近入学

"前些年,家长通宵排队,孩子也进不了好的公办学校,现在容易多了","上学不难,条件更好",这是园区很多家有适龄上学儿童的家长感受到的明显变化。

"择校热"现象的出现,真实地反映了城乡教育资源分配的不均衡,苏州工业园区也存在着这种现象。随着区域教学质量的提高,区域学校之间的管理水平差距大幅度缩小,苏州工业园区的社会择校行为得到有效的引导和控制,从2008年的24%降到2009年的17%,2011年已经降到10%以下,低于苏州市教育局规定的15%的比例标准,目前是全市最低水平。

苏州工业园区教育局丁立新局长不止一次地对媒体说:"我们的择校率已经降到了10%以下,这个水平在苏州市应该是属于比较低的,也就是说我们广大的老百姓,特别是农村的孩子,在家门口能够享受到非常良好的教育。"

在《关于调整2011—2012学年苏州工业园区义务教育小学阶段学校施教区的意见》和《关于调整2011—2012学年苏州工业园区义务教育初中阶段学校施教区的意见》中,苏州工业园区对新城花园小学等19所小学和星海实验中学初中部等13所中学的施教区范围进行了明确的规定,要求参照划定的区域就近入学或者由园区教育局统一分配入学。园区教育的"十二五"规划中,明确提出要全面消除择校现象。这种做法让"择校热"得以降温,社区的孩子能就近入学,方便了家长,方便了孩子。

其实,施教区意见的出台只是起一个引导的作用,更根本的在于苏州工业园区通过"达标升级"实现区直管,通过教师流动机制实现城乡优质师资的均衡配置,做到了"校园环境一样美,教学水平一样高"。

### 三、成效

从1994年到2010年,16年的时间,苏州工业园始终坚持教育优先的发展战略,遵循苏州市城乡教育一体化的要求和标准,按照硬件提升、软件攻坚的20条评估标准,将乡镇义务教育阶段学校分批纳入区级统一管理。经过三年的努力,从2010年起,15所乡镇学校已全部升级为"区直管",在苏州大市范围内率先实现城乡教育一体化管理,所有学校实现了统一办学标准、统一办学经费、统一收入待遇。

1. 教育布局不断完善

截至2012年底,苏州工业园区共有幼儿园43所,小学12所,初中5所,九年一贯制学校10所,独立高中3所,完全中学1所,国际学校2所,青少年活动中心1个,特殊教育学校2所,基本构建起了覆盖面较广的现代教育体系。

2. 教育发展水平不断提升

园区学前三年教育毛入学率、残障儿童入学率达到99%,小学和初中的入学率、巩固率以及高中阶段毛入学率保持在100%。全区57%的幼儿园创建成为省市优质幼儿园,100%的中小学创建成为苏州市现代化教育学校,100%的公办高中创建为省优质高中。

3. 师资队伍不断加强

园区幼儿园、小学、初中的高层次学历的专任教师分别达到了100%、94.5%、93.2%,全区在职中小学教师具有苏州市大市学科带头人及以上优秀教师140名,其中全国模范教师2名,全国优秀教师7名,教授级中学高级教师4名,省特级教师20名,市名教师名校长17名,大市级学科学术带头人90名。

### 四、启示

从苏州工业园区的教育发展历程和对城乡教育一体化模式的探索中,可以得到如下启示。

1. 城乡教育的一体化需要统筹设计、系统安排

苏州工业园区在推进城乡基础教育均衡的时候并没有提出什么空

泛的口号,而是确立了"政府主导、达标升级、区级直管、整体推进"的整体思路,通过不断深化改革,逐步实现城乡均衡发展。从启动薄弱学校达标升级改造工程到区直管,实现"六统一",从配套政策的制定到教育经费的投入,每年都有新目标,每年都有新举措,每年都有新突破,环环相扣,步步为营,创造了园区教育的奇迹。园区教育局局长丁立新笑称:"园区教育发展的优点太多了,唯一的缺点就是发展速度太快,别人十几年走过的路我们三年就完成了。"园区教育的成功实践还来源于对发展目标、突破方向、实施路径、保障机制的科学设计,源于市区两级政府教育行政部门和学校的协调配合、同心协力。

2. 明确财政投入优先保障是推进城乡教育均衡的关键

苏州工业园区管委会在保证完善教育投入稳定增长、教育财政拨款增长高于财政支出增长、生均教育经费逐步增长、教师工资和生均公用经费逐步增长的"四增长机制"的基础上,明确义务教育阶段的教育经费统一由财政支付。"十一五"期间累计投入教育经费49.61亿元,财政教育支出的增长比例不低于10%,高于全省和苏州市的平均水平。优先教育投入的财政保障,反映了园区管委会优先发展教育的战略决策,为解决城乡教育均衡发展问题提供了坚实的物质保障。

3. 落实"区级直管"的办学体制也需要社会各方的参与

当前,苏州工业园区已建立了以"区级直管"为主的办学管理体制,但是,坚持以区为主并不意味着镇级政府和社会各方对教育工作可以撒手不管。学前教育仍要落实"以区为主,区镇共管"的管理模式,义务教育和普通高中教育在落实"区级直管"的同时,也要注重发挥乡镇在参与和支持教育发展中的作用,比如乡镇学校的升级达标改造工程、校园周边环境的整治等。同时鼓励、支持民办教育,引导社会办学力量加入,对民办教育的功能、类型、层次、办学结构及比例进行科学的合理定位,同时加以质量监控和监管,把社会力量的办学作为政府办学一个有益的补充。

4. 城乡教育的均衡需要有明确的政策引导

苏州工业园区在落实每一次的教育改革和行动之前,都事先颁布相关的政策性文件,从政策上进行指导和引导。在乡镇学校达标升级改造方面,先后颁布《苏州工业园区乡镇中小学达标升级实施意见》《苏州工业园区中小学达标升级若干规定》,给出了达标升级的具体标准和做法;在抑制"择校热"方面,几乎每年都颁布关于学前教育阶段和义务教育阶段施教区的意见,对于每一个小区适龄儿童的入学校区都有明确的规定;在鼓励中心区和乡镇学校的师资流动方面,颁布《关于进一步完善园区中小学教师流动机制的实施细则》,对参与流动教师的职称和职务晋升、交通补贴和津贴都做了明确规定;在总体规划上,园区制定《关于认真贯彻国家、省中长期教育改革与发展规划纲要(2010—2020),加快园区教育改革与发展的决定》,从总体上明确园区未来教育的规划。明确的政策指导,对推进园区城乡教育均衡发展起到了非常大的作用。

**【思考题】**

1. 在推进城乡教育一体化的过程中,"区级直管,城乡统筹"和"以县为主,县镇共管"两种管理体制你倾向于哪一种?请结合本地实际情况选择并说明原因。

2. 城乡优质师资的均衡配置是实现城乡教育统筹的关键因素之一,如果你是分管教育的领导,你如何制定合理的师资流动机制?

## 案例二　高新区：文化强区，文化惠民，推动城乡公共文化一体化

"姑苏城外寒山寺,夜半钟声到客船",张继的一首《枫桥夜泊》诗让姑苏城名闻天下。寒山寺就位于苏州国家高新技术开发区内,是高新区的一个文化旅游品牌。近年来,高新区在"统筹城乡文化发展,让更多的文化成果惠及农民"的发展理念指导下,一个个社区文化活动中心、乡镇文化站、剧院、图书馆建成使用;一场场群众性的广场文化活动、电影下乡演出等活动落幕,一批具有村镇特色的文化品牌崛起……如今,在高新区城乡大地上,文化娱乐设施已覆盖城乡,群众性文化活动开展的红红火火,日益健全和完善的公共文化服务网络,实实在在的让新区的群众感受到公共文化建设带来的实惠。与此同时,高新区积极挖掘历史文化资源,引导民间艺术团体,拓展文化品牌渠道,壮大文化产业产值,不断向农村提供优质公共文化产品,健全农村公共文化服务体系,探索出了一条惠及城乡的公共文化服务的统筹之路。

### 一、背景

1992年2月之前,苏州高新区并没有独立的行政辖区,从1992年3月到2002年9月,历经四次规划调整,形成了苏州高新区现在的行政管辖范围。如今的高新区由狮山、枫桥、通安、镇湖、东渚、浒墅关和横塘组成。高新区的农村文化事业发展从2002年开始进入以政府全面推动发展的新阶段。2003—2004年,苏州市委、市政府召开两次文化工作会议,先后下发了《关于进一步加强基层文化建设的意见》和《"文化苏州"行动计划》,2005年又拟订了《苏州市社会文化建设"十一五"规划》《苏州市乡镇(街道)文化中心(站)标准化工程实施方案》等加强基层文化建设的指导意见,在苏州市统筹城乡文化发展的系列政策支持下,高新区基层文化建设全面进入提升和完善期。但是,根据2005年高新区文体局对新区文体的调研状况显示,相对于经济发展和

社会生活水平而言,苏州高新区城乡发展的差异更大地体现在文化建设上,区级公益性文化活动相对缺失,功能较为单一,尤其是在农村社区,公益性文化活动更显得匮乏,具体表现在四个方面。

一是文化设施建设总体上数量不足、破旧落后,甚至有的镇或街道根本没有群众文体活动场所,与区域经济发展水平和人民群众的精神文化需求不相适应;二是一些文化设施移作他用,或变相成为经营性场所,并且缺乏特色,对群众没有吸引力;三是全区群众业余文化团队数量较多,发展势头良好,但总体上还是群众自发组织的多,上档次、有影响力的少,松散的、零星的多,正规化、持久性的少,缺少必要的扶持和规范性指导,基本处于一种自生自灭的状态;四是特色文化乡镇建设虽然取得了一定的成果,但发展不平衡,有些地区的一些传统文化特色项目还没有得到充分的挖掘,与创建特色文化乡镇、特色文化区的要求还有较大差距。

总之,一方面是经济发展与人民生活水平的迅速提高,对文化娱乐等高层次的精神需求提高,另一方面是现有的文化设施、文化体系和文化队伍远远达不到要求,由此,实现城乡文化统筹,让农民享有更多的文化权益成为高新区政府的重要任务之一。

## 二、做法

### 1. 完善公共文化体系

在第十三届中国上海国际"世博·金玉兰奖"艺术大赛上,参与大赛的苏州高新区枫桥艺术团的排舞《昆利奔驰》荣获最高奖,服饰展示《枫桥夜泊》荣获金奖,枫桥街道还获得了组织金奖。作为一个民间艺术团体,取得如此成就令人赞叹。在苏州高新区,像枫桥艺术团这样的群众性业余文化团队有 150 多支,戏曲社、书画社、腰鼓队等近 5000 名业余演员,活跃在各个街道、社区。他们把农村居民的文化活动搞得红红火火,创造了诸如"动感狮山""评弹枫桥""书画浒关""创意科技城""生态通安""工艺东渚""苏绣镇湖"等"一镇一品一特色"地方基层文化品牌,形成了覆盖整个高新区的区、镇(街道)、社区的三级基层公共文化服务体系。

如今枫桥民间艺术团已成为苏州高新区各个街道创新群众文化发展模式的一个缩影。高新区的民间艺术团起源于民间,创作的素材也来源于民间,同样也服务于民间,风格灵活多样,十分贴近居民的生活实际。但是组织分散、规模不大、自主经营等特点和模式会带来长远发展动力不足的问题。在这种形势下,高新区政府及相关职能部门因势利导,鼓励经营、运作机制的创新,按照政府主导、自愿加入的原则,对原有的民间艺术团进行资源整合,形成规模优势。2010年5月,苏州高新区枫桥街道整合原有的枫叶民间乐团、枫之韵服饰艺术团、舞蹈队等7支群众文艺团队,成立了"枫桥艺术团"。这是苏州市首家街道级综合性群众艺术团,枫桥街道每年投入20万元作为艺术团的活动经费,各文艺团队在参赛、汇演中取得佳绩的,还另外给予奖励。充足的经费保障和合理的激励机制,使新区的民间艺术团体得以蓬勃发展,不仅丰富了群众文化生活,而且为新区的文化发展扩大了宣传。

2. 构建公共文化设施

2011年11月,苏州市图书馆华通花园分馆正式对外开放。这是新区浒墅关镇继2010年3月份苏州市图书馆通安分馆投入使用后开设的第二家分馆。新设立的华通花园分馆,面积170平方米,藏书近8000册,设置有儿童阅览区、成人阅览区和电子阅览区。自2010年3月通安分馆在华通花园一区开设以来,受到居民的热烈欢迎,当年借阅达5600人次。目前,两家分馆共320平方米的阅读空间,藏书约16000册。现在,苏州图书馆新区分馆已达到8家,优质的图书资源不断向农村社区延伸,使居民不用出小区就可以共享苏州市图书馆的各类图书和数据资源,极好地满足了当地居民的精神文化需求。2009年,高新区公益性文化活动设施总面积(不含广场面积)11.2万平方米,人均公益性文化活动设施面积达0.194平方米,基本实现各镇(街道)、社区(村)综合文体服务中心(文体活动室)的全覆盖。

基层文化载体的建设一直是高新区统筹公共文化服务的重点。2011年,苏州高新区(虎丘区)政府把文化工程建设作为同医疗、就业并重的八大民生实事工程之一。高新区文体局更是提出要加快推进区文化中心建设,完善区域文化服务功能。建成使用枫桥马涧文体活动中心、东渚市民广场,以及浒墅关镇惠丰、永莲、永新社区文体活动中心等基层文体设施。进一步完善动迁社区(村)文体设施,切实保障居民的文体活动需求;进一步探索建立区、镇(街道)、村(社区)三级图书馆和基层阅览室图书资源、图书信息和管理资源共享机制。

高新区宣传部和统战部在2011年宣传思想工作要点中也明确提出,要大力实施文化惠民工程,努力构建适应形势发展、实现城乡统筹、满足群众需求的公共文化服务体系。规划建设好一批公益性群众文体设施,各地都要有一个镇(街道)级或片区市民广场和文体中心(文化站),提供群众文化活动的场所。每个社区要建设1个社区活动中心和市民活动广场,提供多功能活动房、培训室、阅览室、书场等群众文体活动场所。到2015年,苏州高新区要全面实现"区有两馆,镇(街道)有一站,村(居)有一室"的公共文化设施建设总体格局,镇(街道)文化站(文化中心)达标率达100%,人均公益性文化活动设施面积达到0.18平方米。半径为1千米的"15分钟文化圈"在苏州高新区初步呈现。

3. 丰富群众文化生活

2011年度苏州高新区"活力高新·欢乐社区行"首场演出于4月23日在浒墅关镇拉开了帷幕。本来只是社区居民自编自演的节目,如今已经成为高新区丰富群众文化生活的品牌节目。

高新区"活力高新·欢乐社区行"大型巡演活动作为高新区的一个品牌群众文化活动,由苏州高新区文体局统筹组织规划,各个基层政府负责协办,各地在自行组织的基础上,充分调动社会各方力量,统筹协调,整合演出资源,追求文化艺术的最大化;力求以群众参与为基础,自编自演,充分展示本地文化内涵,凸显"一镇一品一特色";倡导形式多样,大胆创新,表演新颖,努力展现群众文化艺术的魅力,精心创作、排演,力出精品。

高新区坚持全员关注、全民参与、全面受益的原则,策划推出各系列群众文化团体活动。2009年全年,高新区共举办各类文艺演出100多场次,开展了近30多种文化系列活动;各表演类的创作作品142个,辅导基层170多次;数码电影共放映1021场次,观众达到136510

人次。初步形成了富有特色的地域文化品牌,营造了和谐向上的文化氛围,取得了良好的社会效益。2010年,高新区组织开展各级各类文体活动200多场。成功举办了第八届中国国际民间艺术节高新区巡演活动以及"活力高新·欢乐社区行"、苏州乐园"啤酒节"、白马涧"冰雪节"、镇湖"刺绣文化艺术节"等重大活动,组织开展了区"全民健身"运动会等大型特色活动。积极开展特色乡镇、特色社区、特色校园、特色团队、特色家庭的培育和创建工作,目前全区已形成舞蹈、合唱、评弹等150多支业余文体团队,极大地丰富了群众的业余文化生活。

4. 培养公共文化人才

基层文化设施是农村居民进行文化娱乐的平台,而基层文化团体建设和文化队伍培养则真正体现农村公共文化的水平。首先,高新区强化基层文化团队建设,政府引导,市场化运作,从机制上激活和健全基层文化队伍组织网络,涌现出像枫桥街道文化艺术团那样的民间艺术团体代表。到2009年末,高新区共建立合唱、器乐、舞蹈、戏曲、腰鼓、舞龙(狮)队等各类业余文艺队伍152支,团队总人数达到4926人。各团队定期组织排练研习活动,积极参与创作和演出,群众文化氛围十分活跃。其次,高新区强化区文化骨干培训。通过组织举办基层文化管理干部、文艺团队管理骨干及音乐、舞蹈等各种培训,不断提高文化骨干的业务水平与工作能力,抓好了基层文化工作"领头羊"的示范和带动作用。

### 三、成效和启示

从1992年到2011年的近20年时间,苏州高新区积极贯彻国家和地方的基层文化发展政策,大力实施"文化强区"战略、"文化惠民"工程,仅近5年就累计投入5亿多元,用以推进公共文化基础设施建设,建成了中国刺绣艺术馆、东吴博物馆等一批大型文体设施。正在建设的地标性文化设施"苏州高新区文化艺术中心"累计投资近3亿元,集文化交流、庆典演出、学术研究、休闲娱乐、旅游观赏等功能于一体。文化信息资源共享工程覆盖率达100%,全区公益性文化设施总面积达到11.2万平方米;群众文体活动丰富多彩,每年送戏超百场,送电影超千场,吸引群众 50 多万人次;特色文化品牌日益彰显,打造了一批富有地方特色且有一定影响力的文体特色品牌和群众文体活动精品;文体产业健康快速发展,新兴文体产业在现代服务业中的比重不断提升,全区文化产业主营收入达到 210 亿元,统筹城乡的文化惠民、文化富民局面已经形成。

苏州高新区的城乡文化统筹借助于传统的历史文化优势,充分挖掘当地的文化特色,贯彻执行苏州的基层文化发展政策,从资金扶持、政策引导、机制构建等方面进行贯彻落实,城乡公共文化一体化的局面初步形成。从高新区的文化统筹发展过程中可以得到如下启示。

1. 统筹城乡文化要调动基层政府的积极性,构建农村文化发展的长效机制

基层政府是群众文化活动的具体实施者。高新区在统筹城乡公共文化服务上,注重调动镇村两级基层组织对农村文化建设的积极性。区政府负责宏观指导,基层政府负责具体组织。高新区政府重视发掘镇村的特色文化,尊重、培育、激发真正属于农民的文化需求、兴趣、爱好,鼓励并扶持他们以组成团队、举办活动等多种方式发展、展示自己的文化热情和爱好,深化"一镇多品,一村一品"特色文化及其品牌创建活动。尊重和激发农民的文化热情,调动他们要文化、办文化的积极性,处理好政府送文化和农民自觉要文化的关系,把农村文化建设还给农民自己,让农村文化建设植根于农民心中,改变送文化热闹一时、繁荣不了长久的现象,建立真正促进农村文化长久发展和繁荣的体制机制。

2. 统筹城乡文化建设要处理好农民需求和品位提升的关系

农村文化建设要注意保持民俗的原汁原味,既要尊重农民的文化情趣和自娱自乐的需求,又要创新和发展,引导农民提高其文化品位,这样才能引发农民的文化激情。高新区坚持不懈发掘、打造农村特色文化品牌,把农村一些传统文化品牌做好,大大丰富农村特色文化的内涵,提升层次,扩大影响,并通过举办农民文化艺术节和众多的村镇文化节,让农民文化成果和精品得以展示、交流,体现出价值。同时,加强城市精品文化对农村文化的辐射带动功能,让农民有机会欣赏到高层

次的文化精品。

### 3. 统筹城乡文化发展关键要注重发展区域经济

文化的发展是建立在经济发展的基础上的。高新区经过二十余年的发展,具有支持文化发展的物质条件。2010年苏州高新区地区国民生产总值达到650.13亿元,地方一般预算收入57.1亿元,农民人均纯收入已达到14531元,枫桥街道农民人均收入甚至已达18870元。区域经济的快速发展使高新区具备了支持文化发展的财政力量,把工作的重心放在既要帮助农民增加物质财富,又要注重农民精神层次的提高上。从"文化搭台,经济唱戏",到经济发展反哺农村文化发展,经济与文化建设同步,不断加大对文化设施、文化体系、文化人才和文化活动的投入。

【思考题】

1. 文化载体和文化队伍是统筹城乡公共文化服务的关键,你认为应该如何加强这两方面的建设和管理?

2. 政府在推进城乡公共文化服务统筹的过程中应该如何发挥作用?

## 案例三 昆山市:"大"社区、大服务的先行区

在昆山千灯镇大唐社区的"一站式"服务中心,社区居民的许多事情都可以得到"一窗受理,上下联动,全程服务"地解决,如可以一次性享受到就业、社保、医疗、文化等一条龙服务,让群众"变多次办为一次办,变群众跑为干部跑"。"有难事找便民服务窗口,想看书去图书室"成为社区居民享用公共服务中心功能的真实写照。

### 一、背景

大唐社区的公共服务中心不过是昆山公共服务中心的一个缩影。在昆山,农村新型社区大都是从原来的农村现代化示范村、先行村和动迁小区逐渐演变而来的,社区的公共服务中心目前已经发展成为集居住、生活、休闲、购物、物业管理于一体的功能现代化的农民集居区,既节约了土地,又提高了农民的生活质量。

20世纪80年代初,昆山尚是一个农业县,工业基础相当薄弱,农业在整个经济中占据了将近50%的比重。随着农村工业化和城镇化的快速发展,昆山的经济和社会结构发生了深刻变化,城镇承担农民市民化的压力增大:一方面是农村地区的传统村庄极其分散,土地利用不充分,基础设施落后,环境脏乱差,农村建设的任务繁重,难度极大;另一方面是伴随着昆山城镇化进程的加快,城市的综合承载压力加大,城市发展的空间受土地资源的制约瓶颈日益凸显。在双重压力下,昆山实施"三集中"的城乡统筹战略:"农村向社区集中,工业向园区集中,土地向规模集中",在对传统村庄整治、资源整合的过程中,探索了一种介乎城镇化与传统农村之间,集居住、生产、生活、休闲、购物、物业管理于一体,具有现代化功能的新的空间行政单元——农村新型社区。

由于长期受城乡二元经济结构的影响,昆山的农村社区公共服务中心建设相对于城市社区建设总体而言比较落后,社区服务和保障体

系不健全,使得本来就赶不上城市社区发展速度的农村社区发展更加缓慢。虽然农村社区在城市化进程中在形式上成为新型社区,但没有从根本上改变农村社区公共服务发展滞后的实质。长期以来的发展制约,使其自身内部的教育、文化、卫生等社会公益事业的发展和社区策划、社区管理等明显滞后,迫切需要加大工作创新力度,推进农村新型社区整体的发展和完善。由此,农村社区公共服务供给的新载体——社区公共服务中心应运而生。

### 二、做法

**1. 政府主导,政策支撑**

一是强化组织领导。为加强社区建设,昆山市在2001年成立的社区建设指导委员会的基础上,2006年专门成立昆山市农村社区建设工作领导小组,2008年又成立由市委书记和市长分别任正副组长的昆山市城乡社区公共服务体系建设工作领导小组、昆山市农村社区建设工作领导小组、昆山市城乡社区公共服务体系建设工作领导小组。领导小组就社区的总体建设和规划召开专门的工作会议,把社会主义和谐社区建设纳入经济社会发展的总体规划,作为统筹城乡发展的重要抓手。

二是强化政策引导。昆山市先后出台了《昆山市社区建设五年规划》《昆山市关于全面加强社区建设管理意见》《昆山市创建"六好"模范社区实施意见》《关于加快完善城乡公共服务体系的实施意见》等近20个文件,为社区建设明确责任主体、明确资金来源、明确建设标准,为全面推进城乡和谐社区建设提供了有力的保障。

**2. 整体规划,分步实施**

2003年,昆山启动了城乡社区公共服务体系建设工作。通过不断完善并提升市行政审批服务中心功能,同时,在各镇建起便民服务中心,村建起便民服务室,实行统一办公用房面积,构建起了富有昆山特色的覆盖城乡、惠及全民的公共服务体系。如今,通过资源共享,无论是居住在农村还是居住在城市社区的老百姓,出门15分钟,就能获得各类公共服务。15分钟的"公共服务圈"初步形成。

2008年,昆山市全面实施公共服务体系的提升和完善工程。一是优化公共服务供给布局,在以政府主导供给的基础上,充分整合现有资源,不断挖掘新的资源,定位在城乡两级,高起点、高标准地规划改造和新建一批像大唐社区那样的村(社区)公共服务中心。二是协调公共服务中心分布格局。由昆山市农办和昆山市民政局分别负责牵头农村和城市,统一规划、设计、报批、建造。2008年,昆山市投入120万元成功开发了昆山市社区信息化系统,开通"社区信息直通车",2009年已经基本形成新的城乡经济社会公共服务体系格局。在此良好形势下,昆山的社区建设迎来了向更高水平进军的新契机。

3. 制定原则,科学指导

在公共服务中心的建设原则上,昆山市一是坚持以便民为民作为根本,从当地群众最关心、最直接、最现实的问题着手,努力为群众提供最急需、最优质的公共服务;二是以科学规划、标准建设为抓手,结合昆山创建"全国和谐社区建设示范市"的目标,统一建设标准,依据城市与农村、自然村落与新型社区的不同特点和群众的不同需求,明确城乡公共服务内容,实现城乡服务均享;三是以注重实际、因地制宜为基础,从现有条件出发,充分利用和优化整合现有资源,按照功能需求,缺什么补什么,提倡一室多用,防止脱离实际,避免重复建设;四是以以点带面、稳步推进为助力,按照"城乡联动、功能先行、逐步延伸、全面覆盖"的要求,在试点的基础上,整体推进村(社区)公共服务中心的规划建设,使之逐步形成惠及全民、公平公正、水平适度、可持续发展的公共服务体系。

4. 资金扶持,标准明确

社区公共服务中心的资金来源有三个方面。一是确立农村社区建设引导资金。2006年,昆山市提出按照"规划布点落实一批,加层扩建改造一批,房屋开发商提供一批,社区共建解决一批"的方法加快农村社区公共服务中心建设,并将农村社区公共服务中心确立为市政府重点实事工程,由市财政从农业专项资金中每年调剂600万元作为引导奖励。二是解决农村精品社区建设资金。在按照"城市理念、农村特色"指导思想加大昆山农村公共社区服务中心建设的过程中,昆山市委、市政府专门出台文件,规定每年再投入500万元,用于打造"精品特色社区",支持、引导、奖励、培育了一大批具有昆山特色且深受群众欢迎的新型农村精品社区,实现了"典型引领、整体提升"的目标。三是保障农村社区标准化建设资金。2008年,昆山再次提高城乡社区服务中心建设标准。通过建设资金由市、镇、村按4∶4∶2的比例负担,经济薄弱村的建设资金由市、镇按5∶5的比例负担,市财政投入3.4亿元资金,镇村按规定配套资金,全面建设标准化的农村社区公共服务中心。

社区公共服务中心的规划标准。昆山市出台《关于加快完善城乡公共服务体系的实施意见》,提出集中居住型的农村新型社区公共服务中心面积必须达到2000平方米以上,新建的农村社区公共服务中心面积必须达到1200平方米以上,通过改造的农村社区公共服务中心面积必须达到1000平方米以上。要求每个农村社区服务中心都要有村级行政管理中心、文化体育中心、便民服务站、治安管理站、医疗卫生服务站,能大则大,基础设施要达到"全国和谐社区示范市"考核标准。

社区公共服务中心的日常管理经费标准。昆山市财政明确社区公共服务中心管理经费标准,调动了基层干部的积极性。市财政局一是明确社区日常运转的经费补贴标准,社区居委会人员办公经费按每百户15000元的标准予以补助;计生专职干部按每人每年6000元的标准补助;社区党组织工作经费,按党委每人每年8000元、党总支部每人每年5000元、党支部每人每年3000元的标准补助;社区劳动保障工作平台建设管理经费按每站每年25000元的标准补助。二是对于市级各部门和乡镇政府交办的环境卫生、综合治理、人口普查、群众文体活动、科普教育等事项,由各部门和乡镇政府以购买服务的形式给予拨款和补助。

5. 因地制宜,分类指导

昆山的社区公共服务中心起步较早,种类比较齐全,基本上涵盖了苏州市所有的社区公共服务中心的类型。一是农村现代型社区。主要针对融入城市化程度较高、集中居住、规模人数比较多的社区,如千灯镇的炎武社区。二是纯农村社区。主要针对地处基本农田保护区的经济薄弱村,此类农村因服务人群少,社区公共服务中心主要解决本村村民遇到的医疗、农田科技书籍阅读等问题,如千灯镇的大潭村。三是村夹居社区。对于覆盖范围比较广、区域性较强的地域,建立村夹居社区公共服务中心,服务范围涵盖农村和城市,如玉山镇泾河社区。四是城区社区服务中心。对于位于老城区的社区,则建立城市社区服务中心,如玉山镇的里库社区。

此外,昆山市还根据各个社区的不同特点,以"家庭建设美德"为主线,打造"学习型"社区;以创建绿色环保型社区为理念,打造"生态型"社区;以老百姓向往的邻里和睦为出发点,建设"邻里情"型社区;以传承社区文化为主题,打造"文化传承"型社区;以关爱孩子和老人为主题,打造"关爱型"社区。根据各个不同社区的特点,分类指导,打造一批经典和特色社区。

### 三、成效和启示

在社区及公共服务中心的建设上,昆山市坚持以科学发展观为引领,以硬件建设为切入点,以软件提升为突破口,以打造特色为推动力,围绕"注重以人为本,注重思路创新,注重科学规划,注重职能转变,注重建设实效,注重城乡统筹"的"六个注重",大力开展和谐社区建设,有效形成社区自治深入推进、社区党建全面推开、社区资源充分利用、社区服务全面覆盖、社区居民生活品质不断提升的良好局面。同时,借助城乡统筹、一体化发展的契机,积极构建城乡和谐社区整体发展新格局,走出了一条率先发展、科学发展、和谐发展的新时期"昆山社区建设之路"。2002年,昆山市被命名为"江苏省社区建设示范市"。1995年、1999年和2003年连续三次被国家民政部命名为"全国村民自治模范市"。2008年,《和谐的春风——走在昆山之路上的社区建设》一书公开出版。同年,昆山成功承办全省城乡和谐社区建设论坛。2009年,昆山被命名为"全国村务公开民主管理示范市"和"全国和谐社区建设示范市"。2010年,昆山顺利通过"全国农村社区建设实验全覆盖示范市"验收。

据统计,截至2011年底,昆山市共完成163个农村公共服务中心和146个城镇社区公共服务中心的建设,实现了城乡公共服务中心全覆盖,使居住在农村的居民享受到与城镇居民同等的公共服务,农村社区服务中心建设规范化率达到100%。

在统筹城乡发展和城市化、工业化的过程中,昆山市把建设社区公共服务中心作为城乡公共服务统筹的重要载体和优质公共服务向农村延伸的重要渠道。昆山市抓住统筹城乡公共服务的这个重心,结合本地实际情况,探索出一条具有昆山特色的城乡公共服务统筹之路,其中的一些做法也给我们带来诸多启示。

1. 要建立统筹协调、上下联动的社区公共服务领导体系

建立强有力的领导体制是昆山社区公共服务中心顺利开展的前提,但构建统筹协调、上下联动的组织体系却是关键所在。昆山市先后成立社区建设指导委员会、农村社区服务中心建设工作领导小组、城乡社区公共服务体系建设工作领导小组,并建立联系会议制度和成员、部门、社区挂钩联系制度,对全市的社区建设和发展进行总体规划。各区、镇参照市里模式,建立相应的社区建设综合协调机构,形成自上而下的市、镇(街道)、社区三级管理体系,有力地保障了城乡社区公共服务中心建设既有宏观政策指导,又有中观政策贯彻和微观层面的执行,避免了"上有政策,下有对策"的执行怪圈。

2. 要建立典型引领、特色打造的社区公共服务带动体系

昆山市社区的总体规划目标就是让"城市更像城市,农村更像农村",因地制宜,分类指导,标准与特色共进。按照"典型引路,特色先行,以点带面,整体推进"的工作思路,以着力改善民生、提升社区品质为出发点,把建设特色社区贯穿于和谐社区建设全过程,有力提升了社区建设整体水平。在特色社区建设资金保障方面,市财政每年安排专项资金,用于打造特色社区,并公布《昆山市特色社区建设实施意见》,对建设流程、运行模式、奖励办法等作出明确规定,保障了特色社区建设的健康、持续发展,建成了一大批亮点纷呈的特色社区公共服务中心,更好地适应了当地居民的实际需要。

3. 要建立定位明确、内容精细的公共服务供给新载体

定位明确,服务才能到位。昆山市明确将农村社区公共服务中心的功能定位为"行政事务、日常便民、文化体育、医疗保健、社会治安和

党建服务"六大主体功能,并在此基础上,根据经济社会发展形势,按照农民需要什么就补充什么的原则,推出"六加X"服务模式,想群众之所想,集群众之所急,从细微处着手,从困难处解决,使农村社区公共服务的提供更具有灵活性和便利性,形成了一整套具有昆山特色的社区建设运作模式和运行机制。昆山市还规定,市组织、农办、综治、民政、规划、建设、卫生、文广、体育、供销社等部门在指导农村社区服务中心建设时,要根据农村现状和居住人口规模,分类指导、合理规划和建设教育、商业、文化、环卫、活动等配套设施,作为优质公共服务向农村延伸的重要渠道。

【思考题】

1. 新型农村社区公共服务中心是昆山市实现城乡公共服务统筹和优质资源向农村延伸的重要渠道,请你结合当地情况,谈谈如何因地制宜选择合适的建设类型。

2. 你认为政府在推进农村公共服务中心的建设上应该在哪方面发挥更大的作用?

# 第七章 苏州城乡就业社保一体化

## 概　述

苏州城乡就业一体化是指通过消除农村劳动力到城市就业的各种障碍,构建公平的城乡劳动力就业市场,实现劳动力资源在城乡整体范围内的自由流动、合理配置。苏州城乡社保一体化则是指在社会保障制度设计上摒弃城乡分割的二元壁垒,把城市和农村作为一个整体来统筹谋划,通过体制改革和政策调整,逐步实现城乡居民在社保政策上的平等、体系上的互补及国民待遇上的一致。

### 一、苏州推进城乡就业社保一体化的背景

改革开放以来,苏州坚持走统筹城乡发展之路,近年来城乡收入之比基本保持在2∶1左右。近年来,全球经济形势长期低迷,国内经济形势复杂多变,苏州劳动密集型和外贸出口型企业受到较大的冲击。在此背景下,如何稳步提高城乡居民的收入,特别是保证农民的收入增长不出现下滑,是一个非常紧迫而重要的课题。此外,随着城市化水平的不断提高,如何采取有力的措施加强对转居后农民的再就业技能培训,让广大农民能享受到与城市居民同样的就业机会与就业待遇,也显得十分重要。

新中国成立后,苏州市社会保障体系大致经历了三个发展阶段。1978年之前为第一阶段。这一时期社会保障对象主要集中在城市,而占据人口大多数的农村居民几乎没有真正意义上的社会保障。第二阶

段是从1978年到2002年。改革开放之后,城市逐步建立健全了各类社会保障制度,农村的改革则主要体现为在原有合作医疗制度基础上建立了新型农村合作医疗机制,并试行农村社会养老保险制度。第三阶段从2003年至今。2003年,苏州市首次颁布了三个有关农村社会保障制度建设的规范性文件,标志着大市范围内农村社会保障制度的统一框架初步形成。到2010年,经过多年的改革探索,苏州市社会保障已经逐步扩大到除养老保险外的其他险种以及包含外来务工人员在内的几乎所有城乡居民。但是,与城市的社会保障相比,农村社会保障的覆盖面仍不广,保障水平也较低,还不能很好地起到保障作用,这不利于农村社会的长治久安。随着经济社会的进一步发展,城乡一体化进程日益加快,农民要求与城市居民同享改革成果的呼声日益高涨,社会保障制度的城乡并轨已迫在眉睫。

作为社会发展"安全网""减震器"的社会保障制度和就业制度,其城乡统筹对苏州城乡一体化总体目标的实现具有重要的战略意义。一方面,农村人口占总人口之比仍然较高,这就意味着农村的稳定对全社会的长治久安有着至关重要的作用。如果农民不能稳定就业,收入不能实现持续、快速增长,则城乡差距必将成为一道难以逾越的鸿沟,二元化的社会结构也将无法消除。将农民与城镇居民纳入统一的就业体系,可以有效解决农民增收问题,这不仅是解决"三农"问题的核心,更是构建和谐社会的必要条件之一。另一方面,随着社会主义市场经济体制改革的进一步深化,以及城乡计划生育政策的有效推行,苏州地区传统的金字塔式的家庭结构已经被倒置的金字塔式所代替。依靠家庭、土地这种传统的保障农民生活的方式难以为继,必须建立一个适应经济社会发展新形势的城乡一体的社保制度。

## 二、苏州推进城乡就业社保一体化的主要做法和经验

2009年,苏州市通过了《苏州市城乡一体化发展综合配套改革就业和社会保障实施意见》。根据这一实施意见及一系列相关政策,苏州市通过"四大保障措施",有序推进就业制度改革和社会保障"三大

并轨",稳步向"保障和改善民生的先行地区、统筹城乡就业和社会保障的示范地区、劳动关系协调发展的和谐地区"阶段目标迈进。

## (一) 主要做法

### 1."四大保障措施",构建改革推进机制

"四大保障措施"是指组织领导保障、服务平台与队伍保障、投入保障、考核保障。

组织领导方面,苏州市成立了城乡一体化发展综合配套改革试点工作就业和社会保障领导小组,由市政府分管领导任组长,市劳动和社会保障局主要领导任副组长,市农办、发改委、教育、民政、财政、卫生、国土、工商、税务等部门分管领导为成员,建立了统一领导、分工协作的工作机制。

服务平台与队伍建设方面,苏州在全市镇(街道)、行政村(社区)的劳动保障工作机构,按照机构、人员、经费、场地、制度、工作"六到位"要求建设服务平台,落实业务经办职能,从而实现城乡服务平台对接;在行政村设立劳动保障专职干部,全面实行村级劳动保障服务站工作人员专职化。

投入机制方面,苏州各级财政通过调整财政支出结构,加大对农民就业和社会保障的投入:一是落实土地出让金优先安排用于被征地农民基本生活的补偿政策,二是同级财政预算中安排就业、培训等专项资金,三是加大对社会保障的支持力度,做好各类保障对象缴费补贴的财政资金安排,四是落实基层劳动保障服务机构建设和村级劳动保障工作人员专职化所需的各项经费,五是通过镇村各级集体经济实体提留、社会捐赠等多种渠道,扩大所需资金的来源。

考核保障方面,苏州将农民就业创业、职业培训、促进农村劳动力向非农产业和城镇转移就业、控制社会登记失业率、各类社会保障参保覆盖率等一些重点工作和关键指标,纳入统一的考核体系,完善目标管理责任制,确保城乡一体化发展综合配套改革总体目标的全面完成。

### 2. 就业制度改革,推进劳动力资源优化配置

就业制度改革主要包括构建城乡一体的失业登记制度、就业援助

制度、职业培训制度,以及建立完善安置和鼓励农民多渠道多形式的就业机制。

一是建立健全城乡统一的社会就业失业登记制度。苏州将农村就业纳入整个社会就业体系,建立健全城乡劳动力资源调查制度和就业、失业的界定标准体系,实行社会登记失业率统计制度,实现城乡劳动者就业政策统一、就业服务共享、就业机会公平和就业条件平等。

二是完善城乡统一的就业困难人员援助制度。苏州对招用农村就业困难人员的各类用人单位,给予社保补贴或税收方面的政策优惠;为失业登记的农村居民提供免费的职业介绍和职业培训服务;通过初次技能鉴定的农村就业困难人员,可申领一次性职业技能鉴定补贴;灵活就业的本地农村就业困难人员,可按规定申请社会保险补贴;建立用地企业按比例吸纳农村劳动力就业制度。

三是将农村劳动力培训纳入社会培训体系。完善城乡一体的职业技能培训普惠制;建立企业内部外来劳动力和农村劳动力岗位职业技能提升培训机制,开展农村劳动力岗位职业技能提升培训试点的企业,可享受政府相关培训经费补贴政策;根据中央、省对农村劳动力培训投入的政策导向,增加地方财政对本地农村劳动力培训的投入,对本地农村劳动力开展免费的就业创业和技能培训。

四是建立完善安置和鼓励农民多渠道多形式的就业机制。一方面,建立城乡一体化创业推动工作机制和协调机制,扶持农村居民自主创业。对有创业愿望且具备创业条件的农村劳动力和被征地农民开展免费创业培训,提供政策咨询、专家评析、项目推介、创业孵化、融资服务、开业指导和后续服务;农村劳动力自办实体的,可享受与城镇人员同等的扶持待遇。另一方面,鼓励农村居民灵活就业,引导和鼓励农村居民从事非全日制、家庭作坊式、承包经营生产等适合农村就业的工种,并实行与之相适应的工资支付方式、劳动关系形式、社会保险政策。此外,将公益性岗位的范围延伸至行政村,对就业困难人员实行援助安置。

**3. 先覆盖再提升,稳步推进"三大并轨"**

"先覆盖再提升"是指在推进社会保障"三大并轨"的过程中首先

要提高社会保障的城乡居民覆盖面,然后在保证较高覆盖面的基础上提升保障水平。

养老保险方面,苏州将在城乡各类企业务工并与之建立劳动关系的农村居民全部纳入城镇企业职工基本养老保险体系;原参加农村养老保险的农村居民,按规定换算、转移后纳入城镇养老保险体系;各地政府在充分测算论证且财力许可的前提下,采取征地补偿账户换算、实行缴费补贴政策等措施,将劳动年龄段被征地农民全部纳入城镇养老保险体系;鼓励农户将集体土地承包经营权、宅基地及住房置换社会保障。

医疗保险方面,苏州市全面实施城乡居民基本医疗保险制度,逐步探索新型农村合作医疗保险制度向社会基本医疗保险制度的衔接。为鼓励农民积极参加社会医疗保险,苏州市加大了财政补贴力度,由市、区、镇财政和村级集体经济组织共同分担近80%的保费,江苏省也提出在苏州市享受省级统筹调剂补助办法各项奖励、补助政策的基础上,再按当年上解调剂金数额的10%予以3年(2011—2013年)的专项补助。与此同时,要求各统筹区域根据医疗保险基金的承受能力,稳步提高医疗保障水平,并重点向大病重病患者倾斜。

最低生活保障方面,苏州市通过四大机制提高低保覆盖面,提升保障水平。一是建立了城乡低保"自然调整"机制,实现"应保尽保";二是建立了城乡低保"救助渐退"机制,实现"应退尽退";三是建立了城乡低保"分类救助"机制,实现"应补尽补";四是建立了城乡低保标准"对接机制",逐步实现低保并轨。

## (二) 主要经验

### 1. 建立多元投入机制,实现可持续发展

建立就业与社保体系是一项长期工程,需要有持续不断的资金投入。苏州市在推进城乡就业与社保一体化改革过程中,紧紧抓住这一关键环节,通过构建以财政投入为主的多元投入机制,确保改革的顺利进行和体系的持续发展。一方面,苏州市通过调整财政支出结构,合理安排预算,加大财政投入,强化财政主导;另一方面,为减轻财政投入压

力,苏州市还通过安排土地出让金、镇村集体经济提留、接受社会捐助、政策引导社会参与等方式筹集就业与社保体系运行所需资金。

**2. 先覆盖再提升,逐步推进城乡并轨**

由于长期以来的历史欠账,城乡之间就业与社会保障体系建设发展存在较大差异。若要在短时间内实现两大体系城乡彻底并轨,是一项十分艰巨的任务,不能一蹴而就,只能逐步有序推进。苏州市在推进就业与社保城乡并轨过程中,采取"先覆盖再提升"的稳步推进策略。以社保并轨为例,苏州市首先在全市范围内积极推进社会养老保险、社会医疗保险以及社会救助体系的建立和完善,提高农村地区的社保覆盖率,实现农村居民应保尽保;然后,在高覆盖率的基础上,通过建立和完善各类社会保障待遇标准的正常调整机制,逐步提高各类保障对象的待遇水平,最终实现社保体系的城乡并轨。

## 三、苏州推进城乡就业社保一体化的瓶颈与展望

### (一) 发展瓶颈

经过近几年来的不断摸索和改革,苏州市城乡就业与社会保障一体化取得了可喜的成绩,但是仍存在一些问题制约着改革的进一步深入。

就业方面,主要体现在配套制度改革不同步,就业制度作用发挥受限。例如农民的承包土地、宅基地及住房的产权不明晰,无法自由流转,农民集体经营性资产产权通常只享有分红权,不可转让,不可继承,不能变现,不可流动。产权不明晰、流动不通畅严重制约了农民进城或迁出的积极性。

社会保障方面,一方面,社保标准不统一,苏州下辖各市在保障对象的范围上有宽有窄,保障水平有高有低,筹资渠道不一。社保标准的地区间差异不仅是全市范围内社保基金统筹的主要障碍之一,也是劳动力地区间流动的主要障碍之一,这些因素反过来都将会影响社保基金的稳定性。另一方面,社保基金的筹资压力大,短期表现为财政补贴

压力大,长期表现为基金自身的筹资能力不足。短期内,各地政府为扩大社会保障的覆盖面,财政补贴是其主要手段之一,随着覆盖面的不断扩大和保障水平的不断提升,地方财政压力越来越大。长期来看,人口老龄化和高龄化时代的到来也对社保基金的长期承载力提出了更大的挑战。

## (二) 未来展望

随着城乡一体化综合配套改革的不断深入,苏州市在就业与社会保障方面明确了主要发展方向:一是实现城乡劳动者就业政策统一、就业服务共享、就业机会公平和就业条件平等。苏州将每年免费培训城乡劳动者25万人,争取本地农村新成长劳动力和被征地农民就业率达到90%以上,创建充分就业行政村(社区)达到90%以上。二是在社会养老保险和低保初步并轨的基础上,逐步实现城乡医疗保险并轨,不断扩大社会保障的覆盖面,提升保障水平,并进一步打破区域分割,统一政策框架,提高统筹层次,健全社会保障经办管理机制。三是整合公共服务资源,重点建立并完善城乡一体的就业创业、社会保障、职业培训、权益维护和网络信息等公共服务体系,实现村级劳动保障服务队伍专职化,使就业和社会保障公共服务惠及城乡所有劳动者。

# 第七章 苏州城乡就业社保一体化

## 案例一 苏州工业园区：被征地农民失地不失业

苏州工业园区是中新两国政府间的重要合作项目，在党中央、国务院的高度重视和亲切关怀下，在中新合作双方的共同努力下，园区的开发建设一直保持着快速发展的势头。作为城市化发展的必然规律，发展过程中不可避免出现了大批的失地农民。土地是农民的命根子，祖祖辈辈世代耕种，农民对土地的特殊感情，是城里人难以体会的。在失去土地后被迫求职的过程中，这些弱势群体又往往处于不利地位。仅靠他们自身条件要想实现就业与再就业，无疑是很艰难的。如何妥善解决好这一群体的生产与生活，帮助他们就业与再就业，让被征地农民失地而不失业，是园区社会发展过程中的一项迫切而意义重大的任务。

50岁的张老汉是园区唯亭镇古娄二村的一位普通村民，谈起他家被征用的土地，至今还有几分无奈与不舍。毕竟，土地是祖祖辈辈一直赖以生存的基石，是老汉几十年的精神寄托，一下子没了，一时还真不适应。其实，除了情感上的难以割舍与心理上的不适应之外，张老汉内心还有一个一直没说出口的隐忧：农民失去了土地，就等于工人失去了工作。往后该怎么过活呢？虽说政府给了征地的补偿款，但是咱们也不能坐吃山空啊！柴米油盐酱醋茶，开门七件事，哪样不花钱？更何况那补偿款也有限，现在物价这么高，照这个情形下去，没几年就要靠领救济金过活了。在谈到为什么不再找个工作时，张老汉不由叹了口气，无奈地说："现在的形势不好，好多企业都关门了，连大学生找工作都这么难，更何况我们这个年纪的庄稼人啊！"用老汉的话说，其实他们一开始也几乎天天跑劳务市场，看招工信息。可人家招工信息上都要求有相关学历或技能，而庄稼人除了种田拿手外，几乎没有其他一技之长。而且现在很多招工信息都对年龄有要求，像他们这样年龄偏大的农民，连个面试的机会都没有。对未来的担忧和现实就业竞争的残酷，让像张老汉这样的被征地农民陷入了深深的痛苦之中……

其实,像张老汉这样年龄偏大又无一技之长的人,在园区被征地农民中并不在少数。

## 一、背景

为提高像张老汉这样失地农民的收入,提升他们的就业竞争力,保证失地农民生活水平在物价上涨较快时不出现大幅下降,园区政府高度重视失地农民的就业问题,采取了一系列的措施。

一是确立失地农民就业总体思路:纲举目张。园区政府把扩大就业放在经济社会发展的重要位置,实施积极的就业政策,坚持自主择业与政府促进就业相结合的方针,多渠道开发就业岗位,实现经济增长与扩大就业的良性互动。有了总体思路的指导,再来制定解决被征地农民就业的具体措施,就有了纲举目张的效果,就可以做到有的放矢。为了保证总体思路的落实,园区于2008年3月成立了苏州工业园区人力资源管理服务中心,并增挂"园区就业管理服务中心""园区职业介绍中心""园区职业技能培训中心""园区创业指导服务中心"四块牌子。成立后的中心在园区劳动和社会保障局的指导下担负起了区域性公共就业服务职能,提供人力资源相关服务,负责区内的就业和失业管理工作、职业技能培训工作等。

像张老汉这样的失地失业农民所面临的问题得到了所在地唯亭镇政府的高度重视。近几年来,唯亭镇一直以建设城乡一体化综合配套改革试点先导区为目标,以改革促发展,以发展促民生,提出了"人人有技能,个个有岗位,家家有就业"的口号,采取多种途径,不断夯实居民就业保障平台,切实做到让农民失地不失业。镇里建设了5000平方米的唯亭人力资源市场,成立了镇人力资源所和社区教育中心两大培训机构,并在全镇范围内建立健全"动迁居民就业情况、居民技能培训情况、镇内外企业用工情况"三本信息台账,每个社区居委会设立社区就业岗位信息联系站,与人力资源所建立就业联动机制,在被征地农民的就业问题上闯出了一条新路,真正使改革发展的过程成为居民收入持续稳定提升、富裕水平趋向城乡一致的过程。

二是免费技能培训:授之以渔。随着国企转制、民企转移,传统的就业主渠道似乎不通畅了。园区的管理者敏锐地看到了主渠道之外的广阔就业空间,看到随着多种经济成分的充分发展以及家庭服务、社区服务等新的社会需求的增长,新的就业增长点也出现了。有新的机会,还需要有与之相适应的新技能。"授之以鱼,不如授之以渔",为了帮助失地农民走上多种形式的就业之路,多年来,园区一直坚持为失地和失业人员提供多种类、多层次的免费技能培训,满足不同人群的需求,帮助他们更新观念,提升技能,提高他们的就业成功率。

以园区社会事业局和人力资源管理服务中心(职业培训中心)为例。人力资源管理服务中心(职业培训中心)成立三年多来,在社保局的指导下,中心积极开展创业、就业、培训等各项工作。经过前期的市场调研和岗位挖掘,针对失地农民学历不高的特点,培训中心陆续推出了物流辅助、超市理货、物业管理等不同层次的多项培训,以保证失地人员能够"业务学得进,工作推得出"。同时中心积极采集市场供求信息,及时向失地农民宣传引导。例如,中心了解到家政服务行业近年来在市场上一直呈现"供不应求"的状态,于是就顺势而上,加强对失地人员进行该项目的推广宣传,帮助其转变就业观念。截至目前,中心已经培训了近千人。

同时,在选择培训项目和安排就业时,为了帮助失地人员看到"证书在手,就业容易"的优势,园区也较为重视过硬资质证书的作用,以帮助失地人员获得较高的社会认可度。例如,在通过乡镇政府人力资源所家政保洁部及社区落实"居家养老"政策时,园区会优先安排获得培训合格证书的学员上岗就业;而学员有了过硬的证书后,自己通过家政中介介绍就业时的成功率也明显提高,失地、失业人员明显感受到了"授之以鱼不如授之以渔"的重要性。

张老汉所在的唯亭镇也针对动迁居民开展了大范围的技能培训活动,每个季度平均开办3个班,全年培训超过2000人次,保证全镇动迁居民虽然文化水平低于城镇居民,但劳动技能绝对不输于城市普通居民,让动迁居民在就业"起跑线上"与城市居民处于平等位置。通过参加这样的培训班,张老汉找到了一份社区物业保安的工作,月薪近2000元。而张老汉的妻子也通过园区人力资源管理服务中心(职业培训中心)举办的家政服务培训,很快通过中介找到了一份工作,获得了1500元左右的月薪。对此,张老汉表示满意。

## 二、做法

园区政府高度重视、悉心关怀失地农民的就业与再就业问题,主要做法如下。

### 1. 注重政策制度层面建设

2008年,《中华人民共和国就业促进法》颁布实施,江苏省人民政府紧接着颁布了第53号省人民政府令《江苏省实施〈中华人民共和国就业促进法〉办法》。之后,苏州市政府也出台了《市政府关于积极应对当前形势,稳定就业、促进就业的意见》(苏府〔2009〕1号)等文件,出台新一轮就业优惠政策。为了进一步做好的稳定就业、促进就业工作,鼓励园区用人单位吸纳被征地农民就业,提高被征地农民工资性收入。园区结合实际,制定了《苏州工业园区用人单位吸纳被征地农民就业补贴办法》(以下简称《办法》)。《办法》的出台,使得注册在园区的各类用人单位,只要满足相关条件的,即可申请享受用人单位吸纳被征地农民就业岗位用工补贴每人每月200元。

### 2. 提供必要的财力保障

"巧妇难为无米之炊",经济是基础,必要的财力保障在解决被征地农民就业问题中至关重要。在这方面,园区有自己的做法:用人单位吸纳被征地农民就业岗位用工补贴所需资金由区、镇两级财政承担。按劳动合同书面报告所在地划分,中新合作区用人单位享受的补贴资金由区财政承担,各镇用人单位享受的补贴资金由区、镇财政各承担50%。

### 3. 建立充分的约束机制

为了确保被征地农民的利益得到维护,同时对用工企业形成一定约束,园区规定用人单位享受用工补贴需要满足下列条件:新招用人员应为园区未就业的被征地农民(不包括最近三个月内曾与其建立过劳动关系的人员);用人单位应与被征地农民签订1年及以上劳动合同(试用期满合格),按规定进行劳动合同书面报告及缴纳园区公积金;

用人单位应为被征地农民提供必要的岗前培训及相关技能培训。

此外,园区还规定,符合条件的用人单位,需要携带相关材料至劳动合同书面报告所在地就业管理部门(园区就业管理服务中心、各镇人力资源和社会保障服务所),方可申请办理。园区就业管理部门需要对上述材料进行审核,对符合享受条件的,让其填报《园区用人单位岗位用工补贴汇总表》。之后,园区劳动保障部门还需会同财政部门对汇总表及相关材料再次进行审核确认后,再将补贴金额拨付给各用人单位。

4. 打造多样的就业创业培训平台

"给钱给物不如给致富门路"。多年来,苏州工业园区管委会一直坚持为失地、失业人员提供一系列保障政策和培训平台,提高劳动者就业能力,这已经成为园区帮助失地、失业人员就业的贴心做法。2011年,全区共培训失地、失业及外来人员近15万人。除此之外,园区还要求用工企业必须要为被征地农民提供必要的岗前培训及相关技能培训才能享受区、镇两级提供的财政补贴。这样就扩大了被征地农民获得培训的机会,提高了他们的就业技能,提升了他们的职业竞争力。

5. 构建完备的组织建制

除园区管委会为失地、失业人员提供保障政策和培训平台外,园区还另设人力资源管理服务中心(职业培训中心),在园区劳动和社会保障局的指导下,可以为被征地农民提供就业指导和技能培训。目前,园区已初步形成覆盖到社区的多级公共就业服务网络,实现免费的职业介绍服务,通过构建城乡一体化的劳动力市场,促进了包括失地农民在内的城乡劳动力更好地实现充分就业。

### 三、成效和启示

通过园区政府的努力,整个园区基本做到了被征地农民失地不失业,这为园区的持续高速发展奠定了稳定的社会基石。以唯亭镇为例,在全镇2.1万户、6万人的户籍居民中,实际劳动力就业率始终保持在97%以上。

从园区被征地农民失地不失业的探索与实践中,可以得到如下启示。

1. 重视被征地农民就业安置中的可持续性

要把实现"失地农民的'可持续生计'作为未来征地安置政策的基本目标",使个人和家庭获得长久的谋生能力。这应当成为安置失地农民的一个起码的标准,要让失地不再成为农民生活质量下降的因素。"土地换保障"给我们提供了解决发展可持续性问题的一条思路。它将被征地后"农转非"的劳动力纳入城镇社会保险体系,使失地农民能够获得养老、医疗、失业等方面的社会保险,享受与城镇居民同等的待遇。这样的做法比较能得到农民的认可,也可避免一次性补偿带来的明显缺陷。同时,我们还要积极为被征地农民的后续就业与创业提供平台和条件,真正使失地农民的损失仅限于失去土地,而非失去谋生的手段。这样,我们的工业化与城市化进展将更为顺利。

2. 政府与被征地农民双管齐下解决就业难题

第一,政府要大力发展经济,努力增加就业岗位。既要重视引进高新技术企业促进经济结构转型升级,也要充分利用第三产业就业容量大、门槛低、拉动就业能力强的优势。第二,要加大政策扶持,加强被征地农民的职业技术教育与培训,增强他们的就业竞争力。通过开展定岗、定向培训等措施,不断提高培训的针对性、实用性和有效性。第三,要建立考核与问责机制,加强对执行工作的检查监督,促进相关政策的落实,提升有关人员的责任心,保证政策措施的落实到位。在被征地农民就业安置工作中,既要优先安排困难家庭劳动力就业,又要防止以安置就业为名对企业的正常生产造成不必要的干扰。第四,要加强土地集约化经营。我们的土地资源有限,要防止对土地的浪费,防止人为因素造成的被征地农民问题。

**【思考题】**

1. 政府在被征地农民就业中应该扮演什么角色?发挥什么作用?
2. 如何提高被征地农民的就业成功率?

## 案例二 东林村：劳务合作社成为失地农民就业新途径

### 一、背景

东林村隶属城厢镇，位于太仓市新区以北，村民 2740 人，农户总数 766 户，党员人数 142 名。水陆交通方便，新港公路、苏昆太高速公路、太沙公路、杨林塘穿境而过；土地资源丰富，耕地面积 5500 亩，区域内另有高速公路集中取土后形成的"金仓湖"。美丽的金仓湖是太仓市近年来新建的湿地公园，规划总面积 6 平方千米，由城厢镇政府投资，总投资 3.53 亿元。园内河塘密布，中央 60 万平方米的中心湖面，周边大小河流纵横交错，是一个难得的湿地区域。金仓湖湿地公园以生态学理论为指导，以大面积水体、林地、自然景观、生物资源和乡土文化保护为前提，以各种湿地动植物生存条件及生栖环境的保护和不断改善为原则，适度开展游览观赏、科考教育和休憩度假等活动，是一个生态旅游区。目前，一期已经开园迎客。

金仓湖的美丽是以东林村消失的大片农地为代价的，是东林村村民为太仓市的经济发展和社会建设所作的贡献。2005 年 10 月，党的十六届五中全会通过《十一五规划纲要建议》，提出要按照"生产发展、生活宽裕、乡风文明、村容整洁、管理民主"的要求，扎实推进社会主义新农村建设。东林村就是太仓市首批新农村建设的试点村之一。为加快实施、推进新农村建设，2007 年 6 月太仓市国土资源局对东林村展开深入调查，2007 年 8 月经省国土资源厅审查通过，2008 年 23 号文件批准实施东林村新规划。规划拆旧区土地面积 42.07 公顷，涉及 498 户农户，共有 2197 人，其中农村居民点用地 38.52 公顷，需要安置人员 2600 多人。美丽的金仓湖规划区范围内人员全部成为失地农民。

农民世代耕种土地，以地为业，失去土地的农民一下子没了事情可干,一时还真难适应。与此同时,市里、镇里、村里的各级有关领导也在思考:失去土地的农民如何实现收入与经济发展同步增长?他们的就业问题怎么解决?没有工作的村民该何去何从?

为了迅速解决失地农民的出路问题,东林村在太仓市工商局的积极指导下,成立了全国首家农村"劳务合作社",以"劳务合作"为平台,解决失地农民的重新就业问题。

二、事例

57岁的周阿姨是东林村的一位普通村民,为了配合政府的经济社会建设新举措,建设社会主义新农村示范区,她的家从规划区内搬迁了出来,住进了东林村统一规划建设的新家园——东林佳苑。

东林佳苑总投资约3.5亿元,总建筑面积约21万平方米,先期安置对象就是金仓湖生态项目动迁农民。作为农民的幸福温馨家园,东林佳苑在"2010年度苏州市优秀农民集中居住区"评选活动中,荣获唯一的一等奖。东林村党委书记苏齐芳说,东林佳苑的选址特别好,称得上是城厢镇最好的地块,交通方便,离城区、新区都不远。在户型设置上,东林佳苑广泛征求了居民意见,复式公寓房、普通公寓房等可选房型较多,小区建有40幢楼、1100套房子,有多层、小高层,规模适中,布局错落有致。小区配套设施也比较完备,水、电、气、通讯、数字电视管线齐全,绿化覆盖率达到40%以上。另外,为满足居民多方面需求,又配套建设了功能齐全的会所,社区服务中心、健身房、亲子活动室、棋牌室等,一应俱全。

周阿姨每天早上都要来到小区广场,和邻居们一起练上一个小时太极拳;晚上,则到杨林塘边、金仓湖畔散步慢跑。刚开始,小日子过得很充实,周阿姨对于住进东林佳苑也非常满意。但是日子久了,周阿姨总感觉心里不再那么踏实,她觉得自己应该再找份工作。后来,她参加了村里的劳务合作社,平时主要干些园林绿化、保洁、家政服务什么的,虽然辛苦些,但周阿姨觉得自己本来就是农民,干地里活干惯了,这点辛苦也不算啥,最主要的是,现在每个月都能有1000多元的收入,年底还有分红。

### 三、做法

1. 敢想敢干:"两委"成立劳务合作社引领农民就业

2008年2月15日,东林村"两委"——村党委和村委会经过会商研究,作了一个重要决定:向太仓市委农办递交成立东林村劳务合作社的申请。针对金仓湖规划区范围内人员全部成为失地农民,有近500户拆迁农户、2600多人安置人员的现状,为增加农民收入,维护社会稳定,解决失地农民重新就业问题,同时配合金仓湖开发,东林村"两委"研究决定成立"东林村劳务合作社"。通过市场运作方式承包业务,由社员使用集体或个人所有的劳动工具并提供劳动力,共同进行劳动,社员除了应得的工资之外,还可以根据自己提供劳务或已得工资的多少对年终盈余进行分红。

东林村劳务合作社是一个以"劳务合作"为平台,以东林村村民委员会为投资主体,以本村富余劳动力的劳动合作为基础而成立的新型农村经济组织,同时也是一种新型企业形式,是农民就业的新途径。

从东林村劳务合作社的成立、组织等情况来看,它具有如下特点:成立目的明确,即通过劳务合作社,把大量的失地农民组织起来,搭建创业平台,有序地安排就业,增加失地农民的收入。经营范围明确,主要涉及物业管理、园林绿化、保洁、家政服务、劳务中介、生产销售各类农副产品。具体做法清晰,包括:宣传发动,自愿报名,合作社根据报名人员情况给予分类登记;组织培训,请与业务有关的专业人员进行上课培训,提高失地农民劳动能力;为参与人员购买保险,分别参加意外险和医疗险,提高抗风险能力;与用人单位签订用工合同,由合作社结算并发放派出人员报酬。

2. 相关部门配合:"六注重"助推合作经济发展

东林村劳务合作社可以说是太仓市工商部门贯彻落实苏州市委、市政府有关加快社会主义新农村建设的一个突破。按照"立足法律、准确定位、尊重现状、自主选择"的总体思路,本着一切有利于新农村建设、有利于致富农民的原则,市工商部门充分挖掘法律资源,积极扶持农民合作经济向多元化发展,全力助推新农村建设,在工作中切实做到"六注重"：

注重法律法规宣传。充分利用有关媒体广泛宣传《农民专业合作社法》，同时开展送法下乡、进村宣传等活动。

注重准入服务质量。对农民专业合作社的准入实施"申请优先、受理优先、审批优先"一站式服务，进行全程指导，同时深入实地开展对农民专业合作社登记管理工作的专项监督检查，确保依法登记。

注重农业创牌引导。围绕产业强村富农的思路，引导农民专业合作社发展"一村一品"，提高知名度。

注重服务平台搭建。通过注册登记发放营业执照，提供政策法律法规咨询，及时为相关部门和组织提供农民专业合作社登记信息的查询服务。

注重"红盾护农"力度。重点加大对农资市场的监管力度，切实保护农民合法权益，为农民专业合作社创造良好的市场环境。

注重部门之间协调。多次与市委农办、市农林局等部门沟通，同时主动向各镇、区汇报开展农民专业合作社登记管理的有关工作，争取政府和有关部门的支持。

3. 迎难而上："四求"发展集体经济形成良好氛围

成立劳务合作社之际，东林村还迎难而上，提出了"加快经济发展，为民多办实事"的工作思路和目标，大胆地成立了村集体和广大村民共同投资入股的东林村富民合作社，建造标准厂房，对外出租房屋使用权，搞好资产经营，而且在工作中努力做到"四求"，即在资产经营上求"稳"，在工程质量上求"严"，在招商引资上求"诚"，在资产动作上求"活"。在东林村党委的带领下，在全体村民的共同努力下，东林村形成了劳务合作社解决就业、各类富民合作社解决富民的良好发展态势。

## 四、成效和启示

东林村自成立劳务合作社以来，实施效果显著。通过劳务合作社的方式，失地农民进入劳务市场，根据各人自身特点参与劳动，既解决了失地农民无地可种和打工安全的后顾之忧，又增加了失地农民的收益,同时也维护了基层稳定。特别是市工商局通过送法下乡等活动,有效地增强了村民的法律意识。可以说,东林村成立全国首家农村劳务合作社,是太仓市、城厢镇、东林村三级组织切实抓好物质文明、精神文明、政治文明,实现富民强村宏伟目标的创新举措。

从东林村成立劳务合作社的实践中可以得到如下启示。

1. 高度重视、开拓创新是关键

随着工业化、城市化的深入推进,如何让大批的失地农民失地不失业,确保农民收入增长,无疑是一个十分重要的课题。而这一课题的成功解决,需要政府给予高度的重视,从政策层面提供相关支持和机制保障,从而形成共同推进农民专业合作社健康发展的合力。

2. 尊重群众的自治性与依法运作相结合

劳务合作社以承接农业劳务服务为主,是农民的合作自治组织,其劳动工具也大部分由社员个人提供,自治性非常明显。在管理机制上,劳务合作社应尊重群众的意愿,坚持"入社自愿,退社自由"原则,实行自主管理,充分发挥群众的积极性。同时,它又必须依法核准成立,要接受苏州市工商部门的全程指导及其他有关机构与组织的监督,确保依法运作。

3. 充分发挥市场机制作用

市场经济体制下,应充分体现市场在资源配置中的基础性作用。劳务合作社的承包业务均通过市场化进行运作,全体社员共同劳动,按照市场机制中生产要素的价格领取劳务工资,同时还可对年底盈余进行分红,有利于充分调动社员的积极性。

【思考题】

1. 劳务合作社在解决农民就业与增收问题中有何作用?
2. 政府对待劳务合作社应持什么样的态度?

## 案例三 昆山市：农村养老保险制度的建立、完善与城乡并轨

### 一、背景

近年来，新型农村养老保险制度建设在昆山市范围内进展较快，保障水平也比较高，昆山市各级党委政府对这一关系经济社会进一步稳定发展的基础制度都高度重视，在苏州乃至沿海发达地区具有代表性。由于昆山计划生育国策执行效果良好，农村传统的家庭结构已经由正三角结构转变为倒三角结构，养老模式也必然随之改变。为了应对出现的新情况，更是为了给经济的持续稳定发展保驾护航，昆山市在农村养老保险制度建立与完善上正大步前进，尤其是在城乡一体化发展过程中，其养老保险制度已逐步实现城乡并轨，取得了显著的成果。

### 二、事例

提起航天英雄费俊龙，大家并不陌生。他是我国首批航天员，经过多年的航天员训练，2005年6月入选神舟六号载人航天飞行乘组梯队成员。2005年10月12日，费俊龙和聂海胜一起随神舟六号飞船飞上太空，展开为期五天的中国航天第二次载人飞船飞行。2011年7月，中国航天员大队大队长费俊龙晋升少将军衔。英雄的家乡就位于"金秋时节闸蟹肥"的阳澄湖湖畔——江苏省昆山市巴城镇费家浜。费妈妈是英雄费俊龙的母亲，儿子为了祖国的航天事业不能常年在家侍奉二老，费妈妈思念儿子却一点都不担心自己的养老问题，她说："现在我们二老每月还有养老金呢！2003年的时候我每月就可以领130块，他爸爸每月领100块……"费妈妈告诉大家，他们也像城里的老人一样每月有钱领，养老金已经领了几年了，没有后顾之忧！

这该归功于昆山市实行的农村基本养老保险制度。根据昆山市农村社会保险公司负责人徐进发的介绍，昆山市委、市政府近年提出了

"农村五道保障"——农村基本养老保险、低保、医保、拆迁补偿、征地补偿,农村基本养老保险制度就是其中之一。社会保障保和谐,这是昆山市委市政府为建设小康、构建和谐社会推出的一项涉及面最广、受益面最大的民心工程。通过可转化缴费方式的设计,该制度同原来的储蓄积累式农民养老保险相衔接,又同城镇企业职工养老保险相衔接,形成了城乡一体化的社会保障格局。

的确,每月能像城里人一样有钱拿,是农民多少年的梦想。

王阿婆是村里另一位和费妈妈年纪相仿的老人,她有三个孩子。30岁左右的时候,丈夫说外出打工,从此就杳无音信,再没回来过。为了把三个孩子拉扯成人,老人可谓是含辛茹苦。问及当初怎么会生这么多孩子时,老人笑了笑,无奈地说"也没办法啊"。我们从她的口中得知,一来是因为当初医疗卫生保健条件跟不上,二来也是最主要的,还是受传统的观念影响,"养儿防老""多子多福"……农村人比不上城里人有劳保,老了有退休金可以拿,全靠子女养老。计划生育是国策,这大家都知道,可是又有谁能保证唯一的一个孩子一定孝顺呢?万一养个不孝儿,自己的晚年就很凄惨了。再说,农村田里活重,女儿比不上儿子能挑担子,所以,这里的村民还有重男轻女的思想。王阿婆说,如果当初也像现在这样,每个月都有钱领,也可以像城里人一样领退休工资,自己无论如何也不想遭那份罪了。

根据2003年4月1日开始实行的昆山市农村基本养老保险制度,当年男性年满60周岁、女性年满55周岁的村民办理养老保险手续后就可以按月领取养老金了。

昆山市东阳澄湖村村委会主任沈凤娥说:"村里像费俊龙父母这样的老人,每月都能从银行领钱。现在我们村有187位老人在领养老金。按照规定,村里所有20周岁以上的村民都必须参加农村基本养老保险。一年交几百块钱,到年老时每月都有一定数额的养老金来保障生活,多好的事啊!"

### 三、做法

为深入贯彻落实以人为本的科学发展观,切实改善民生,构建和谐社会,昆山市近年来不断探索,大力推进社会保障城乡一体化建设,逐步闯出了一条具有昆山特色的社会保障之路。

1. 填空白,率先实施农村养老保险

从 2001 年起,昆山市开始大力推进社会保险体系建设,将各类企业和所有职工全部纳入城镇社会保险参保范围。2002 年出台了《昆山市农村社会养老保险暂行办法》,率先在玉山、周市、周庄、石浦 4 个镇进行农村社会养老保险试点。根据《昆山市农村社会养老保险暂行办法》的规定,企业单位职工参加社保,大年龄农民职工、个体工商户、无工作单位的农民参加农保,凡不具备参加社保条件的昆山籍农民,全部可以参加农保。男性年龄 60 周岁以上、女性年龄 55 周岁以上的农村老人(含到达该年龄以上的无收入来源的城镇居民),均属享受养老金的对象。2003 年,昆山正式率先实施农村养老保险制度,所有老年居民不需缴费即可无门槛领取农保养老金。从当年 4 月 1 日起,男性年满 60 周岁、女性年满 55 周岁的村民办理养老保险手续后就可以按月领取养老金。2004 年起,昆山市针对全失地农民,按人均 2 万元标准,建立征地保养个人账户,统一管理被征地农民年老时的保障。

2. 转观念,注重城乡统筹发展

工业化与城市化的快速推进促使昆山转换观念,注重城乡统筹发展,打破城乡二元结构。特别是"十一五"期间,昆山市加大了城乡社保一体化工作的力度。昆山市委、市政府提出,率先基本实现现代化的难点在农村,由于农村的基础条件相对薄弱,要把更多的财力、物力、资源向农村倾斜。从 2005 年起,昆山市即针对失地农民问题,大力开展被征地农民进城保工作。7 月,昆山市进行制度创新,打破户籍限制,允许农民通过灵活就业参保平台加入"城保",同时,对以灵活就业个人身份参加企业职工基本养老保险的原农保人员,仍按原农保缴费市镇两级财政补贴标准补贴给他们。这一政策让更多的农民加入了城保。在制定被征地农民保障制度时,被征地农民可自愿选择参加企业职工养老保险,其征地保养个人账户可按企业职工养老保险的缴费基数和缴费比例转移折算成相应的缴费年限和个人账户,达到退休年龄时与正常的缴费合并后统一按照企业职工基本养老保险规定计发养老金数额。

3. 筑平台,城乡制度衔接并轨

昆山市着力推进城乡保障"三个并轨",即低保、养老保险、医疗保障并轨,不再区分城镇和农村,打造"全城保时代"。这意味着农民退休后将可以享受到与城镇职工同等的养老待遇。在2005年进行制度创新打破户籍限制,允许农民通过灵活就业参保平台纳入城保的基础上,2009年,昆山市又进一步完善农村社会保险政策体系,构筑城乡并轨平台,在原有农村养老保险制度框架内,实现与新型农村社会养老保险制度对接。按照"城乡有别,相互衔接,逐步一体"的总体思路,昆山市开始着手农村社会保险与城镇职工社会保险的衔接工作。在农村基本养老保险方面,打通了农村养老与城镇养老的转换通道:首先,将缴费基数按照企业职工缴费基数的50%确定,缴费比例与企业职工养老保险一致;其次,农保在缴费上按照"2年折算1年、个人账户按实转移"的标准折算成相应的缴费年限和个人账户。昆山市构筑的这一系列的平台,为城乡养老保险制度打开了衔接通道,养老保险的城乡并轨工作已逐步完成。

### 四、成效和启示

"十一五"期间,通过加大城乡社保一体化工作力度,昆山市农村基本养老保险参保率保持在99%以上。至"十一五"末,共为38.4万失地农民建立了征地保养个人账户,累计办理转移折算进城保人数近9万人,自愿折算率达97%。农保养老金持续增长,70周岁以下人员发放水平从2003年的每月100元提高到2010年的310元,70周岁以上从每月130元提高到每月340元,增幅分别为210%和161.5%。从2011年4月起,全失地农民征地保养个人账户提高至26000元。昆山市通过并轨城乡养老保险,消除城乡养老保险差别界限,实现了城乡养老保险的均等化,让广大农民真正享受到"国民待遇"。2013年,昆山低保标准从每人每月590元提高到660元。以昆山市下辖的千灯镇为例:2009年,千灯镇财政补贴9400万元,将5754名农民并轨进城镇养老保险。2010年,全镇城镇养老保险参保人数19972人,占应保人数的91.7%;享受城镇养老金待遇占享受养老金退休人数的2/3左右。截至2011年底,千灯镇的农村养老保险参保率已达到99.9%,养老金发放率则达到100%。通过并轨进入城保的农民,拿到了《职工养老保险手册》,原来属于城镇职工才享有的待遇,农民们现在也一样可以享受了,他们的心里乐开了花。

从昆山农村养老保险制度的建立、完善与城乡并轨的实践中,可以得到如下启示。

1. 健全农村社会保障体系,理念要先行

昆山市委、市政府清晰地认识到城乡社会保障体系差异是城乡二元社会形态的重要特征之一,加快建立和健全农村社会保障体系既是城乡一体化建设的内在要求,也是对历史上城乡二元结构导致农民福利受损的补偿。农村社会保障体系首先要广覆盖,其次要标准不断提高。广覆盖是理念认识问题,标准不断提高是财政承受力和财政导向性问题。昆山从农保的广覆盖到城乡基本养老保险并轨,财政的投入与支持功不可没,昆山财政实力提供了物质基础,昆山公共财政导向是思想基础,二者的结合,形成了完备的昆山农村社会保障体系。昆山在城乡社保并轨前,实施的农保标准为城保的1/2,为日后农保并城保在技术上留下了便利,即2年农保换1年城保,这在一定程度上也可看做昆山的理念超前。

2. 健全农村社会保障体系,谋划要深远

农村社会保障体系的健全说到底是钱的问题。钱谁出?怎么出?什么时候出?昆山通过模型测算,科学、准确地计算出城乡社保并轨所需的资金,并制定出实现城乡社保并轨的时间路线图。一方面,所需资金需要通过财政的增量来实现;另一方面,财政资金支出的结构调整也需要时间来完成。健全农村社会保障体系是一项民心工程,而不是名声工程或面子工程,推进的深度和进度要因地制宜、因时制宜。与计划时间相比,昆山提前1年实现了城乡社保并轨,一方面是整个资金安排较为乐观的原因,另一方面是昆山在城乡一体化推进过程中,"三集中""三置换"进程加快的原因。

### 3. 健全农村社会保障体系，发展是基石

昆山在省社保主管部门的指导下，通过多方出资，政府财政出一点，个人交一点，农民宅基地、承包地等资源变相补一点的方式提前实现了城乡社保并轨。昆山城乡社保并轨，发展是最为重要的基石。一是昆山的产业特点决定了其财政实力雄厚，公共财政导向的基础之一就是财政实力；二是昆山作为一个劳动力输入型的地区，当前社保"储水池"处于一个进水远大于出水的状况，农民以较低成本实现城乡社保并轨是劳动力输入带来的红利。二者决定了昆山城乡社保并轨进程相对较快。

【思考题】

1. 为什么说"社会保障保和谐"？
2. 如何理解政府在农村基本养老保险制度建立、完善过程中的作用？

# 第八章　苏州城乡社会管理一体化

## 概　述

30多年的改革开放,把苏州的经济社会发展推进到一个关键时期,呈现出经济体制深刻变革、社会结构深刻变动、利益格局深刻调整、思想观念深刻变化的时代特点。这种整体性、全局性的社会变革,既给苏州经济社会发展注入了巨大的活力和生机,又不可避免地带来了诸多问题。具体到城乡社会管理领域,新情况、新矛盾、新挑战不断涌现,形成于计划经济时代的现行城乡社会管理体制,其弊端日益显现。因此,积极推进社会管理体制改革、实现城乡社会管理一体化,已刻不容缓。

推进城乡社会管理一体化,就是要把城市与乡村、城镇居民与农村居民作为一个整体,统筹谋划,综合研究,通过体制改革和政策调整,促进城乡社会事业发展一体化,改变长期形成的城乡二元结构,实现城乡在政策上的平等、国民待遇上的一致,让农民享受到与城镇居民同样的文明和实惠,使城乡社会全面、协调、可持续发展。

### 一、苏州推进城乡社会管理一体化的背景

苏州推进城乡社会管理一体化的时代背景可以概括为:城乡社会管理任务日趋繁重、管理难度不断加大。主要体现在以下三个方面。

从管理对象看,城乡社会管理的任务比以往任何时候都繁重。主要表现在:人口规模急剧膨胀;城乡居民的社会归属产生深刻变化,大

多数城乡居民由"单位人"变成了"社会人";人口结构日趋多元化、异质化,目前,全市户籍人口与各类暂住外来人口之比为1∶1,外来人员与原居住市民生活在一样的社会环境之中,必然发生不同生活方式、不同风俗习惯、不同文明程度、不同思想文化之间的交流与融合,磨擦与冲突;人口流动性不断加大;不同利益群体之间的矛盾和冲突日益凸现。以上新情况,给有效实施城乡社会管理带来了巨大挑战。

从管理主体看,城乡社会管理中交叉错位与断层缺位并存的现象相当突出。经过30多年的改革开放,高度行政化的单位制社会管理体制已经发生嬗变,社会管理主体已由相对单一趋向多元化。然而,由于各项改革不配套,对接障碍重重,导致多元化的各类社会管理主体(包括行使公权力实施行政管理的政府部门、根据章程规章实行自律管理的社会组织、依据组织法实行自治管理的城乡基层居民自治组织以及以道德约束为基础进行自我管理的公民个人)管理职责不清,各自分工不明,相互对接困难,甚至严重脱节,社会管理中交叉错位与断层缺位的现象并存,或多头管理,或扯皮推诿,或无人问津,造成了一定程度上的无序化。

从管理理念和方式看,传统的套路和手段妨碍着城乡社会管理成本的降低和管理效率的提高。在政府层面上,各级政府及其部门虽然加大了社会管理力度,但并未彻底摆脱原先的管理套路和方法,还是依赖于会议贯彻、文件部署、审批把关、执法检查等行政手段,缺乏以人为本的服务意识和跟踪服务、动态监管、绩效考核等合理机制,行政手段多、提供公共产品和服务相对较少的问题还没有从根本上得到解决。在社会组织层面,外部行政干预和自身依赖政府的问题并存,管理理念和管理方式带有明显的行政色彩,难以在表达利益诉求、参与社会管理、提供社会服务和加强自律管理中发挥和显现独特的"中介"优势。在城乡基层自治组织层面,苏州城乡社区建设健康发展,取得了一系列丰硕成果,但还存在"服从命令听指挥"的思维,管理理念和管理方式有待进一步创新。

推进城乡社会管理一体化,有利于为苏州经济发展提供坚实的社会基础,进一步促进经济社会健康、持续发展;有利于提高苏州城市化水平,推动城乡一体化更好更快地进行;有利于保证苏州城乡一体化的效果,维护社会的安定团结;有利于增强苏州人民的幸福感,促进和谐社会的构建。总之,深化社会管理体制改革,将为苏州经济社会良性运行和协调发展营造良好的社会氛围。因此,对苏州而言,推进城乡社会管理一体化,已迫在眉睫、势在必行。

## 二、苏州推进城乡社会管理一体化的主要做法和经验

### (一) 主要做法

苏州以城乡社会管理一体化为着力点,积极探索政府管理由单向管理为主向多元、综合管理转变的有效方式,充分调动社会力量参与管理,在权责一致、高效运转的城乡社会管理一体化体制上求突破,进行了一系列改革。

#### 1. 推进行政管理体制改革

苏州基本上形成了机构合理、政事分开、政企分开的管理体制。在区域划分方面,通过撤县设区,基本形成了六大城区,同时优化了县域乡镇格局,形成了结构较为合理的行政组织体制。在职能调整方面,加快推进政企分开、政资分开、政事分开、政府与市场中介组织分开,把不该政府管理的事情移出去,进一步下放管理权限,深化行政审批制度改革,减少行政许可,从制度上更好地发挥市场在资源配置中的基础性作用,更好地发挥公民和社会组织在社会公共事务中的作用。在机构设置方面,调整和优化行政组织结构。在运作机制方面,进一步完善科学民主决策机制,推进政府管理机制创新,强化政府日常管理机制,推进法治政府建设。

#### 2. 推进社区管理体制改革

一是城市社区管理体制创新。苏州制定了《关于推进社区管理体制改革和创新的若干意见》,要求架构社区大党建格局,强化居民委员会自治功能,在城市社区增设社区工作站,发展社区民间组织,健全"四位一体"的社区管理体制及彼此互联互通互补的管理机制,形成社

区管理合力。如今,苏州所有社区都已基本形成了社区党组织、居民委员会、社区工作站、社区民间组织各司其职、紧密协同的基层社会管理体制。

二是加强行政村(社区)建设。在农村,苏州把推进农村社区建设与新农村建设有机结合起来,按照生产发展、生活富裕、乡风文明、村容整洁、管理民主的要求,设计改革思路。在实际操作中,从梳理现有的村级组织关系入手,整合基层管理资源,逐步建立健全村党组织、村民委员会、经济合作社、社区服务中心、基层民间组织"五位一体"的农村社区管理体制,农村民主管理和农民权益保护得到进一步加强。

三是统筹城乡社区建设。在推进城乡一体化发展进程中,苏州一直致力于在社区管理体制上不断探索创新。按照现代社区型、集中居住型、整治改造型、生态自然型、古村保护型等五种模式,推进农民集中居住区建设。同时,以社区服务中心为载体,强化城乡公共服务体系建设。

### 3. 推进城市管理体制改革

一是健全城市管理组织体系。在城乡一体化发展进程中,苏州把科学发展观贯彻落实到城市管理工作实际中,主动更新管理和执法理念,健全组织体系,创新管理举措,转变管理方式,破解城市管理难题,提高城市管理效率。

二是探索建立城市管理新机制。苏州积极构建城乡统筹的城市管理新格局,不断健全城市管理和行政执法体制机制,加强宣传教育,加快规章制度建设,加大管理和执法力度,城市管理工作取得了明显进展。

三是加大城乡结合部和新城区管理。在苏州城市化发展过程中,不可避免地形成了城乡结合部,它是一个随着城市产业和住宅区不断向郊区扩散,从而使原来以农村为主的城郊地带演变为兼有城乡特色地区的特殊空间。同时,城市向外扩张的典型产物就是新城建设,如沧浪新城、平江新城等,这里外来人口增多,社会结构复杂,管理任务繁重。苏州采取了一系列重要举措,不断加大城乡结合部和新城区管理。

### 4. 推进户籍制度改革

长期以来,我国通过严格的户籍制度的建立,形成了城乡二元结构的社会形态。这种社会形态对人口的自由流动进行严格的限制，其结果是在农村与城市，城市与城市之间构筑一道难以逾越的屏障。苏州市委、市政府在积极贯彻落实国家和省有关指导性文件的同时，结合苏州实际发布了一系列旨在推动户籍改革的政策性文件。如在《苏州城乡一体化发展综合配套改革三年实施计划》中指出，"研究与户籍相关的配套改革，在更多层面上打破'二元'结构制约，使城市居民和农村居民在劳动就业、社会保障、计划生育、文化教育、医疗卫生及其他社会事务方面享受均等化公共服务"。作为社会经济较为发达的城市，苏州的城乡基础设施较为完备，协同发展条件已经具备，对苏州进行城乡统一的户籍管理制度改革的条件已经成熟。

**5. 推进社会治安综合治理体制改革**

近年来，苏州在社会治安综合治理中，积极构建社会治安综合治理"大防控"体系。按照"防范严密、控制得力、全面设防"和"指挥统一、覆盖全面、运作协调、反应灵敏、实战高效"的要求，把打造现代社会治安防控体系作为平安创建的基础工作，重点加强街头路面、城市社区、单位内部、治安卡口和科技防范五大防控网络，提高对现行违法犯罪的发现和控制能力。根据近年来城市大扩张、道路大发展的情况，苏州对全市的治安卡口布局和设置及时进行调整，构筑起严密的社会防控网络，充实了防控人员队伍，采取了高效防控手段，建立了防控服务体系，确保人民群众安居乐业、社会和谐稳定。

## (二) 主要经验

从苏州推进城乡社会管理一体化进程的实践中，我们可以得到以下经验和启示。

**1. 坚持以"以人为本"为宗旨**

以人为本是科学发展观的核心，也是创新社会管理的目的。苏州在推进城乡社会管理一体化进程中，始终坚持全心全意为人民服务的宗旨，突出以人为本的发展理念，把提高人的素质、满足人的需求、加强人的管理、促进人的发展作为一切工作的出发点和落脚点。推进以改善民生为重点的社会建设，多做顺民意、解民忧、得民心的实事，着力解决好人民群众最关心、最直接、最现实的利益问题,更好地让人民群众共享改革发展成果。

**2. 坚持统筹兼顾为方法**

苏州切实把城乡社会管理一体化纳入"三区三城"建设、率先基本实现现代化的总体布局,做到同步规划、同步部署、同步推进、同步考核。坚持经济发展和社会发展两手抓、两手硬,促进经济社会更加协调发展,以更高水平的经济发展为社会管理提供丰厚的物质支撑,以更高水平的社会管理为经济发展激发强大的内生动力。坚持社会管理与城乡发展相协调,以推进城乡发展扩大社会管理空间,以创新社会管理丰富城乡发展内涵,以提高人文素质提升城乡文明水平。

**3. 坚持改革创新为途径**

把体制机制创新贯穿到城乡社会管理的全过程,增强制度设计的协调性、系统性、前瞻性,用改革的思路、创新的方法解决发展中遇到的矛盾和问题,更好地协调社会关系,维护社会稳定,促进社会和谐。从制度上进一步明晰政府、市场、社会的职责,更加强化政府社会管理和公共服务职能,着力提高社会组织健康发展和服务社会的能力,建立健全党委领导、政府负责、社会协同、公众参与的城乡社会管理一体化格局。

**4. 坚持"固本强基"为保障**

始终坚持"基础不牢,地动山摇"的理念,把加强基层基础建设作为一项长期的系统工程来抓,切实把工作精力和注意力更多地放到基层,把人力、财力、物力更多地投到基层,着力夯实基层组织,壮大基层力量,强化基层工作。切实做好以基层党组织建设为核心的基层基础工作,不断提高了解情况、化解矛盾、破解难题、服务群众的能力,巩固党的执政基础。

**5. 坚持群众路线为方针**

推进城乡社会管理一体化,主要是对人的服务和管理,说到底是做群众工作。一切社会管理部门都是为群众服务的部门,一切社会管理工作都是为群众谋利益的工作,一切社会管理过程都是做群众工作的过程。把做好群众工作作为推进城乡社会管理一体化的根本性、基础性、经常性的工作,牢记群众观点、站稳群众立场、维护群众权益,充分调动全社会的积极性和创造性,形成又好又快推进率先基本实现现代化伟大实践的强大合力。

#### 6. 坚持能力提升为重点

苏州围绕建设"三区三城"、率先基本实现现代化这一目标,把握创新城乡社会管理这一主题,坚持以理论武装为首要任务,以领导干部为示范引领,以破解社会问题为基本导向,大力加强学习力建设,在学习内容上突出科学的新思想、新知识、新经验;在学习路径上坚持向书本学习、向实践学习、向群众学习;在学习方式上强化研究式学习、互动式学习、共享式学习;在学习目标上实现学以立德、学以增智、学以创业,探索构建学习、研究、创新三位一体的学习模式,以学习力提升领导干部的研究力、创新力,全面提高城乡社会管理科学化水平。

### 三、苏州推进城乡社会管理一体化的瓶颈和展望

在推进城乡社会管理一体化进程中,苏州也面临着一些新问题。

一是在行政管理体制方面,政府职能的转变还不到位,政府缺位、越位、错位的现象依然存在,受行政区域的影响,城乡分割、城乡分治的局面还没有完全破除。在行政区域管理体制上,与强县扩权相比,乡镇政府处于尴尬的地位,乡镇政府承接的来自上级的任务过多,而对下的服务偏少,各种非政府组织(NGO)的作用还没有充分调动起来等。

二是在城乡社区管理体制方面,传统的多头、分散的社区管理模式仍有很大影响;社区管理法律规范不配套;社区功能扩张而相应管理投入体制滞后;社区居民的归属感不强,参与社区管理意识淡薄;等等。

三是在城市管理中,城乡结合部存在的问题比较突出,尤其是在如何形成长效管理机制方面仍需积极探索。

四是现行户籍制度与苏州经济社会的高速发展、各种生产要素的快速流动,尤其是苏州流动人口规模空前扩大的现实还不能相互匹配,城乡二元分割的户籍管理制度限制了人口的自由流动,扩大了城乡差距,不利于城市化进程。

五是城乡社会治安需要进一步明确防控服务目标,构建和完善社

会治安综合治理"大防控"体系。

六是社会管理人才队伍建设需要加强,社会管理的信息化水平有待提高等。

上述问题成为制约苏州城乡社会管理一体化发展的主要因素。

苏州城乡社会管理一体化的实践和探索表明,经济社会发展到一定阶段,必然要求打破城乡二元结构;统筹城乡发展,必须大力推进城乡社会管理一体化。苏州将继续结合实际先试先行,通过深化区域行政管理体制改革、社会组织管理体制改革、城乡社区管理体制改革、城市管理体制改革、户籍制度改革、社会治安体制改革、社会工作体制改革和社会管理信息平台建设,探索城乡社会管理一体化发展的多元模式,以形成党委领导、政府负责、社会协同、公众参与的城乡社会管理一体化新格局。

## 案例一 太仓市：勤廉指数测出经济社会发展与党风廉政建设互动双赢新局面

党的十七大提出："对干部实行民主监督，是人民当家作主最有效、最广泛的途径，必须作为发展社会主义民主政治的基础性工程重点推进。"保障基层民主，增强民主监督实效，推动基层勤政廉政建设向纵深发展，正是太仓市近年来党风廉政建设和反腐败工作的重中之重。

### 一、背景

太仓地处全国县域经济最为发达的苏南地区，经济社会发展和反腐倡廉建设都呈现出较好的态势，基层民主建设更是走在全国的前列。为了更好地适应反腐倡廉建设新形势，借助这些优势在较高平台上取得新的成绩，太仓审时度势，创新工作思路，于2006年推出了"勤廉指数"测评工作，运用社会科学理论构建了民主监督新的平台，进一步增强了民主监督实效，有力推进了基层党风廉政建设。2011年5月，省委常委、省纪委书记弘强专程来太仓调研"勤廉指数"测评工作，并于8月份在太仓召开现场会，推广太仓开展"勤廉指数"工作的经验。弘强指出，"勤廉指数"测评是民主政治建设、基层组织建设、反腐倡廉建设以及新农村建设中的一项创新举措，已经在太仓市取得了实实在在的成效，将作为省纪委"亮点"工作向全省推广。曾参与"勤廉指数"指标体系设计的全国政协原常委、著名社会学家、上海大学教授邓伟志认为，太仓市敢于通过"勤廉指数"测评，把对基层干部的评价权真正交给党员群众，是扩大基层民主的有效途径，这一做法本身就是一种创举，是促进基层干部勤政廉洁的可靠保证。

### 二、做法

2006年，在前期深入调研和认真分析的基础上，太仓在全市试点开展"勤廉指数"测评，经过试点，于2007年在全市范围内全面推开。

"勤廉指数"测评运行几年来取得较大的成功,得到了党委、政府、基层干部和党员群众的一致好评。

1. 科学设定指标体系,保证民主监督内容全覆盖

在指标体系的设定上牢牢把握勤政和廉政这两项对党员干部的基本要求,将"勤廉指数"指标分为"勤政指数"和"廉政指数"两部分。"勤政指数"包括经济发展指标、组织建设指标、社会和谐指标三个方面,"廉政指数"包括教育预防指标、权力规范指标、廉洁从政指标三个方面,两部分具体分为30项内容。通过测评,既对村两委班子、村干部的工作效率和实绩等勤政情况进行监督,也对村两委班子、村干部的权力运行和廉洁自律等廉政情况进行监督,使民主监督的内容得到全面覆盖。

2. 严密有序开展测评,保证民主监督主体话语权

"勤廉指数"测评主要采取问卷调查的方法,既向市有关部门获取客观指标,又向不同层面的党员干部群众获取主观指标,最后通过调查结果综合运算出"勤廉指数"分值。参评人员既有市、镇、街道办有关人员,又有农村党员、村民,其中普通党员群众的测评分值权重达60%。参评人员在农村党员、村民中随机抽取,由市纪委组织统计人员上门入户调查,整个过程村干部不参与,保证了普通党员群众这一民主监督主体的话语权。

3. 充分运用测评结果,保证民主监督效力最大化

"勤廉指数"测评的结果从整体上反映了各村的工作实绩以及廉洁从政情况,工作成效和薄弱环节均一目了然。通过对测评结果的分析,市纪委对各村都形成了客观详细的反馈意见,既对好的做法及时总结和肯定,也对存在的问题和不足提出有针对性的意见和建议。各村在接到反馈意见后,按照要求专题召开村两委班子会议,认真研究,对照检查,逐项剖析,制定措施,并写出整改报告,落实整改措施。市纪委对整改工作进行监督检查,确保整改工作的有效落实。市纪委的反馈和督查机制,将民主监督转化为组织监督,有力推进了农村的党风廉政建设和村干部的勤政廉政建设,从而确保了民主监督效力得到最大的发挥。

## 三、事例

近年来，城厢镇电站村通过组建惠民经济股份合作社、益民农业土地股份合作社、助民蔬菜合作社推进富民强村，2013年村级可支配收入1210万元，人均超过30000元。而在勤廉指数测评方面，该村也连续多年在太仓市名列前茅。

在葡萄园的大棚里，林果站杨站长讲述着电站村的故事。他说，搞勤廉测评，首先是强调发展。先要干起来，然后再廉洁，这与光讲廉洁不一样。"勤廉指数"的测评关键是看做了多少事情，为老百姓带来多少实惠。只要为百姓做好事，就是好干部。这里每家每户的老百姓都亲身感受到，村干部确实把每个角落，出行、保洁、社区卫生中心等都想到了。"浇柏油路时村领导在现场亲自指挥，这些村民都看在眼里。村干部早上起得最早，晚上睡得最晚。这些不仅仅是为了让老百姓在'勤廉指数'上打钩，现场干活就是为了把事情干好。村民打钩那是村民认可，做了事情后得到了村民的充分鼓励"。

电站村党委书记王义平在介绍该村勤廉测评取得的好成绩时，喜笑颜开。他说，电站村经济实力不是最好的，但勤廉指数不一定比别的村低。因为打分的不单是本村人，也有外村人，要看该村的社会保障、公共服务是否到位。电站村有本地人3500人，外来人员却有2000多人。村里办了新太仓人学校，建了打工者集体宿舍楼；为了便于管理，还建立了外来人员流动支部、再就业培训中心。"有些事情老百姓开始不理解，我们就通过村民大会审议表决达成共识，党员代表、村民代表监督执行。勤廉指数测评，干部没有感到压力，基层干部、老百姓信任我们。以前老百姓对我们抱怀疑的态度，现在什么事情都征求老百姓的意见，邀请村民代表全过程参与，从前说不清楚的说清楚了，还了干部一个清白。"

城厢镇胜泾村有一份《太仓市村级"勤廉指数"测评问卷》。工作人员介绍，测评将客观和主观测试相结合，即由市直部门收集客观数据，同时，采取等距抽样、入户调查的方法，获取主观数据，并在专家指导下，运用社会科学理论构建测评体系。"比如一个村有600户，从名册上找到第300户,每隔5户抽1户,明年可能每隔3户抽1户,抽到谁是不可预测的。这是非常科学的方法,没有一点人情。"

该村共产党员武铭是太仓300余名"勤廉指数"调查员之一。每年年底抽样方式一确定,他就带着测评问卷登门拜访农户。在参评人员方面,普通村民的测评分值权重达62.5%。他出示了该村2013年勤廉指数测评情况的反馈意见表:"总得分92.47分,'勤政指数'44.30分,'廉政指数'48.17分,综合得分在全镇名列第二,在太仓市参评村中排第十二位。"此表还反映了"存在的薄弱环节":农民人均年纯收入增长率偏低;土地流转面积占比不高;村级可支配收入用于社会公益事业的比例不高。最后提出整改建议,要求村党委将整改情况书面报告镇党委。

武铭说,大家之所以盼着"勤廉指数"测评,就是因为它注重百姓的话语权,能公平客观地"称"出村干部的"分量"。

### 四、成效

1. 实现了民主监督形式的拓展创新

"勤廉指数"测评通过指标量化、客观评价的手段和群众参与、组织运作的方式,搭建了对基层干部新的监督平台,实现了民主监督形式的拓展创新。"勤廉指数"测评结果最终成为纪检监察机关的组织监督依据。这种兼具全面性、实时性和刚性的监督方式,有力促进了基层干部的勤勉干事、秉公用权和廉洁自律。"勤廉指数"测评工作开展以来,全市村干部违纪案件同比下降了55%,群众信访量同比下降了50%。

2. 带动了民主监督制度的健全完善

"勤廉指数"测评通过测评指标的设置、测评结果的运用和对普通党员群众话语权的保障,带动了民主监督制度的健全和完善。一是根据测评结果和反馈意见,各村不断健全村务公开制度、村民代表会议制度、"民主决策日"制度等,推动了原有制度的进一步完善。二是从测评反映出的自身薄弱环节出发,各村对症下药,相继出台了村民小组代表会议制度、村民议事听证制度等,催生了一批创新制度的出台。三是

"勤廉指数"测评将一系列民主监督制度执行情况纳入指标体系,通过监督效力的发挥,促使村两委班子更加自觉、规范地执行各项制度,切实为普通党员群众参与监督提供保证。

3. 促进了民主监督对象的工作改进

"勤廉指数"测评结果从整体上反映了各村的勤政廉政建设情况,经市纪委反馈后,明确了应该继续坚持、发扬的有益做法以及需要改进、修正的不足之处,有力促进了民主监督对象的工作改进。一是"勤廉指数"测评将非权力性的民主监督转化为具有强大约束力的组织监督,形成了上对下监督和下对上监督的有机统一,从而使村干部更加重视民主监督,自觉接受监督、自觉改正不足的意识不断提高。二是在"勤廉指数"测评中,群众话语权最高,只有群众满意了,测评分值才会高,这也保证了村干部的工作始终不偏离为人民服务的宗旨。三是各镇党委把村级"勤廉指数"测评结果纳入年终考核体系,并作为兑现村干部年终报酬的重要依据,权重50%左右,最高的达65%,从而有力提高了村干部改进工作的主动性,推动了各村的整改工作。

## 五、启示

通过研究"勤廉指数"测评在太仓的成功实践,可以得到以下启示。

1. 以"勤廉指数"的科学合理,保证民主监督活力

"勤廉指数"测评从指标体系的设计到测评方法的制定,从测评数据的分析到测评结果的运用,始终遵循了科学合理的原则。指标体系既体现基层勤政廉政建设的总体要求,又突出各项重点工作,同时根据形势发展和具体实践不断完善;测评方法简便易行,既考虑到了操作人员的工作量,又极大地调动了普通党员群众参与测评的积极性;测评结果客观公正,实现勤政与廉政的双评双测,做到客观评价与主观评估相统一;测评体系科学运转,通过"评估、反馈、纠偏"三个关键环节和贯穿始终的监督保障机制,提高源头防治腐败效果。

2. 以"勤廉指数"的分步实施,拓展民主监督范围

太仓在"勤廉指数"测评工作推出伊始,就确立了分步实施、稳步

推进的工作思路。首先在村一级开展"勤廉指数"测评,就是要从最基层做起,从最基层积累经验。在村级"勤廉指数"测评成功实施后,太仓于2008年在全市部分市级机关试点推行"勤廉指数"测评,设计了具有共性的机关"勤廉指数"测评指标,参评人员在被测评部门的服务对象中随机抽取,采用发函、无记名的方式进行测评,确保了测评的准确性和真实性。从工作开展情况看,"勤廉指数"测评在推动市级机关勤政廉政建设中同样发挥了重要作用,使民主监督在市级机关这一层面上得到了拓展。

3. 以"勤廉指数"的成果量化,推动惩防体系建设

由"勤廉指数"测评形成的真实数据,客观量化了近年来惩防体系建设所取得的成果,既反映了工作成效和不足,又明确了工作改进的方向,较好地发挥了度量衡和风向标的作用。通过民主监督这一关键点,可以促进教育工作,使勤廉并重的理念深入人心;可以促进制度建设,带动一批勤政廉政制度的建立和完善;可以促进纠风工作,使干部的工作作风更务实、更亲民、更优良;可以促进惩处工作,为查办案件提供有价值的线索。

4. 以"勤廉指数"的未来导向,助推经济社会发展

事实证明,"勤廉指数"测评工作对经济社会发展起到了积极的引导作用。太仓市委、市政府将测评结果作为加强社会主义新农村建设的重要决策依据;各部门将对农村基层的有关要求融入"勤廉指数"评价体系;各镇党委、政府将测评结果纳入考核体系,作为兑现村干部年终报酬的重要依据;各村将反馈意见作为改进自身工作的风向标,形成了齐抓共管的良好局面,共同推进基层勤政廉政建设和经济社会发展。

【思考题】

1. 你认为在勤廉指数测评中,关键是要做好哪些工作?
2. 你认为勤廉指数对加强民主监督有何重要意义?
3. 你对完善和推广勤廉指数有什么建议?

## 案例二 炎武社区:"着眼服务、有效管理"的和谐社区建设经

炎武社区是昆山市千灯镇近年来在推进城乡一体化发展、加快推进"农民向社区集中"、努力提升城镇化发展水平过程中,建立起来的规模最大的新型农民动迁小区。炎武社区自成立以来,通过不断探索,实现了居民生活方式由农村向社区、思想观念由传统向现代、增收方式由单一向多元的三大转变,成功走出了一条以"着眼服务、有效管理"为特色的新型社区和谐建设之路。

### 一、背景

炎武社区成立于2005年12月,辖美景园、锦景园和良景园三个小区,涉及住宅楼228栋、住房5576套、建筑面积83万平方米。该社区居住着全镇近2500户动迁农民。目前,全镇已经有7500多户农户通过"双置换"安置进入石浦街道和炎武、华强、秦峰三个社区,置换出建设用地7000多亩。围绕城乡一体化发展目标,至2013年底,全镇剩下的3000户农户全部拆迁安置进新建的动迁小区。至此,全镇除3个古村落之外的1.1万户农户全部集中进社区居住,城镇居住化率达到90%以上。

炎武社区自建立之初,就以创建为抓手,立足于"欢乐家园、亲情服务、和谐社区"的定位,不断完善配套设施,努力强化服务管理,全力打造一流社区。社区建设了6条商业街道,建造了农贸市场、小学、幼儿园和7300平方米的社区服务中心,为社区居民生活、学习、娱乐、休闲提供全方位星级服务。先后获得省和谐示范社区、省民主法治示范社区、省绿色社区、昆山市社区教育先进单位、昆山市学习型社区、昆山市文明示范社区等多项荣誉称号。

## 二、做法

炎武社区是新型农民动迁小区,对于集中居住的社区生活方式,居民难免会产生种种不适应。针对这一现象,炎武社区立足实际,创新管理方式,突出"三抓",取得了突出的效果。

1. 抓开头,切实加强三个层面管理

一是制度早健全。制定居民委员会、居民会议、居民小组工作职责,党总支和党员小组工作职责,干部行为规范、工作人员行为规章制度、居民"八规范"等,完善了社区管理体系。

二是服务早到位。围绕行政管理、日常便民、文化体育、医疗保健、社会安全、党建活动六大服务功能,全面高效地提供日常便民服务,并构建了便民服务、社区卫生服务、法治平安、社区文化四大工作网络。

三是设施早配备。社区不断加大硬件设施投入,建立起"一站式"服务大厅,并设置了医务室、电子阅览室、图书室、老年活动室、婚丧喜事餐厅等功能设施,努力打造社区管理、教育、活动"三大服务中心"。

2. 抓领头,有效发挥三支队伍作用

一是发挥党员队伍的核心作用。创新建立"双重管理"制度,将动迁农民中的党员纳入村和社区两个党组织管理,将岗位工作成绩纳入党员"双重管理考评",深入推进创先争优活动。

二是发挥管理队伍的带头作用。按照小区规模分布建立三个工作站,分片包干,责任到人,做到"一看、二听、三处理":看小区内是否有违章现象,听取居民群众的意见和建议,发现问题及时处理。

三是发挥居民队伍的主体作用。社区成立了"红袖标"志愿者队伍,对加强社区治安管理起到了重要的辅助作用。为加强警民联系,维护社区治安稳定,将每月的9号设定为"矛盾排除日",召开警民恳谈会,开展纠纷调查、矛盾化解等工作。社区通过开展计生、法治、文体、环保等活动,吸引广大社区居民主动参与到社区管理之中,不断增强居民的主体意识和自觉意识。

3. 抓源头,重点关注三个方面问题

一是注重宣传教育,控好思想源头。工作人员经常深入群众与居民交流,听取民声,掌握民意,了解民心,及时把握居民思想状况,帮助居民顺利度过思想波动"转型期",从思想源头改变居民的生活观念。

二是注重防治结合,防好矛盾源头。定期开展专项检查,全方位排查社会矛盾,重点关注苗头性事件,将各种矛盾化解在萌芽状态。充分利用警务站、谈心室等平台,开展纠纷调查、矛盾化解、心理疏导等工作,促进社区和谐稳定。

三是注重及时介入,把好管理源头。强化建管结合,将后期服务置于前期建设之中,社区居委会主动介入交房验收过程,严格把好硬件质量关;强化联合管理,建立社区居委会和物业联动机制,形成合力,避免问题拖延。

### 三、事例

事例一:"让居民满意是我们的信念"

定期走访群众,聆听群众呼声,是社区书记、主任马雪芳每月必做的事情。她一直认为,知晓群众所需,做群众的贴心人,是提高社区管理水平和服务质量的根本目的,让居民满意是做好社区管理的基础。因此,居委会一方面要积极走访居民,征求意见,满足居民需求;另一方面,居委会要主动与物业公司合作,取长补短,互相督促,各尽其责,把社区管好。

从2010年下半年开始,社区党总支号召各支部党员深入居民调查研究,以深入开展创先争优活动为主线,以开展"三比三优三满意"活动为载体,搜集了居民大量的意见和想法,经过实地考察和筛选,采纳了居民关于增加小区娱乐健身场所的建议,调整了社区的年度综合规划,将公共服务中心前的一块空地改造成为集门球场、篮球场、小公园为一体的居民休闲活动中心。

该活动场所建成开放后,得到了居民的一致好评。在此基础上,马雪芳积极听取居民反馈。一天,她听到了这样一段对话:"老太婆,这小公园造得真不错,社区为我们想得周到啊,不过,就是缺个亭子,没地方歇歇脚,坐在喷泉池边的台阶上又怕湿,哎……"第二天,马雪芳召集社区领导班子共同商讨改进事宜,在征得了设计单位的同意后,将申请增加亭子的报告递交到了党委政府。一星期后,居民惊喜地发现,在小公园西面的一块空地上,一个木质结构的亭子建起来了。

事例二:"只要我住在这里,你就不能违章!"

马雪芳认为,群众的眼睛是雪亮的,居民是社区管理的雪亮眼睛。只有群众参与监督,社区管理才能更完善;只有群众参与管理,社区管理才能更全面。

社区居民朱大伯家楼上新来了一位来自武汉的住户。一个月以来,楼上一直乒乒乓乓响,而且有一股奇怪的味道,他想肯定是新搬来的武汉人在装修呢。为了探个究竟,他准备去看看武汉人的家装修得怎么样。

走到楼上,刺鼻的味道越来越浓烈了,朱大伯觉得不对劲,他赶紧敲开了武汉人家的门,想以邻居的身份和武汉人聊聊天,看看他家到底在做什么。开门的武汉人着实把朱大伯吓了一跳——戴着口罩、帽子,工作服裹得严严实实的,居然在家里做化工产品!

朱大伯非常气愤,质问他为什么买了这里的房子不住,偏偏在里面做化工产品。武汉人一听朱大伯的意思,马上明白过来了,说:"大叔,这个产品没毒的,没事没事!"朱大伯当即反问:"没毒?没毒你戴着口罩帽子干什么?没毒你穿这么厚的工作服干什么?"武汉人哑口无言,阴沉着脸把朱大伯送下楼,警告他不许乱说。朱大伯严肃地跟他说:"你最好马上停止做化工产品,要么你搬出小区找厂房做也行,只要我住在这里,你就不能违章!"

从武汉人家里出来,朱大伯就马不停蹄地赶到社区,把这件事汇报给了社区相关负责人,请他们抓紧处理这件事,朱大伯说:"我们这里连车库开店都不允许,就是为了老百姓能有一个舒服点的环境,住在里面踏踏实实,不要以为我们是拆迁小区就可以乱来,做化工是绝对不允许的,我以后每天都去监督那个武汉人。"一周后,社区和有关部门联合取缔了这个非法加工厂,维护了小区的环境卫生。

**四、成效**

通过规范化建设管理,炎武社区完成了"三个转变",实现了"三个提升",确保了"五个没有"。

1. 以温馨周到的服务实现"三个转变"

一是生活方式由农村向社区转变。社区内拥有超市、商场、农贸市场等生活类功能设施,建立了公园、健身和娱乐场所等休闲类功能设施,配备了图书室、电子阅览室等学习类功能设施,实现了资源共享、服务均等、现代生活要素集聚和传统农民生活方式向现代社区居民生活方式的转变。

二是思想观念从传统向现代转变。社区十分注重精神文明等软环境建设,把精神文明建设融入系列创建活动中,融入爱民便民服务中,融入开展群众性文化体育活动中,融入社区人文环境的营造中。社区居民在现代文明的感染下,逐步提升了思想道德素质,由内而外地融入城镇生活中。

三是接受管理方式由单一向双向转变。"双重管理"模式的建立,实现了组织关系双向挂靠、活动双向参与、表现双向考核、干部双向兼职、作用双向发挥、经费双向保障的"六双向",在方便社区居民办事的同时,也增强了社区居民的主人翁责任感。

2. 以改善内外环境做到"三个提升"

一是生活环境提升。社区通过标准化建设和规范化管理,营造优美的绿化环境和舒适的生活环境。社区绿化率超35%,雨水污水全部分流,河道定期维护,车辆停放整齐,没有违规开设的营业性设施和加工作坊。

二是生活品质提升。动迁农民居住进与商品房小区一样的标准化公寓,住房条件大幅改善;图书室、电脑室、放映室等功能性设施一应俱全,秧歌队、门球队等文体团队纷纷组建,文化需要得到满足;大型群众晚会的举办,市民广场的修建,免费电影的放映,使居民的休闲娱乐得到保障。

三是生活服务提升。便民服务中心设置了医疗卫生、文化体育、治安管理、教育维权、民意纠纷调解等多个服务窗口,并依靠社区工作人员和志愿者队伍,以定点服务和流动服务等形式不间断地开展康复指导、健康教育、生活艺术、救助热线、法律援助等主题服务活动,帮助居民解决实际问题,让社区居民办事放心、生活温馨、出门安心。

3. 以全面规范管理做到"五个没有"

一是没有一处违章建筑。采用社区与工作人员联合查找、社区与部门联合执法、社区与党员联合宣传、社区与群众联合行动的"四联合"方式,有效清除违章建筑,杜绝一切破墙开店现象,有效维护了社区的整体环境。

二是没有一条黑色广告。采用治理与预防相结合的方法杜绝黑色广告和小区"牛皮癣"。一方面,采用科技手段,加大对重要路段的监控;另一方面,以业主身份约见当事人,并联合警务站人员进行教育劝诫,要求其主动清除;再一方面,由社区工作人员、党员小组长、居民小组长及保洁员成立监督小组,发现黑色广告及时清理,确保小区道路和楼道的整洁。

三是没有一方环境破坏。加强有效监督,由社区工作人员、环境维护岗党员、居民小组长定期检查社区环境,对破坏环境的行为及时制止或告诫。同时,加快查漏补缺,及时补绿,不留绿化死角,杜绝居民破坏绿化种菜的可能。

四是没有一家车库开店。通过橱窗、电子屏张贴告示、发布信息的形式明确告知相关规定,并联合有关执法部门将商业活动集中到6条商业街内,营造了良好的生活环境。

五是没有一个人员越级上访。及时了解和处理居民反映的问题,虚心接纳居民意见和建议,充分利用谈心室化解矛盾纠纷,确保"小事不出社区,大事妥善解决"。

## 五、启示

从炎武社区着眼服务、有效管理的实践中,可以得到如下启示。

1. 思想统一是做好社区工作的前提

社区建立之初,就按照高起点、高规划、高标准的要求建设,经常召开协调会议、专题论证会和居民会议等,统一社区干部的思想、广大党员的思想和社区居民的思想,形成共建美好家园的共识,确保各项工作顺利有序开展,实现了社区规范化管理和社区居民支持的双赢。

### 2. 居民广泛参与是做好社区工作的基础

通过采用开展丰富多彩的业余活动、招募社区管理志愿者、党员"双重管理"等，拓宽居民参与管理的渠道，增强居民参与的积极性。同时，通过办事程序和有关政策的公开透明化，增强居民对社区工作的信任，利于社区工作的开展。

### 3. 发挥党组织作用是做好社区工作的核心

积极发挥社区党总支在党员教育、党员管理、党员活动中的核心作用，推动社区党员在社区管理中的表率模范作用，并以党员来带动和影响周边群众，以此带动整个社区居民的素质提升。

### 4. 社区干部的整体素质是做好社区工作的关键

社区干部队伍是带领社区建设的排头兵，社区干部素质的高低、服务态度的好坏、工作方法的好坏都影响到群众对社区工作的认同度。要不断加强社区干部的学风、干风、作风建设，以实际行动赢得社区居民口碑。

**【思考题】**

1. 炎武社区的和谐社区建设对你有何启发？
2. 在新型社区管理中，你认为怎样才能调动居民参与的热情？
3. 在新型社区管理中，你认为怎样才能满足居民的需求？

## 案例三　汾湖开发区："区镇合一"的实践与探索

"区镇合一"是近年来出现的一种新型的管理体制,是将开发区与镇街办合二为一,整合、归并政府职能,减少管理层次,进一步降低行政运行成本、提高工作效率的一种区辖镇、镇促区的科学管理模式,也是统筹城乡发展,促进人口、资源、产业集中发展,构建城乡一体化发展新格局的一条新路。吴江市汾湖镇通过推行"区镇合一"管理模式,创新体制机制,取得了良好的效果。

### 一、背景

汾湖镇由原芦墟、黎里两镇合并组成,位于江、浙、沪交界,全区辖48个行政村,芦墟、黎里、北厍、金家坝4个街道办事处,9个社区居委会。户籍人口15.3万人,外来人口10万人,辖区面积258平方千米,是目前江苏省内面积最大的乡镇。2006年7月,经国家发改委核准,汾湖镇境内成立了省级经济开发区——江苏吴江汾湖经济开发区。开发区的成立,有力推动了当地经济的快速发展,成为区域经济发展的重要载体,但由此也带来开发区与乡镇相互竞争、重复建设、资源浪费等问题。为缓解这些矛盾,实行"区镇合一"不失为一个现实的选择。同时,随着苏州和吴江城市化进程的加快,城乡一体化发展成为主流,这就要求摒弃和改变过去那种重城市、轻农村,"城乡分治"的观念和做法,通过体制改革和政策调整削弱并逐步清除城乡之间的樊篱,促使城乡统筹协调发展,而"区镇合一"是从体制上消除开发区扩张与乡镇发展之间矛盾的合理解决方案之一。另外,社会主义新农村建设被提到重要日程,新农村建设既是开发区顺利发展的前提,也是乡镇繁荣的根本和城乡统筹的本质要求。实行"区镇合一",可以明确发展思路,有序推进新农村建设。以上三方面的客观现实,既是汾湖推行"区镇合一"的面临的背景,也是汾湖冀望通过"区镇合一",破解发展难题的现实考虑。

## 二、做法

根据吴江市机构编制委员会（吴编〔2006〕23号和吴编〔2006〕24号）的批复及2008年吴江市机构编制委员会下发的《江苏吴江汾湖经济开发区党工委管委会和汾湖镇区镇合一职能配置内设机构和人员编制规定》（吴编〔2008〕28号）的精神，汾湖镇党委、汾湖镇政府与汾湖经济开发区党工委、汾湖经济开发区管委会合署办公，一套班子，两块牌子，统一领导和管理汾湖经济开发区及汾湖镇党的建设和社会管理事务，即汾湖镇和开发区实行"区镇合一，以区为主"的管理模式：开发区在统一审批权限、规划建设、组织人事的基础上，专注于开发建设和招商选资，从内部消化行政体制不顺带来的矛盾，有效解决区镇之间利益取向有差异、建设资金匮乏、产业布局分散等一系列问题；汾湖镇侧重于社会公共事务管理、农村工作等，为区域经济发展和城市建设提供强有力的保障，从而真正形成事权集中、管理统一的领导机制。

1. 改革体制机制，实现区镇一体

按照江苏省和苏州市的要求，从区镇一体化改革着手，理顺管理体制，整合、精简管理机构，明确管理职责。

一是理顺管理体制。进行区镇党政机构整合，将经济开发区党工委、管委会和汾湖镇党委、政府合并，形成了"一个班子、一套人马"的管理体系。

二是创新机构。按照"精简、效能、不搞上下对口"的原则，在机构设置方面进行了积极探索，逐步确立了党政办、纪工委、招商局、建设局、财政局、组织人事劳动局、经济发展局、社会事业局、农村工作局、服务业发展局等十个正科（局）建制。

三是理顺职责。2007年进行了事权划分，从管理体制上对各职能局和办事处的办事职责、办事范围有了比较明确的界定，理顺了各项工作关系，保证了各项工作的平稳发展。

四是进行人力资源整合。开发区和汾湖镇实行合署办公，工作人员相互兼职，切实激发内生动力，凝聚工作合力，推动区镇合心。

2. 坚持高点定位,科学规划实施

科学的规划是指导"区镇合一"的纲领,也是快速发展的前提,汾湖镇下大力气重点修编了两项规划。一是区镇总体发展规划。按照"高起点、高标准、富有前瞻性和可操作性"的要求,聘请城市规划设计专家,对区镇总体发展规划进行了科学修编,多次召开规划报告会征求意见,形成"五大功能区"的大开发区格局。二是土地利用规划。聘请专家结合开发区及汾湖镇实际和产业发展趋势,对区镇各类土地统一规划、合理布局,科学修编了区镇土地利用规划,形成了"一轴、三带、四片区"的总体发展模式。

3. 提升区域功能,完善基础设施

近年来,汾湖全社会固定资产投资累计超过300亿元,不断完善基础设施配套。

一是中心城区主要路网基本完成,大渠荡公园景观工程、行政大楼及中心城区灯光工程、环三白荡绿化等工程陆续完工,使中心城区的居住休闲功能得到极大提升。

二是工业集聚区基础设施建设加速进行,城市生活和生产条件以及对外交通更加完善,水、电、气、通信、污水处理等设施完备。

三是开发区内设立海关及商检,可提供办理报关、开箱、封箱、EDI 联网、零配件及成品保税、商品检验检疫等业务。

四是区内金融机构有中国银行、中国农业银行、中国工商银行、农村商业银行及中国建设银行等,均可开展国际业务,并提供企业固定资产和流动资金贷款。

五是在城乡环境维护管理工程方面,推行环卫体制改革,组建专业队伍,建设压缩式垃圾中转站,构建起"户集、村运、镇集中处理"的垃圾处理新模式,区镇面貌焕然一新,项目吸引力和产业聚集力显著增强。

4. 坚持改善民生,发展社会事业

一是大力推进新农村建设。34个新农村规划点的选择和规划设计工作全部完成,以杨文头村为代表的6个旧村改造累计投入4000万多元。70栋30.9万平方米的新友化苑农民公寓房建成使用,城司新天地项目、芦东江南浜动迁安置区配套基础设施分别启动建设,农村"三大"合作改革顺利推进。

二是发展惠民事业。教育、文化、卫生等各项民生事业蓬勃发展,人民生活质量不断提高。近年来,政府财政用于民生事业的投入稳步增加,其中教育总投入6.98亿元,医疗卫生投入超1亿元。就业形势基本稳定,二、三产业从业人员60692人;企业职工养老保险参保单位1374家,参加社会养老保险达52721人,各类养老项目参与人员均翻番;新型合作医疗参保覆盖率达到100%,参保人数达到83527人,参保率达到98.3%。开发区成立八年来,社会保障支出达8.4亿元。城乡居民收入大幅增长,2013年城镇居民人均可支配收入达到43552元,农民家庭人均收入23710元。

5. 坚持抓内引外,推进招商引资

"区镇合一"理顺了区镇利益关系,促进了辖区经济发展,大项目建设突飞猛进。

一是创新工作机制。出台有关规定,实行驻地企业村居财力分成制度和项目建设有功人员奖励机制,切实调动各级干部职工尤其是村居干部群众的积极性。

二是实行重点项目专门班子制度。形成重点项目个个有专门班子的高效项目推进机制,项目建设速度加快。

三是采取产业链招商。坚持内资外资两个并重、质量数量两个提高,瞄准重点产业抓招商,着力引进一批科技含量高、投资额度大、产业辐射能力强的项目。

三、成效

随着经济开发区成立和"区镇合一,以区为主"管理体制的实施,汾湖各项资源得到进一步整合优化,经济社会各项事业取得巨大成就。

1. 机关效能得到新提升

"区镇合一"以来,通过倡导"精简、高效、统一"的开发区精神,不断深化机关效能作风建设,增强了广大党员干部全心全意为人民服务的宗旨意识。成立开发区机关效能作风建设领导小组,研究制定机关效能建设的具体考核办法,不定期开展明察暗访,将考核结果与提拔任用、年终奖金直接挂钩。在效能考核中进一步强化首问负责制、限时办结制、责任追究制三项制度。进一步明确了各职能局和办事处事权划分,建立起规划科学、责权明确、务实高效、运行有序的管理体制,为建设极具活力和竞争力的新汾湖提供了良好的政务环境。

2. 经济发展实现新跨越

"区镇合一"以来,汾湖地区生产总值年均递增16%;全口径财政收入年均递增32%,其中一般预算收入年均递增28%;新增民资注册资本年递增45%;累计注册外资超40亿美元,累计到账外资10亿美元,累计进出口总额50亿美元;服务业产值占地区生产总值的37%。汾湖先后被评为"江苏省国际服务外包示范区""江苏省现代服务业集聚区"以及省级科技创业园和省级生态产业园示范区等称号。

3. 产业结构展现新格局

"区镇合一"以来,汾湖镇鼓励发展装备制造业、电子信息业、食品加工业三大主导产业,提升发展纺织业、服装制鞋业、钢构净化业三大传统产业,培育发展新能源、新材料、生物医药新技术三大新兴产业,大力发展现代服务业。这使得汾湖的经济保持了健康快速发展的良好势头;以电梯产业为主的装备制造业成为汾湖的主导产业之一;全区用于技术改造累计投入74亿元,各级各类科技研发投入6000多万元;康力电梯成为开发区继永鼎股份之后的第二家上市公司。以省级汾湖科创园为基地的新兴产业发展势头强劲。现代服务业以服务业集聚区和服务外包基地为主战场,服务业招商引资工作进展顺利;以农业机械化为主要标志的农业现代化稳步推进。

### 四、启示

通过研究汾湖开展"区镇合一"管理体制的实践,可以得到如下启示。

1. 明确指导思想

"区镇合一"是加快推进城镇化和城乡一体化发展进程中的一项体制创新,其目的是使将不同的主体合二为一,以使整个区域能有明确的发展目标与整体的发展框架,最终目的是使开发区与乡镇协调发展,最终实现经济、社会、环境效益的整体提升,城市与乡村的统筹发展。因此,不论是"镇辖区"还是"区管镇",在任何有分歧的问题的处理上,都要以这个思路作为最终的落脚点。同时,制度上要通过设定不同的考核内容,对实行"区镇合一"的开发区和乡镇进行各个方面的考核,以激发其走共同发展、综合提升之路。

2. 加强城乡统筹

统筹城乡产业布局,提高二、三产业在经济发展中的贡献份额,拉长、延伸现代农业产业链条。统筹城乡基础设施建设,一手抓开发区基础设施向农村延伸,一手抓镇村基础设施的新建配套。统筹城乡公共服务,建立健全覆盖城乡的社保体系,切实保障失地农民的基本生活。

3. 落实体制框架

真正做到事权分开,发挥领导班子的主动性,制定科学的管理机制,以更活的机制提高效能。落实内部竞争上岗和人员聘任制,且能上能下,奖惩分明,薪酬能高能低,激发管理人员的积极性与创造性,凝聚合力。创新人才队伍、干部队伍的管理体制,实行新的用人和绩效分配机制,能上能下,公开管理,依据工作实绩任用干部,最大限度地调动其积极性和创造性。

4. 加强规划管理

切实把握规划的总体性、科学性、前瞻性,编制好总体规划,涵盖产业规划、中心区发展规划、居住休闲规划等一系列详细规划,以规划指导建设,尽快建立区镇发展的大框架。

**【思考题】**

1. 汾湖的"区镇合一"体制改革对你有哪些启示?
2. 你认为汾湖的"区镇合一"体制有哪些需要完善之处?

## 附录一

# 中共苏州市委、苏州市人民政府关于城乡一体化发展综合配套改革的若干意见

(2008年11月14日)

为了深入学习贯彻党的十七大、十七届三中全会和省委十一届五次全会精神，认真落实省委、省政府关于苏州开展城乡一体化发展综合配套改革试点的决策部署，加快苏州城乡一体化进程，特提出如下意见。

## 一、战略意义

形成城乡经济社会发展一体化新格局，是党的十七大对统筹城乡发展、构建新型城乡关系提出的新要求，是贯彻落实科学发展观的重大举措，也是构建社会主义和谐社会的重要基础，事关苏州率先基本实现现代化的全局，对实现经济社会又好又快发展具有十分重要的意义。

改革开放以来，在党中央、国务院和江苏省委、省政府的正确领导下，苏州以解放思想为先导，始终坚持城乡协调发展方略，80年代乡镇企业"异军突起"，加快了农村工业化进程；90年代开发区和开放型经济蓬勃发展，加速了城市化国际化步伐；进入新世纪，特别是党的十六大以来，苏州坚持以科学发展观统领经济社会发展全局，按照城乡统筹发展的要求，整体推进新农村建设，推动"三农"与"三化"互动并进，农村经济和农民收入结构、农村经济体制和运行机制、农村生产生活条件和环境面貌、农民权益保护和农村基层政权建设等方面都发生了积极变化，城乡统筹、城乡一体化发展已成为苏州新的发展阶段的重要特征和战略选择。

但是，在新的发展阶段，苏州也面临着经济发达地区存在的问题：

外来人口增多,陆地常住人口密度超过2000人/平方千米;土地资源紧缺,人均耕地已不到半亩地;农户分散居住较为突出,农房闲置不断增多;农业规模经营不够,土地资源没有得到充分利用,制约了城乡一体化发展。为此,迫切需要通过综合配套改革,着力改变二元经济和社会结构,科学合理配置资源,破除发展瓶颈制约,加快转变发展方式,增创科学发展新优势,推动苏州发展实现新的跨越。

开展城乡一体化发展综合配套改革,有利于促进城乡全面协调可持续发展,实现强市与富民有机统一;有利于优化城乡整体布局,拓展"三农"与"三化"发展空间;有利于创新农业组织形式和经营方式,推动现代农业发展;有利于加强生态环境建设,改善城乡人居环境,实现经济发展与人口资源环境相协调,不断开创苏州城乡一体化发展新局面。

### 二、指导思想

全面贯彻党的十七大和十七届三中全会精神,高举中国特色社会主义伟大旗帜,以邓小平理论和"三个代表"重要思想为指导,深入贯彻落实科学发展观,按照城乡一体化发展的要求,坚持解放思想、实事求是、与时俱进,以改善民生为目的,以改革创新为动力,以破除城乡二元结构为重点,以构建政策制度框架为关键,以优化配置资源为手段,以加强基层组织建设为保障,进一步推动先进生产要素向农村流动、基础设施向农村延伸、公共服务向农村覆盖、现代文明向农村传播,率先建立"三农"与"三化"协调发展的互动机制,率先建立农民持续增收的长效机制,率先建立发展现代农业的动力机制,促进农民全面发展、农业全面提升、农村全面进步,努力提升城乡一体化发展水平。

### 三、基本原则

1. 坚持富民优先。始终把实现好、维护好、发展好最广大人民群众的根本利益,作为推进城乡一体化发展综合配套改革的出发点和落脚点。坚持改革促进发展,发展成果由人民共享,切实保障和维护农民权益,着力构建农民持续增收长效机制,让广大农民在改革发展中得到更多的实惠,促进农民全面发展,农村繁荣和谐。

2. 坚持规划引领。坚持把规划放在龙头地位,按照城乡规划全覆盖的要求,进一步优化城镇空间规划,完善村镇布局规划,推进重大专项规划向农村延伸。按照形成主体功能区的要求,强化片区规划理念,打破行政界限,推进"三个集中",优化开发格局,形成全市域统一规划布局重大基础设施、重大产业和社会发展项目的城乡建设新格局,充分发挥规划对城乡空间资源配置的引领作用。

3. 坚持制度创新。始终把改革创新贯穿城乡一体化发展的各个环节,从传统发展观念的束缚中解放出来,从已有的经验模式的局限中解放出来,从过时条条框框的阻碍中解放出来,着力构建合理、公平、效率、符合科学发展的体制机制,进一步完善社会主义市场经济体制,提高改革决策的科学性,增强改革措施的协调性。

4. 坚持整体推进。加强改革试点工作的整体设计和系统安排,正确处理改革发展稳定的关系,把城市与农村、经济与社会、改革与发展有机结合起来,统一协调改革进程,统筹制定改革政策,体现改革的坚定性、开创性和可操作性。

5. 坚持典型示范。一切从苏州实际出发,因地制宜、分类指导,重点突破、以点带面,大胆探索、勇于创新,尊重基层的首创精神,鼓励有条件的地方先行先试,充分体现苏州特色,为全省乃至全国推进城乡一体化发展提供有益启示。

### 四、总体目标

推进城乡一体化发展综合配套改革,既是一项紧迫的现实任务,也是实现率先发展、科学发展与和谐发展的战略选择,必须坚持当前工作与长远目标统筹兼顾。通过一段时间的努力,使苏州农村既保持鱼米之乡优美的田园风光,又呈现先进和谐的现代文明,逐步建设成为基础设施配套、功能区域分明、产业特色鲜明、生态环境优美、经济持续发展、农民生活富裕、农村社会文明、组织坚强有力、镇村管理民主的苏州特色社会主义新农村,基本形成城乡发展规划、资源配置、产业布局、基础设施、公共服务、就业社保和社会管理一体化的新格局。

加快形成农民持续增收的长效机制。转变工作理念,创新体制机制,强化政策扶持,完善社会保障,积极拓展现代农业增收潜力,巩固完善政策性收入,稳定提高工资性收入,不断增加投资财产性收入,促进农民持续增收。

加快形成农村新型集体经济发展的动力机制。坚持创新集体经济发展模式,进一步加快农村合作经济发展,增强集体经济造血功能,强化集体经济组织发展活力,巩固党在农村的执政基础。

加快形成协调发展和构建和谐社会的制度环境。统筹城乡制度安排,进一步改革土地征使用、公共财政合理分配、基本统一的社会保障等制度,理顺社会分配关系,注重发展成果的普惠性,加快建立城乡一体、逐步接轨的政策和制度框架,促进城乡经济社会协调发展、和谐稳定。

加快形成城乡公共服务均等化的运行体系。更加注重社会建设,强化社会管理职能,把生态文明建设放在突出位置,加快发展农村社会事业,加强农村公共服务体系建设,扩大公共产品和公共服务的覆盖面,不断提高农村公共产品供给水平。

加快形成城乡一体的行政管理体制。探索建立符合城乡一体化发展的领导体制,改变城乡分割、条块分割的工作状况,调整城乡管理方式,建立综合协调机构,形成城乡良性互动的工作机制。完善农村社会管理体制机制,强化基层社会管理,加强基层组织建设,确保城乡一体化发展综合配套改革顺利推进。

## 五、改革重点

1. 建立土地资源增值收益共享机制。统筹安排城乡土地资源,推动农村建设用地向城镇集中。改革土地征使用制度,坚持节约集约用地,继续实行"留用地"政策,探索建立宅基地置换机制和土地资源增值收益共享机制。鼓励农户将集体土地承包经营权、宅基地及住房置换成股份合作社股权、社会保障和城镇住房。以镇(街道)为单位,组建市场化运作主体,搭建推进改革试点平台,实施资产资本运作,实现"资源资产化、资产资本化、资本股份化"。

2. 创新现代农业发展机制。稳定和完善农村基本经营制度,在统分结合上求突破,进一步加快土地股份合作改革步伐,促进土地承包经营权流转,提高农业规模化经营和组织化水平。坚持现代农业"生态、生产、生活"的功能定位,认真落实优质粮油、花卉园艺、特种水产、生态林地为主导的"四个百万亩"农业产业布局规划。完善农业支持保护制度,建立严格的耕地与农业资源保护补偿机制,加强农业基础设施建设,加快农业科技创新,建立新型农业社会化服务体系和现代营销体系,大力推进农业标准化、品牌化、集约化、机械化生产,扶持发展无公害、绿色、有机农业。深入推进农业向二、三产业拓展延伸、融合发展,建成一批现代农业规模化示范区。全面推进集体林权制度改革,确保林业有发展、农民得实惠、生态受保护。

3. 完善农村"三大合作"改革。加大农村社区股份合作、土地股份合作、农业专业合作改革力度,激发新型集体经济活力,鼓励和支持"三大合作"组织以多种形式参与城市化、工业化和新农村建设,探索开放式经营运作模式,做大做强合作经济组织。构筑农民与集体更为紧密的利益联结机制,加快股权固化改革,规范分配制度,提高分红水平。提高合作经济组织化程度,充分体现农民主体地位,强化基层民主管理的制度基础。

4. 健全城乡统筹就业创业制度。深化户籍制度改革,积极引导农民进入城镇就业、创业和定居,减少农民、致富农民。把农村就业纳入整个社会就业体系,逐步实现城乡劳动者就业服务共享、就业机会平等。完善农民非农就业的免费登记制度、免费培训制度、奖励中介和鼓励企业用工制度,构建城乡统一、公平公开公正的劳动力市场体系。加快农民向非农产业转移,鼓励农民投资创业、联合创业。积极发展劳务合作社,重点解决农村"4050"人员就业问题。

5. 加快城乡社会保障制度接轨步伐。落实土地出让金优先安排用于被征地农民基本生活的补偿政策,加快被征地农民纳入城保的衔接工作。在非农产业就业的农村劳动力全部纳入城镇社会保障。研究落实纯农人员的社会保障待遇问题。建立健全农村基本养老保险金自然增长机制,逐步提高保障水平。改革农村合作医疗保险制度,全面实施农村基本医疗保险。健全农村居民大病救助体系,切实解决部分农户因病致贫的问题。完善农村最低生活保障水平自然增长机制。探索实施城乡统一的最低生活保障制度。探索农村工伤、生育保险,进一步丰富和完善农村社会保障。

6. 深化农村金融体制改革。加快农村金融体制改革和创新,努力构建多元化的农村金融组织体系。积极培育小额信贷组织,鼓励发展信用贷款和联保贷款。扩大小额信贷公司试点范围,鼓励发展村镇银行。积极探索开展土地市场、土地银行试点。完善政策性农业保险经营机制和发展模式。巩固发展农业担保体系,扩大担保规模,放大财政支农资金的乘数效应。探索建立粮食银行,为农民提供优质服务。

7. 建立健全生态环境补偿制度。坚持把保护生态环境放在城乡一体化发展的突出位置,探索创新土地流转、生态补偿、市场运作机制,按照"四沿两点一区"(沿村、沿路、沿水、沿城镇,庭院、企业,生态示范区)的总体要求,加快推进"三绿"(绿色基地、绿色通道、绿色家园)工程,把环太湖、环阳澄湖周边建成全市最大的湿地、森林生态区,提高生态综合效益。全面推进城乡水环境综合治理,营造"水资源、水环境、水安全、水文化"四位一体新格局。加强再生资源回收利用体系建设。优化环境空间,推进集约发展,引导工业企业向规划区集中、农业用地向规模经营集中、农民居住向新型社区集中。

8. 强化公共服务体系建设。按照城乡基本公共服务均等化的要求,深化教育体制改革,促进城乡教育均衡优质公平发展。深化医疗卫生体制改革,完善城乡公共卫生体系、医疗服务体系和医疗保障体系,探索城乡医疗卫生机构的管理体制和运行机制并轨。深化文化体制改革,建立覆盖城乡的公共文化服务体系,形成富有活力的文化管理体制和文化产品生产经营机制。探索建立城乡一体化人口服务和管理新机制。健全公共服务体系,促进农民在教育、文化、卫生、体育、社会服务等方面享有与市民同等待遇。

9. 加强农村行政管理体制改革。按照精简、统一、效能的原则,鼓励符合条件的中心镇探索"区镇合一"行政管理体制,赋予其更多的经济和社会管理权限,增强其社会管理和公共服务职能。稳步推进中心城区周边撤镇建街道、撤村建居工作。坚持富民、利民、便民、安民原则,科学规划布局农村新型社区,加强现代社区服务中心建设,合理设置组织模式,健全基层社会管理体制,实现政府行政管理和基层群众自治有效衔接和良性互动。根据不同地区不同的功能定位和发展特色,因地制宜地科学确定考核评价体系,健全促进科学发展的考核评价机制。

10. 健全城乡一体的领导体制和工作机制。加强和改善党的领导,为推进农村改革发展提供坚强政治保证。强化党委统一领导、党政齐抓共管、农村工作综合部门组织协调、有关部门各负其责的农村工作领导体制和工作机制,积极探索城乡领导体制的一体化。各级党委和政府要坚持把农村工作摆上重要议事日程,在政策制定、工作部署、财力投放、干部配备上切实体现全党工作重中之重的战略思想。加强党委农村工作综合部门建设,建立职能明确、权责一致、运转协调的行政管理体制。支持人大、政协履行职能,发挥民主党派、人民团体和社会组织积极作用,共同推进农村改革发展。加强农村基层组织建设,选优配强农村各级领导班子,健全城乡党的基层组织互帮互助机制,推进农村党组织换届"公推直选"工作,深入开展农村"三级联创""双带三评""先锋工程"以及扶持经济薄弱村等实践活动。加强农村基层干部队伍建设,实施激励计划,推进城乡干部双向挂职交流,引导高校毕业生到村任职,加大从优秀村干部中考录公务员和选任乡镇领导干部力度,拓宽农村基层干部来源,提高他们立足基层、干事创业的积极性。加强农村基层党风廉政建设,深化村务公开和民主管理,健全农村集体资金、资产、资源管理制度,建立健全监管平台,切实保障农民合法权益。

### 六、政策措施

1. 调整城镇建设用地规划。根据镇级经济发展、农民集中居住和人口增多的实际情况,及时修编城镇建设用地规划,完善配套设施和服务功能,使小城镇成为新一轮又好又快发展的重要载体。

2. 实施土地置换政策。在确保建设用地总量不增加、耕地面积不减少和农民利益得到切实保障的前提下,实行城镇建设用地增加与农村建设用地减少相挂钩的政策,并允许建设用地先占用后平衡。通过土地征用、政府定价、委托代建降低成本,建设集中居住区。置换形成的增量土地,原则上按照4:2:4比例分配,即40%用于农民居住安置,20%用于新型工业化,40%用于发展服务业,其土地增值收益主要用于农村基础设施、现代农业、农村社会保障和农村公共服务体系建设。

3. 加强财税政策扶持。市财政安排专项资金,支持城乡一体化发展综合配套改革试点。各市(县)、区从2009年起,安排当年土地拍卖收益的15%,作为改革试点启动资金。建立健全现代农业投入和生态补偿机制,财政扶持资金重点向基本农田保护区、生态保护区倾斜。经省批准,拓展新增建设用地有偿使用费、农业重点开发资金、农业土地开发资金以及耕地开垦费等专项资金的用途。经省授权,对农民集中居住区建设、农民专业合作经济、现代农业以及农村公共服务等制定专项税收优惠政策。

4. 完善城乡社保政策。加快整合城乡各类社会保障制度,完善覆盖城乡的社会保障体系。经省批准,扩大地方失业保险资金使用范围。加大企业职工基本养老保险省级调剂金对苏州的支持力度,增强企业基本养老基金抗风险能力。

**七、组织保障**

推进城乡一体化发展综合配套改革试点,是省委、省政府的重大战略决策,是苏州市经济社会发展的重大战略机遇,必须创新工作思路,改进工作方法,加强组织领导,确保改革试点顺利推进。

1. 建立改革试点工作指导机制。建立由省委、省政府分管领导挂帅,省发改委牵头,省有关部门参加的改革试点工作指导机制,加强对苏州市综合配套改革试点工作的指导。每年召开一至两次工作会议,研究政策措施,推进改革试点。

2. 建立市改革试点工作领导小组。成立由市委、市政府主要领导牵头,分管领导具体负责,相关部门参加的试点工作领导小组,负责统筹协调改革试点工作中重大问题的决策。完善市四套班子全体领导和市各有关部门与改革试点地区挂钩联系制度,强化城乡一体化发展的整体推进机制。

3. 建立市改革试点工作领导小组办公室。由市委农办及市发改、财政、建设、规划、农林等部门组成改革试点工作领导小组办公室,抽调有关人员集中办公,具体负责试点工作的综合协调、政策制定、督促检查等工作。各市、区和确定为改革试点的镇(街道)也要建立相应的工作机构和工作机制,根据总体部署,做好改革试点的推进工作。

4. 建立改革试点责任落实和跟踪评估机制。完善体现科学发展观和正确政绩观要求的干部考核评价体系,把现代农业、富民强村、环境建设、和谐稳定作为绩效考核的重要内容。建立绩效考核办法,把各项改革试点任务分解落实到各级各部门。加强改革实施过程中的跟踪调研、监督检查和阶段性效果评估,及时了解和分析改革进程中出现的新情况、新问题,根据实际情况进行调整优化。邀请有关专家,建立专家咨询组,对一些需要重点突破的重大改革问题进行研究和论证。

5. 制定改革试点实施细则。根据改革总体部署,制定出台专项实施细则。各市、区要根据本意见和相关实施细则,结合各自实际,进一步细化政策措施和操作办法,确保改革试点扎实有序展开,努力向省委、省政府交出满意的答卷。

附录二

# 苏州城乡一体化发展综合配套改革
# 三年实施计划

(2009年7月15日)

形成城乡经济社会发展一体化新格局,是党的十七大对统筹城乡发展、构建新型城乡关系提出的新要求,是贯彻落实科学发展观的重大举措,也是构建社会主义和谐社会的重要基础,事关苏州率先基本实现现代化的全局,对实现经济社会又好又快发展具有十分重要的意义。

开展城乡一体化发展综合配套改革,有利于促进城乡全面协调可持续发展,实现强市与富民有机统一;有利于优化城乡整体布局,拓展"三农"与"三化"发展空间;有利于创新农业组织形式和经营方式,推动现代农业发展;有利于加强生态环境建设,改善城乡人居环境,实现经济发展与人口资源环境相协调,不断开创苏州城乡一体化发展新局面。

为了深入贯彻党的十七大、十七届三中全会和省委十一届五次全会精神,认真落实省委、省政府关于苏州开展城乡一体化发展综合配套改革试点的决策部署,如期完成"一年一个样,三年像个样"的目标任务,特提出如下三年(2009—2011年)实施计划。

一、基础条件

经过改革开放30多年以来城乡经济社会的快速、持续、健康发展,苏州已经具备了推进城乡一体化发展综合配套改革的基础条件。一是苏州城乡经济实力日益增强,三次产业协调发展。工业成为乡镇主导产业,服务业成为乡镇新兴产业,现代农业建设步伐加快,三次产业融合发展。乡镇综合实力不断增强,县域经济实力日益提升。苏州下辖五个市(县)连续多年进入全国十强县行列。这为推进城乡一体化发展综合配套改革奠定了坚实的经济基础。二是苏州城乡居民收入差距较小,共同富裕格局加快构建。近几年来,苏州农民人均纯收入位居全国第一,城乡居民收入比例保持在2∶1左右。在全国范围内,苏州是城乡居民收入差距最小的地区之一。三是苏州城乡基础设施基本对接,协同发展条件已经具备。全市已经构建起四通八达的高等级公路网体系。农村电力、邮电、通讯、供水、废水和垃圾处理等基础设施条件不断完善,经济社会协调发展的支撑能力不断提高。四是苏州城乡劳动和社保制度不断健全,生产要素流动渠道畅通。苏州已经明确取消对农村劳动力进城就业的各种限制性规定。农民基本养老保险和被征地农民基本生活保障与城保衔接转换的办法已经制定,农村居民社会医疗保险制度已经建立,农村合作医疗保险不断完善和发展,农村最低生活保障制度建立健全。五是苏州城乡社会事业共同进步,公共管理服务日趋均衡。城市优质的教育、卫生资源逐步有序向农村辐射和延伸。城市社区公共管理服务的理念和做法,在农村得到借鉴和发展,农村社区服务中心普遍建立。六是苏州城乡经济体制改革深入推进,发展活力显著增强。乡镇企业率先推进产权制度改革,"三大合作"改革不断深化,股权进一步清晰,权责进一步明确,经济发展的内生活力显著增强。

## 二、基本原则和总体目标

(一)基本原则

1. 坚持以人为本。坚持把实现好、维护好、发展好广大人民群众根本利益,作为推进城乡一体化发展综合配套改革的出发点和落脚点。尊重农民意愿,保障农民权益,促进农民增收,让广大农民更好地共享改革发展成果。

2. 坚持制度创新。始终把改革创新贯穿城乡一体化发展的各个环节,率先在城乡发展规划、资源配置、产业布局、基础设施、公共服务、就业社保和社会管理等"六个一体化"方面取得新的突破。

3. 坚持尊重实践。尊重基层和群众的首创精神,发挥人民群众的主体作用,只要有利于破除城乡二元结构、促进城乡经济社会发展一体化的改革,有利于工业化、城市化和农业现代化协调推进的创新,有利于构建和谐社会的实践,都鼓励支持、放手放开、先行先试。

4. 坚持统筹兼顾。加强改革试点工作的整体设计和系统安排,统筹个人利益和集体利益、局部利益和整体利益、当前利益和长远利益,把城市与农村、经济与社会、改革与发展有机结合起来,统一协调改革进程,统筹制定改革政策,体现改革的坚定性、开创性和可操作性。

(二)总体目标

推进城乡一体化发展,既是紧迫的现实任务,也是实现率先科学和谐发展的战略选择,必须着眼长远、立足当前,科学规划、分类指导,突出重点、有序推进。根据率先科学和谐发展的要求,城乡一体化发展综合配套改革的总体目标是,通过一段时间的努力,使苏州农村既保持鱼米之乡优美的田园风光,又呈现先进和谐的现代文明,逐步建设成为基础设施配套、功能区域分明、产业特色鲜明、生态环境优美、经济持续发展、农民生活富裕、农村社会文明、组织坚强有力、镇村管理民主的苏州特色社会主义新农村,加快形成农民持续增收长效机制、农村新型集体经济发展动力机制、协调发展和构建和谐社会制度环境、城乡公共服务均等化运行体系、城乡一体行政管理体制,率先实现城乡发展规划、资源配置、产业布局、基础设施、公共服务、就业社保和社会管理一体化的新格局。

2009年为"重点突破年"。围绕城乡一体化发展目标,在完善农村劳动和社会保障制度、推进宅基地换商品房、承包地换社保工作、加快城乡户籍管理一体化等方面,制定专项政策意见,着力推进23个先导区的先行先试工作。

2010年为"整体推进年"。整体推进"三形态""三集中""三置换"工作。"三形态"工作:地处工业和城镇规划区的行政村,以现代服务业为主要发展方向,加快融入城市化进程;工业基础较强、人口较多的行政村,以新型工业化为主要发展方向,加快就地城镇化步伐;地处农业规划区、保护区的行政村,以现代农业为主要发展方向,推动一次产业与二、三次产业融合发展,加快农业现代化步伐。"三集中"工作:工业企业向规划区集中,因地制宜推进"退二进三"、"腾笼换鸟",或"退二还一"、异地置换工作;农业用地向规模经营集中,鼓励农户间规范自由流转,推动土地股份合作社建设,发展规模现代农业;农民居住向新型社区集中,换房进城进镇,或就地集中居住。"三置换"工作:集体资产所有权、分配权置换社区股份合作社股权;土地承包权、经营权通过征地换基本社会保障,或入股换股权;宅基地使用权可参照拆迁或预拆迁办法置换城镇住房,或进行货币化置换,或置换二、三产业用房,或置换置业股份合作社股权。

2011年为"全面提升年"。建立较为完善的城乡一体化发展推进机制,全面提升"三形态""三集中""三置换"工作水平。

### 三、主要任务和责任部门

(一)推进城乡一体化劳动就业制度改革(由市劳动和社保局、财政局、人事局等单位负责牵头落实)

1. 建立健全城乡统一的就业和失业登记制度,将农村就业纳入社会就业体系,探索建立城乡劳动力资源调查制度和就业、失业的界定标准,实行社会登记失业率统计制度。

2. 完善城乡统一的就业困难人员的就业援助,职业培训,安置和鼓励农民多渠道、多形式的就业制度和机制。

3. 培育完善城乡统一开放、平等竞争、规范有序的人力资源市场,形成城乡一体化的就业创业公共服务体系。抓住创建国家级创业型城市的契机,立足于大创业思路,整合创业政策资源,协调和整体推进创业促进就业工作,鼓励农民投资创业、联合创业,提升城市创业指数,加快农民向非农产业转移。

4. 完善农民非农就业免费职业介绍、免费培训制度。每年免费培训城乡劳动者25万人,本地新成长劳动力和被征地农民就业率达到90%,到2011年,全市社会登记失业率控制在4.5%。

(二)推进城乡一体化社会保障制度改革(由市劳动和社保局、民政局、财政局、卫生局、人口和计生委等单位负责牵头落实)

1. 调整农村土地出让金收入的预算安排,优先用于落实被征地农民基本生活的补偿政策。

2. 完善农村居民和劳动适龄被征地农民纳入城镇社会养老保障的政策体系，加快农保向城保转换衔接，推进城乡劳动者社会养老保障制度的一元化。

3. 建立健全农村养老保障待遇的正常调整机制，探索建立农民补充养老保险制度，逐步提高农村社会养老保障水平。逐步统一城乡老年居民养老补贴享受条件和待遇标准，建立健全合理增长机制，稳步提高养老保障水平。

4. 完善全市统一的职工医疗保险政策，三年内全市各统筹区域实现统一覆盖范围、统一保障项目、统一待遇标准、统一医疗救助和统一管理制度的"五统一"。逐步建立全市统一的医疗保险信息管理系统，实现城乡参保居民异地就医结算。

5. 根据国家《关于深化医药卫生体制改革的意见》精神，逐步提高农村合作医疗保险筹资水平和统筹层次，缩小城乡医疗保障水平差距，探索建立城乡一体化的基本医疗保障管理制度，逐步实现农村合作医疗保险和城镇居民基本医疗保险制度框架的统一。加强农村合作医疗保险信息系统建设，实现与医疗机构信息系统的对接，方便参保人员就医，提高医疗服务透明度。

6. 有效整合基本医疗保险经办资源，增强城乡居民医疗保险基金抗风险能力，不断提高城乡居民医疗保险筹资标准，切实提高城乡居民医疗保障待遇水平。

7. 探索建立农民生育保险制度，逐步完善机制，不断满足农村育龄妇女生育和计划生育手术的社会保障需求。

8. 完善城乡统一的最低生活保障制度和城乡一体的社会救助体系。健全社会医疗救助办法，逐步提高城乡医疗救助水平，实现城乡社会医疗救助统一管理，切实解决部分居民因病致贫问题。

（三）推进城乡一体化户籍制度改革（由市委农办、市公安局、民政局等单位负责牵头落实）

1. 进一步深化完善户籍登记办法，年内研究出台在大市范围内实现以合法固定住所为依据的新型户籍登记管理制度。改造升级人口信息"全程通"系统,统一各县市管理系统,从技术上实现大市范围居民户口"一站式"迁移。

2. 2010年适时出台配套政策,在各市(县)原有户籍准入办法的基础上,在大市范围内实施统一的户籍准入登记办法。2011年全面实现大市范围内以合法固定住所为依据的居民户籍自由迁移。

3. 对城市流动人口,加快探索建立居住证制度,加强对新居民的管理和服务。

4. 研究与户籍相关的配套改革,在更多层面上打破"二元"结构制约,使城市居民和农村居民在劳动就业、社会保障、计划生育、文化教育、医疗卫生及其他社会事务方面享受均等化公共服务。

5. 加快农村,尤其是城中村、无地队集体资产管理体制改革,相应推进撤村建社区工作,将被征地农民转变为真正的城市居民,全面纳入城市社会管理体系。

(四)推进农村土地管理制度改革(由市委农办、市国土局等单位负责牵头落实)

1. 建立适合现代农业发展的农用土地流转机制,保证农民通过土地流转制度获得稳定收益。

2. 完善集体非农建设用地使用权流转管理机制。制定出台集体非农建设用地使用权流转管理补充意见。在严格执行土地利用总体规划和用途管制的前提下,进一步明确农村非农集体用地使用权流转范围、程序和方式,健全城乡统一的建设用地市场,将非农集体建设用地使用权全面纳入土地有形市场建设,积极探索建立和完善集体经济组织、农民参与和共享集体建设用地收益合理分配机制。

3. 继续试行城乡建设用地增减挂钩试点政策。继续推进城乡建设用地增减挂钩试点政策,在实现项目区内建设用地不增加、耕地面积不减少、质量不降低的前提下,加快农民居住向中心村镇集中、工业向园区集中、土地向适度规模经营集中,促进节约集约利用建设用地,城乡用地布局更加合理。

4. 稳妥搞好农村宅基地换商品房工作。鼓励农户积极参与农村住宅置换商品房工作,让农民在置换过程中获实利得实惠,确保置换后农民的居住环境变美好、生活品质得提升、长期收益有保证、社会保障更完善。通过建立置换机制,积极探索宅基地退出机制,促进城乡之间土地要素的流动,改善村镇用地结构,优化各类用地布局,提高土地集约利用水平。

(五)深化农村财税金融体制改革(由市委农办、市发改委、财政局等单位负责牵头落实)

1. 稳步推进农村财税管理体制改革,规范乡镇财税组织秩序,完善乡镇财政分税制体制,理顺乡镇事权与财权关系,提高乡镇发展社会事业和提供公共服务的财力支撑能力。

2. 完善农村金融体系,加强农村金融服务,加快建立商业性金融、合作性金融、政策性金融相结合,资本充足、功能健全、服务完善、运行安全的农村金融体系。

3. 建立健全政府主导、市场运作、社会协同、农民参与的农村土地管理监督营运平台,优化土地增值模式,不断提高乡镇投融资能力。

4. 加大农村金融政策支持力度,出台相关政策措施,支持和鼓励城市优质金融服务向农村延伸,引导更多信贷资金和社会资金投向农村。规范发展多种形式的新型农村金融机构。坚持为"三农"服务和小企业服务,加快组建和规范发展农村小额贷款公司,年内计划组建18家,三年内争取拓展到平均每个镇1家以上。探索开展村镇银行和土地银行试点。支持邮政储蓄银行及其他金融机构扩大涉农业务范围,鼓励发展适合农村特点和需要的微型金融服务,开发农民生产性小额贷款产品,允许有条件的农民专业合作社开展信用合作。稳步发展农产品期货市场。

5. 健全政策性农业保险制度,加大政府补贴支持力度,不断扩大业务覆盖面。建立健全政府扶持、多方参与、市场运作的农业担保体系。

(六)加快推进城乡规划管理一体化(由市发改委、建设局、规划局、国土局等单位负责牵头落实)

1. 把城乡一体化发展作为"十二五"国民经济和社会发展总体规划和专项规划编制工作的主要原则,认真贯彻落实。城乡一体化发展综合配套改革先导区在两年内(2010年底),一般镇在三年内(2011年底前),完成国民经济和社会发展规划的编制或修改完善工作。

2. 统筹城乡建设规划,构建"中心城市—县级城市—特色镇—新型社区(自然村落)"四级城乡一体化发展体系。城乡一体化发展综合配套改革先导区在两年内(2010年底),一般镇在三年内(2011年底前),完成总体规划、控制性详细规划、镇村布局规划和村庄规划的修编和完善等城乡规划全覆盖工作。

3. 根据城乡规划法的要求,建立健全镇级规划管理机构,完善管理职能,加强公众参与违法建设查处制度建设,健全政务公开和投诉举报受理制度,完善规划审批和行政责任追究制度,提高村镇规划管理水平,维护各类法定规划严肃性。城乡一体化发展综合配套改革先导区在年内,一般镇在2010年底前,将镇级管理机构配置到位。

4. 结合全市土地利用总体规划修编工作,根据经济社会发展的实际情况,进一步完善苏州市城镇体系规划,着力提高城乡土地资源统筹和集约利用水平。

5. 加强小城镇规划建设工作。重点规划建设好中心镇,做到城镇土地利用规划、建设规划、产业发展规划等各项规划有机对接,提高集约化发展水平。同时,更加重视被撤并镇的规划建设工作,充分利用现有建设用地,因地制宜,合理定位,发展特色产业园区或农民集中居住社区,着力推动被撤并镇实现新一轮发展。

6. 建立健全城乡一体化的建设管理体制,规范村镇建设行为。进一步完善村镇建设项目的服务和监管,加强管理队伍建设,提高建设管理水平。

(七)加快推进城乡基础设施建设和管理一体化(由市发改委、经贸委、建设局、交通局、水务局、环保局、旅游局等单位负责牵头落实)

1. 深化城乡基础设施建设投融资体制改革。进一步完善城乡交通网络建设,加快城市高速公路和轨道交通网等交通大动脉建设,加快连接农村居民小区、企业集中片区的交通子系统建设,为农村居民生活和企业生产提供良好的交通条件。

2. 加快村镇基础设施建设,提高村镇现代化水平。在村镇规划的指导下,合理配置农贸市场、幼儿园、医疗站、活动中心、停车场、公园绿化等,逐步完善村镇公建配套和公共服务设施,加快乡村旅游景区建设,促进乡村旅游健康持续稳定发展。

3. 深化城乡公交管理体制改革。整合城乡公交资源,优化城乡公交线网,提高公交营运管理水平和综合效益。进一步提高客运一体化覆盖率,2009年、2010年、2011年分别达到90%、92%、95%。

4. 进一步加大农村电网改造升级力度,提高农村电网的承载力和稳定性,改善农村电力基础设施条件。

5. 大力推进镇村生活污水治理工作。进一步推进城乡一体化污水处理设施建设,稳步实施城镇污水治理计划,有序推进除磷脱氮指标升级改造工程和新建、扩建城镇污水处理厂项目。进一步提高生活污水处理率,2009年、2010年,市及市(县)城区达90%、95%,省级以上开发区建成区分别达95%、100%,镇区(街道)分别达80%、85%。加快实施农村污水治理计划,2009年沿太湖和阳澄湖地区农村污水治理率达50%,其他地区达30%,2010年沿太湖和阳澄湖地区达80%,其他地区达50%。

6. 进一步完善农村供水管网,不断提高农村供水的可靠性和安全性。2011年实现城乡"一张网、一个价"一体化供水目标。加快城乡河网水系规划实施步伐,建立健全农村河道长效管理机制,努力营造"水资源、水环境、水安全、水文化"四位一体新格局。健全管理队伍,加强协调工作,强化检查考核。

7. 加快推进城乡环保监管一体化。加快环境保护职能向农村延伸,加快环境保护基础设施向农村拓展,加快环境监测监管队伍向农村覆盖,突出从源头上预防环境污染和生态破坏,加大生态修复力度,全面加强农村环境保护,维护城乡生态环境平衡。控制农村生活污染、农业面源污染和乡镇工业污染,提高环境准入门槛,严格实行排污总量控制,引导工业企业向规划区集中。强化规划环评和区域限批。加强环境监管基础体系建设,鼓励支持环境保护与治理技术的推广和科技手段运用,逐步建设覆盖城乡,集环境质量、饮用水安全和污染源在线监控于一体的数字环保基础工程。完成全市域土壤污染状况调查,开展土壤环境质量状况评价。继续实施农村地表水监测,2010年,全市农村地表水环境质量综合达标率达70%以上。加强环保管理队伍建设,推广在乡镇、开发区设立环境监察派出机构制度,在行政村聘任专职环保监管员制度,形成市、市(区)、镇和村四级联动环保监管体系。

8. 加大村庄环境整治力度,提升人居环境质量。对规划保留村庄逐步实行修建村内道路、新建公共厕所、新增绿化景观、拆除违章搭建、整治村容村貌,全面改善村庄环境面貌。

9. 推广节能减排新技术。村镇民用建筑应按照国家相关建筑节能标准进行设计、施工,鼓励应用节能灯具和节水型设备,大力推广太阳能热水系统,建设区域性的生活垃圾集中收集、处理站和污水处理设施。

10. 加大古镇古村保护力度,重视历史文化保护。注重历史文化挖掘和保护,保护好现存古宅名街、古井古桥、古树名木,新建建筑突出地方特色,注重历史文化的传承与保护。

(八) 加快推进城乡公共服务均等化(由市委农办、市教育局、民政局、财政局、卫生局、人口和计生委、体育局、文广新局、贸易局、供销社等单位负责牵头落实)

1. 深化教育体制改革,加快形成"以县为主,城乡一体"的教育管理体制。尽快研究出台《关于促进教育又好又快发展的若干意见》,着力推动"以县为主,城乡一体"教育管理体制的全面建立。出台《苏州市城乡教育一体化市(县)、区发展标准》,全面启动乡镇中小学"达标升级"活动。2010年所有高中段学校,2012年所有初中学校,2015年所有小学及幼儿园均实现由市(县)、区教育行政部门直接管理。

2. 加快推进城乡基层医疗卫生服务一体化建设。年内研究制定城乡卫生服务一体化建设意见,推进镇村两级社区卫生服务机构一体化管理体制改革。加大对农村和经济薄弱地区支持力度,落实农村卫生服务资金。制定基本公共卫生项目,明确具体服务内容和政府购买服务的标准,建立健全、规范管理居民健康档案。整体推进城乡重大公共卫生服务项目建设。健全城乡卫生监督网络。加强外来人口集聚地公共卫生管理,建立健全外来人口按居住地管理制度。加强农村卫生人才队伍建设,每年免费定向培养全科医生300名,建立城乡医院长期对口协作关系。推进城乡基层医疗卫生机构补偿机制和分配制度的改革。进一步提升农村居民医疗保障水平,全面推广住院费用按病种结算制度,积极探索部分病种预付制。公共卫生服务业务经费,按定额定项和购买服务的方式补助;城乡基层公立医疗卫生机构药品,实行零差率供应;选择1个县级市和1~2个区试点开展收支两条线管理。

3. 健全城乡一体化的人口服务和管理机制。开展城乡一体化生育政策试点,努力推进城乡生育政策一元化。逐步完善城乡一体化的计生权益保障机制,探索建立持独生子女证的城镇企业退休人员一次性奖励发放长效机制和城镇持证老年无业人员奖励制度;完善计划生育公益金制度。探索制定本地常住居民统一标准的人口计生公共服务财政政策,完善覆盖县市(区)、乡镇(街道)、村居(社区)三级城乡人口计生服务管理体系。全面完成城乡社区(村)人口计生信息网络建设。

4. 深化文化、体育体制改革,建立覆盖城乡的公共文化、体育服务体系。建立健全以政府投入为主导的农村文化、体育基础设施多元投入机制。2009年基本完成建制镇文化体育站标准化建设任务;2010年重点完成被撤并镇、村(社区)文化、体育设施标准化建设任务,推进农村体育基本现代化工作试点;2011年,做好扫尾工作。到2011年,农村广电站全部达基本现代化广电站标准,实现新农村广播"全覆盖"。完善政府购买公共文化、体育产品和服务机制,建立健全非物质文化遗产保护机制。切实加强古镇、古村落、古民居保护,到2011年省级以上文保单位完好率达100%,市级文保单位完好率达90%,控保单位完好率达70%。鼓励城市文化产业优势资源向农村延伸,大力发展农村文化、体育事业(产业)。切实加强被撤并乡镇文化、体育基础设施的规划建设管理工作。建立健全乡镇综合性体育运动会制度,积极开展国民体质监测活动。建立一批为农民提供科学健身指导服务的社会体育指导员队伍,使乡镇经常参加体育锻炼的人数达到45%以上。

5. 深入推进"万村千乡市场工程"和"社区商业双进工程"。运用连锁经营、统一配送等现代营销方式,改善农村消费环境,降低农村流通费用和商品价格,让广大农民在家门口就能购买到优质、放心的商品,享受到便利、快捷的服务。到2011年,全市新建改建连锁农家店3300个以上,为农服务社900个左右,生产资料连锁网点达到2000个;建立日用品和农资配送中心50个左右,新农村社区商业示范社区10个左右,实现镇镇有超市,村村有放心店,镇、村连锁网点覆盖率达到100%。认真规划和支持在重点镇、村建设集购物、餐饮、文化、娱乐、健身等功能于一体的"一站式"消费服务功能区。

6. 建立健全再生资源回收利用网络体系,构建"党委领导、政府负责、企业主体、部门联动、社会参与、市场带动"六位一体建设机制。加强市场化运作,推动再生资源回收工作向规模化、连锁化、产业化方向发展。2009年,组建苏州市再生资源发展有限公司,规划定位市区再生资源集散中心,试点建立10家城区社区回收站;太仓市和吴中区列入国家商务部全国第二批再生资源回收体系建设试点城市(区)。2010年,建成300家社区回收站,2个县市再生资源集散交易中心。2011年,再建成500家社区回收站,80%以上再生资源回收人员纳入规范化管理,80%以上村、社区建立规范再生资源回收店,80%以上的再生资源进入规范市场交易和集中处理,80%以上可用废弃物得到回收利用,基本消除二次污染;县市全部建立再生资源集散交易中心,初步形成苏州市再生资源回收体系框架;再生资源回收经营者备案率达100%,建立健全苏州市再生资源经营者和回收人员网络管理系统。

7. 全面加强农村社区服务中心建设。坚持把集行政办事、商贸超市、社区卫生、警务治安、文化娱乐、体育健身、党员活动等多种功能于一体的农村社区服务中心作为促进城乡公共服务均等化的重要载体,进一步完善工作机制、投入机制和运行机制,整合社区资源,拓宽服务领域,创新服务方式,强化服务功能。有机整合社区教育、卫生、文化、体育、社会服务等各项公共服务,实行"一站式"管理。2010—2011年在大市范围内全面建立农村社区工作站,更好地承担起市(县)、区有关部门和乡镇政府延伸到农村基层的公共管理和服务。

（九）建立健全农业发展支持保护促进体系（由市委农办、市科技局、财政局、农林局、旅游局、物价局、园林和绿化管理局、贸易局、供销社等单位负责牵头落实）

1. 坚持现代农业"生产、生活、生态、生物"功能定位，进一步稳定农业生产，优化农业的内部结构，提升农业的科技含量，改善农村的流通环节，提高农业的综合效益。

2. 健全农业投入保障制度，调整财政支出、固定资产投资、信贷投放结构，保证各级财政对农业投入增长幅度高于经常性收入增长幅度。探索建立农业生态环境补偿制度，加快形成有利于保护基本农田、水源地、风景名胜区、公益林等自然资源和农业物种资源的激励机制。

3. 充分发挥市场机制作用，健全农产品价格保护制度，保持农产品价格合理水平，调动广大农民积极性。健全农业补贴制度，扩大补贴范围，提高补贴标准，完善补贴办法。

4. 加快构建农业现代流通体系，提高农业经营效益。积极引导农产品批发市场、商贸流通企业与农产品生产基地建立长期产销联盟，建立农产品"从农田到城市"的直达快速通道，形成畅通、便捷、低成本的城乡农产品物流网络。

5. 大力发展规模农业，以规模经营促进效益提升。2009年、2010年、2011年，全市承包土地置换股权面积分别达到承包地总面积的40%、50%、60%，2010年基本形成比较规范的承包土地置换制度。

6. 大力支持高效农业发展，落实规划面积，强化规划制约，不断提高高效农业面积占种养面积比重。研究落实优质粮油、花卉园艺、特种水产、生态林地等产业区域布局和优质粮油产区永久性保护补偿机制。

7. 大力推进农业标准化、品牌化、机械化生产，扶持发展无公害、绿色、有机农业。2009—2011年，每年建设10个标准化农业区，新增农产品品牌20个，无公害、绿色、有机农产品100个；2011年建立环太湖有机生态圈。2009年、2010年、2011年，全市农业生产机械化水平分别达到86%、88%、90%。

8. 加强现代农业与乡村休闲旅游融合发展，鼓励有条件的现有农业生产资源向乡村休闲旅游发展提升，并在土地、资金、生态补偿等优惠政策上给予保障和支持。

9. 建立健全农业科技创新体系。加大农业科技投入,确保科技经费用于现代农业比重不低于30%;在市级科技计划体系中增加设立农业应用研究计划,整合政府、高等院校、科研院所等多方面力量,每年实施应用基础研究项目20项以上;围绕发展高效农业,加强农产品种养殖技术、生态农业、精深加工及其产业化等应用技术的研究开发,每年实施市级以上科技支撑计划项目50项以上;组织和引领各市(县)、区积极争取国家和省在农业科技等领域的重大科技项目,促进农业科技产业关键技术的重点突破和产业化水平的提升。

10. 全面推进集体林权制度改革。按照省政府和市政府的要求,结合城乡一体化发展综合配套改革,在两年内,力争提前基本完成明晰产权、落实集体林地使用权和林木所有权的改革任务,确保林业有发展、农民得实惠、生态受保护。

11. 大力发展农村新型集体经济。深化完善农村社区股份合作、土地股份合作、农业专业合作等"三大合作"改革,鼓励和支持"三大合作"组织以多种形式参与工业化、城市化和新农村建设,有效实现农村集体资产的保值增值,做大做强新型农村集体经济。年内,全市社区股份合作社收益分配、土地股份合作社新增入股土地比上年增5个百分点;专业合作社工商登记率达80%,做大做强10个农产品品牌专业合作社;创建市级示范性社区、土地、农民专业合作社各100个。到2011年,全市社区股份合作社股份分红率达30%以上,土地入股比例达40%以上,农产品由专业合作社组织产销达50%以上,农民财产投资性收入比重达40%左右。

(十) 推进城乡管理体制改革(由市委农办、市发改委、公安局、编办、法制办、市容市政管理局、外经局等单位负责牵头落实)

1. 探索符合条件的中心镇与跨镇村区划的现代农业园区实行"区镇合一"的行政管理体制,赋予其更多的经济和社会管理权限,增强其社会管理和公共服务职能。

2. 改革创新农村行政管理体制,根据当地经济和人口规模,适当增强农村地区公安、市容、卫生、人口计生、食品和药品安全、工商、税务等方面的行政执法力量,有效加强农村经济和社会管理。

3. 深化完善农村和农业管理体制改革。进一步理清和理顺市(县)、镇政府对农村和农业的行政管理,村民委员会对农村的社会管理,村经济合作组织对农业的专业管理三者关系,明确各自管理权限范围,强化依法管理。

4. 加快构建触角延伸、覆盖城乡的市容环境管理体系。继续推进市容环境管理重心下移,加强向乡镇派驻执法管理队伍的工作,完善"网格化管理"模式和数字化管理手段,切实加大对违法建设等重点问题的查处力度,不断提高农村地区市容环境管理的覆盖率和有效性。

5. 建立健全"五位一体,联防联控"城乡治安管理体系。深化完善综治、警务、治保、调解、外来人口管理"五位一体"治安管理模式,全面建立农村"户与村"联动、城区"派出所与社区电视监控"联网、"亲民岗亭、治安巡逻区、群防群治"三区联防、市区"内与外"联控、路面与水域联守的"五联机制"。

**四、保障措施**

1. 加强改革政策研究。组织专门力量,加强对城乡一体化发展综合配套改革重点领域和关键环节政策和制度的深入研究,着力在农村社会保障制度改革、金融制度改革、土地管理制度改革、户籍管理制度改革等方面形成有系统性、操作性、实效性的政策制度。

2. 提高合力作战水平。强化党委统一领导、党政齐抓共管、农村工作综合部门组织协调、有关部门各负其责的工作领导体制和工作机制,积极探索城乡领导体制的一体化。完善市四套班子全体领导和市各有关部门与示范村、先导区挂钩联系制度,强化城乡一体化发展的整体推进机制。加强党委农村工作综合部门建设,建立职能明确、权责一致、运转协调的行政管理体制。市城乡一体化发展综合配套改革试点工作领导小组成员单位,要围绕重点工作,充分发挥职能作用,形成整体推进合力。支持人大、政协履行职能,发挥民主党派、人民团体和社会组织积极作用,共同推进农村改革发展。

3. 加大资金保障力度。市级财政预算安排部分资金设立城乡一体化改革专项资金,并向中央、省财政争取改革试点专项补助。各市(县)、区从2009年起,安排当年土地拍卖净收益的15%,作为改革试点启动资金。积极向上争取,拓展新增建设用地有偿使用费、农业重点开发资金、农业土地开发资金、耕地开垦费等专项资金的用途,用于农田基本建设、耕地质量建设、农业产业化、农业科技、农业生态保护及农业综合开发等。按照"三个大幅度"的要求,加大各级财政对农业的投入力度。

4. 健全决策咨询机制。邀请国家、省发改委等有关部门领导,市人大、政协有关领导,大专院校、科研机构有关专家对一些需要重点突破的重大改革问题进行研究和论证,进一步建立健全改革决策咨询机制。

# 后　记

2011年11月，中共中央办公厅转发《中央组织部关于加强和改进基层干部教育培训工作的意见》，党和政府对基层领导干部的成长成才、教育培训的重视被提到了一个新的高度。一套面向基层，适用、管用的教材是提升基层干部培训效果的基础，毛泽东同志曾深刻指出，"得不到一整套的教材，得不到系统的政策教育，也就不可能有真正统一的认识和统一的行动"。

我院坚持立足苏州，服务"三农"，累计为全国27个省、市、自治区培训各级各类领导干部近20万人，显著的办学效果受到了中央组织部、中央统战部、国务院扶贫办以及省市组织部门的高度赞誉。近年来，为了进一步提高教育培训的针对性、实效性，全面打造学院的核心竞争力，提升学院的品牌影响力，逐步建立适应基层干部需要、具有时代特色、内容规范适用的培训教材体系，我院成立干部培训教材编写委员会，组织干部培训教材编写人员，制定干部培训教材编写计划，力争在3~5年内完成面向基层干部的培训系列教材的编写工作。

我院作为江苏省委组织部挂牌成立的江苏省干部教育培训基地，承载着总结、传播苏州发展经验的重任，把改革开放的成功经验写进教材是我院贯彻落实省委组织部精神的重要举措之一。经过教材编写人员大半年的努力，《苏州城乡一体化的实践与探索》即将付梓印刷，这必将开启我院干部培训工作的新纪元，进一步推动我院"提升基层领导干部综合素质和执政能力的教育培训基地"建设和"宣传苏州城乡一体化发展先进经验的重要阵地"建设。

《苏州城乡一体化的实践与探索》得以成功编印，离不开全体编写人员的努力。苏州市农村干部学院党委书记、院长张伟亲自拟定书稿写作大纲,确定写作思路,副院长薛臻对全书各章进行修改和统稿。具体编著任务分工和执笔人按各章顺序如下:绪论、第一章,王军英;第二章,陈述;第三章,何蓓蓓;第四章,王江君;第五章,何兵;第六章,孟凡辉;第七章,周萍;第八章,徐汝华。

  本书的编写工作得到了苏州市委办公室综合三处处长陆文明、苏州市城乡一体化发展综合配套改革试点工作领导小组综合协调组组长季瑞昌、原苏州市委农办副调研员卢水生等领导及专家的悉心指导和帮助,苏州市委农办、张家港市委农办、昆山市委农办等单位给本书的调研工作提供了便利,苏州市农村干部学院副院长孙坚烽对书中部分案例提出了很多中肯的意见,对上述及所有关心、支持本书写作的领导、专家表示衷心感谢!

  加强基层干部教育培训研究,关注基层干部成长成才,做基层干部队伍建设的推动者,编写适用性广、针对性强的基层干部系列培训教材,是我院作为全国著名的基层干部教育培训基地的一种历史责任。我们期盼通过本书与全国基层干部培训的领导、专家,基层干部培训的组织者、参训者交流、探讨,共同推动基层干部教育培训事业发展。书中肯定有许多不足之处,敬请读者指正。作为第一本面向基层干部的培训教材,大家的批评指正是我们编好丛书的宝贵财富。

苏州市农村干部学院<br>
基层干部培训系列教材编写委员会<br>
2012 年 4 月 12 日

图书在版编目(CIP)数据

苏州城乡一体化的实践与探索/张伟主编.—苏州：苏州大学出版社,2012.4(2015.9重印)
基层干部培训系列教材
ISBN 978-7-5672-0022-7

Ⅰ.①苏… Ⅱ.①张… Ⅲ.①城乡一体化－研究－苏州市－干部培训－教材 Ⅳ.①F299.275.33

中国版本图书馆 CIP 数据核字(2012)第 070724 号

## 苏州城乡一体化的实践与探索

张 伟 主编

责任编辑 史创新

苏州大学出版社出版发行
(地址：苏州市十梓街1号 邮编：215006)
苏州工业园区美柯乐制版印务有限责任公司印装
(地址：苏州工业园区东兴路7-1号 邮编：215021)

开本 700 mm×1 000 mm 1/16 印张 16 字数 230 千
2012 年 4 月第 1 版 2015 年 9 月第 4 次印刷
ISBN 978-7-5672-0022-7 定价：42.00 元

苏州大学版图书若有印装错误，本社负责调换
苏州大学出版社营销部 电话：0512-65225020
苏州大学出版社网址 http://www.sudapress.com